小林孝吉

内村鑑三

再臨の風景

臨《きた》りつつあるイエスと生命《いのち》の水の河

九州大学出版会

この川《かわ》は、神《かみ》と小羊《こひつじ》との御座《みざ》から出《で》て、
都《みやこ》の大通《おおどお》りの中央《ちゅうおう》を流《なが》れている。
川《かわ》の両側《りょうがわ》にはいのちの木《き》があって、
十二種《しゅ》の実《み》を結《むす》び、その実《み》は毎月《まいつき》みのり、
その木《き》の葉《は》は諸国民《しょこくみん》をいやす。

（「ヨハネの黙示録」第二二章一、二節）

序詞　人は皆風の吹き去る籾殻《もみがら》の如くに

神は生命である。彼は又光である。而《しか》して同時に生命であり又光であるが故に彼は愛である。（「LIFE AND LIGHT AND LOVE. 生命と光と愛」）

人は皆風の吹き去る籾殻《もみがら》の如くに生きる。
この世に生まれて死する人は、旧約の「ヨブ記」や「詩篇」「イザヤ書」などに記された風前の籾殻のように、また伝道者コーヘレスのいう風を追うような空しい存在なのであろうか。去っては来《きた》るこの世は、どこまでも空の空なのか。

汝《なんぢ》は吹廻《ふきまは》さる、木《こ》の葉《は》を威《おど》し干《ひ》あがりたる籾殻《もみがら》を追《お》ひ給《たま》ふや（中略）我《われ》は腐《くさ》れたる者《もの》のごとくに朽《く》ちゆき　蠹《むし》に食《く》はる、衣服《ころも》に等《ひと》し（「ヨブ記」第一三章二五、二八節[1]）

また、コーヘレスはいう。

我が手のなしたすべての業と、そのためにわたしが骨折った労苦とを振り返ってみると、何と一切は空である。風を追うようなものだ。日の下に何ひとつ益になるものは無い。（「コーヘレス」第二章一一節、関根清三訳[2]）

旧約の時代のヨブも、コーヘレスも、遥かに時を超えて生きる私たち自身の姿でもある。哲学、宗教の究極的な問いは、遠くここを淵源としていないだろうか。風が吹き散らす籾殻としての人生、虫に食われたような生涯、そこに救いはあるのか。(3) さらに、生命の夕暮時《ゆうぐれどき》へと深き懐疑とともにたどるとき、ついにはコンヴァージョンの実験（＝回心・悔い改め《メタノイア》）を経て、それは神の愛、来世、復活、再臨というキリスト教の根本問題へとつながっていく。人は、一度《ひとたび》その懐疑の森へと歩み入るとき、それまでの生きた自らの日々を顧みるとともに、この世の美しさと死の影の交錯に怯え、言葉もなく一人たたずむ。それこそが孤独ではないか。その悲嘆のなかで、人ははじめてキリスト再臨、臨《きた》りつつあるイエスを想う――。

日本近代の「一基督者」・内村鑑三の札幌農学校でのキリスト教との出会い、アメリカのアマスト大学での贖罪の回心からはじまる信仰的生涯と、無教会信仰のエクレシア『聖書之研究』全三五七号における旧新約聖書講解、注解、聖書研究は、苦悩とともに生きる私たちすべての人の救済と未来社会の希望とともに、聖書六六書の最後の書「ヨハネの黙示録」のイエス・キリストの原約束である再臨へ、再臨信仰へといきつくのである。(4)

内村鑑三は、キリストの再臨について、次のようにいう。

キリストの再臨といふが如きは漠然たる迷信めきたる事のやうに思はれる、然し乍ら是なくして人類の希望は悉《ことごと》く画餅に帰するのである(5)

聖書の大意は是れである、即ち「主来り給はん」とは旧約の主旨であり、之と相対して「主再び来り給はん」とは新約の主旨である、「来り給はん」、「再び来り給はん」、是れ聖書の基音《キーノート》である(6)

また、内村は五三歳のとき、「永生と不滅」と題して、こう書いている。「人は無《む》である、神は有《いう》である。而《しか》して人の無限に貴きは、彼は自己の無《む》なるを覚り得て、神に在りて有《いふ》たることを得るからである」（『聖書之研究』一七三号、一九一四年一二月、『内村鑑三全集』第二一巻、一四〇頁）。「神に在りて有《いふ》たること」、その人類、万人の救済としての希望の存在も、完成へと向かう宇宙の進化も、キリストの再臨、再臨信仰に懸っている。その聖書の「基音《キーノート》」を一言で象徴的に表わすならば、〈臨りつつあるイエス〉ではないだろうか。

ここに再臨信仰が顕現し、それはまた永遠に涸れることのない「生命《いのち》の水の泉」＝「純福音」としてすべての人を医《いや》すのである。その遥か水源へと溯りつつ、最後には本書のテーマである「再臨の風景――臨りつつあるイエスと生命の水の河」、その潺《せせらぎ》響く辺《ほとり》へと循環的にたどりつきたい。それは臨りつつあるイエスの救済論的、終末論的な象徴を通した万人救済論である。人は、この私は、いかにして救われるのか、それは「ロマ書」の主題であるとともに、内村鑑三の聖書研究と無教会信仰の根本的課題である。内村鑑三のキリスト教思想の結晶は、イエスの贖罪の十字架・復活をもとにした再臨信仰と、そこに広がる万人救済論へといきつくであろう。

「死《し》よ、おまえのとげは、どこにあるのか。」（「コリント人への第一の手紙」第一五章五五節）

ドストエフスキー『罪と罰』のエピローグでは、金貸しの老婆アリョーナ・イヴァーノヴナと、その異母妹の三五歳のリザヴェータという二人の女性殺害によってシベリヤに流刑されたラスコーリニコフは、ソーニャの愛を通して世界に満ち溢れた神の神秘を知る。残された刑期はあと七年――。罪人ラスコーリニコフは、荒涼と流れる大河を眺めると、遠くからかすかな歌声が聞こえてくる。草原の上には、遊牧民のテントが点々と見える。「そこには自由があった」（米川正夫訳、傍点引用者、『ドストエーフスキイ全集』第六巻、五四二頁）。アブラハムと「牧群《ぼくぐん》の時代」（同前）があった。また、ラスコーリニコフの監獄の寝板の枕の下には、かつてソーニャが彼のためにラザロの復活を朗読した、その「福音書」があった。[7]

新しい救済＝更生の物語は、ここからはじまるのである。その救済の物語の象徴として、永遠の現在《いま》を〈臨りつつあるイエス〉は、〈再臨のキリスト〉の現在的顕現でもある。ラスコーリニコフの前に広がるシベリヤの大地のような美しい希望の福音的風景は、次のようにいいあらわすことができるであろう。

　生命の水の河が流れ、命の木が一二種の実を結び、すべての人のいのちを癒す、と。[8]

そこにおいて、風前の籾殻のような生は、ラスコーリニコフとソーニャの復活の物語のように、安らぎとともに「生命と光と愛」（「LIFE AND LIGHT AND LOVE」）[9]につつまれる。それが内村鑑三の万人救済の風景なのである。そこには永遠の生命《いのち》の水の河が途絶えることなく流れている。

本書の叙述の内容は、「人は皆風の吹き去る籾殻《もみがら》の如くに」と題した、人生の懐疑を見つめる「序詞」からはじまり、プロローグでは旧約学者・関根清三『旧約における超越と象徴――解釈学的経験の系譜』とその「増補新装版」との「対話」を通して、旧約聖書の信仰と懐疑の森に分け入り、神の言《ことば》と預言者の声の響きに魂の耳を澄ましつつ、大江健三郎『燃えあがる緑の木』の「燃えあがる緑の木」の教会員の「Rejoice！」（喜びを抱け《リジョイス》！）という祈りの言葉の響き合う世界を描きだしていく。

第一部は、「悪魔の跳梁と黄金時代の夢」として、ドストエフスキー『悪霊』のニヒリスト・スタヴローギンの旧約の原初の楽園に通ずる「黄金時代の夢」を入口に、椎名麟三『永遠なる序章』の虚無の海に沈む竹内銀次郎から、楽園喪失《パラダイス・ロスト》のアダムとエバを論じ、ドストエフスキーのニヒリストの系譜を『地下生活者の手記』から『罪と罰』『悪霊』『カラマーゾフの兄弟』へと順次たどっていく。

この文学のなかのニヒリストの根源には、罪と悪を形象化する新約聖書のユダの存在がある。第二部は、新約の福音書とキリスト教史のなかの「棄てられた／選ばれた使徒」である「イスカリオテのユダ」をテーマに、神学者カール・バルトのユダ論、歴史のなかのさまざまなユダ証言、今世紀になって発見された「ユダ福音書」、遠藤周作、太宰治、芥川龍之介など、日本文学で扱われたユダ像など、イエスとユダを原形とした「罪と愛の物語」の風景を見つめていく。

第一部、二部の悪魔の跳梁するユダの問題を経て、後半へと転ずる第三部「神の国と地上の国」では、ヴォルテール『カンディード』を端緒に、これまでの研究をふまえて、日本で独自な「インマヌエルの神学」を確立した神学者・滝沢克己における「神の国」と「地上の国」を、滝沢晩年の研究である井上良雄『神の国の証人ブルームハルト父子――待ちつつ急ぎつつ』論を対象に、キリスト再来・終末、インマヌエルと再臨の問題に、内村鑑三の信仰詩にも論及し、非戦論の完成と再臨信仰の関係へと論を進める。

第四部では、内村鑑三におけるキリスト教受容と信仰の「三大時機《モメント》」、大正期社会の再臨運動、再臨運動の同時代史の理解を分析した上で、本書のテーマと通ずる具体的な「内村鑑三における再臨信仰への途」をたどっていく。その内村鑑三の信仰と伝道の生涯における「三大時機《モメント》」とは、札幌農学校でのキリスト教と出会い・受洗（＝第一の回心）、アマスト大学での十字架と贖罪の第二の回心、福音と贖罪信仰の完成ともいえる再臨信仰への第三の回心、この三段階の過程がある。第一次世界大戦の二〇〇〇万人もの死者を前に、一九一六年に生涯の信仰の友D・C・ベルから届いた『日曜学校時報』（The Sunday School Times, June 24）に掲載された再臨論を契機とした再臨信仰への確信、全国での再臨講演・再臨運動、そこには内村鑑三の再臨信仰の高揚期がある。第四部は、そんな内村鑑三のこれまでの評伝的研究とともに、わずか二年間の再臨運動の時代と社会と再臨信仰の核心をここで明らかにする。

第五部は、「内村鑑三と再臨信仰――臨りつつあるイエスと生命の水の河」で、内村鑑三のキリスト教信仰における「再臨」論を「復活」「来世」とともに、『聖書之研究』の著述をもとに、「再臨のキリスト」を淵源とする

〈臨《きた》りつつあるイエス〉を徴《しるし》（＝象徴）として解き明かしていく。最後の章「6」では、内村鑑三と弟子藤井武（一八八八―一九三〇年）における「贖罪信仰と愛の福音」で、ここで「贖罪信仰」と「再臨信仰」の関係へと迫る。

エピローグにおいては、「再臨のキリスト」（＝未来的終末論）を源《みなもと》とした〈臨りつつあるイエス〉（＝現在的終末論）は、神なる〈インマヌエル〉（Gott mit uns）の愛の活動《はたらき》として、その原事実（Urfaktum）をこの世と人に証《あかし》するのである、との結論に達するのである。

それは万人救済の広がる「生命の水の河の辺《ほとり》」＝「再臨の風景」である――。

目次

序詞　人は皆風の吹き去る籾殻《もみがら》の如くに……………… i

プロローグ　旧約の森と再臨宇宙――『旧約における超越と象徴』との対話……… 3

1　魂のこと――再臨信仰の森へ　3
2　旧約の森のなかで――響き合う声　9
3　旧約学と解釈学的経験の系譜――『旧約における超越と象徴』　13
4　贖罪と再臨――永遠の現在と再臨宇宙　24
5　「此の書成りて今や汝は死すとも可なり」――増補新装版との対話　30
6　Rejoice！――喜《リ》び《ジョ》を《イ》抱《ス》け！　41

第一部　悪魔の跳梁と黄金時代の夢――ニヒリストの系譜……………… 45

1　スタヴローギン――黄金時代の夢　45
2　神と悪魔――楽園喪失《パラダイス・ロスト》から　56

3　精神の地下室――地下生活者と娼婦リーザ　60
4　スヴィドリガイロフ――『罪と罰』　68
5　キリーロフ――『悪霊』　74
6　スメルジャコフとイヴァン――『カラマーゾフの兄弟』　78

第二部　イスカリオテのユダ――罪と愛の物語……87
1　罪と悪魔の形象――神の影としての自由　87
2　イスカリオテのユダ――福音書のなかのユダ　90
3　カール・バルトのユダ像――棄てられた／選ばれた使徒　99
4　さまざまなユダ証言――歴史のなかのユダ　102
5　日本文学のなかのユダ――遠藤、太宰、芥川　107
6　内村鑑三のユダ講解――罪と救い　113

第三部　神の国と地上の国――インマヌエルと再臨……117
1　地上の国と最善説――ヴォルテール『カンディード』　117
2　あなたはどこにいるのか――神の呼び声と応答　124
3　神の国と地上の国――ブルームハルト父子と再臨　131

4　滝沢克己の『神の国の証人ブルームハルト父子』論
　　――キリスト再来、終末の日、イエスの時　138
5　天然詩と地上の国――内村鑑三の信仰詩の宇宙《コスモス》　146
6　内村鑑三の非戦論と再臨信仰――塵戦《ぢんせん》又た塵戦《ぢんせん》、……　151

第四部　内村鑑三における再臨信仰への途――信仰の階段と同時代……161

1　キリスト教受容と信仰の三大時機《モメント》――第一時機　161
2　十字架と贖罪の回心――第二時機　166
3　再臨信仰への途――伝道の三〇年と第三時機　169
4　再臨信仰と再臨運動――大正社会と再臨待望　180
5　再臨信仰の理解――同時代のなかで　187
6　藤井武と再臨信仰――来世への希望　196

第五部　内村鑑三と再臨信仰――臨りつつあるイエスと生命の水の河……203

1　孤独と再来――『聖書之研究』の創刊と来世観　203
2　来世と復活――ルツの死から再臨信仰へ　207
3　再臨運動高揚期の再臨論――一九一八年前半　215
4　キリスト再臨の待望――一九一八年後半　219
5　再臨運動衰退期へ――一九一九年以後　225

6　贖罪信仰と愛の福音——内村鑑三と藤井武　230
エピローグ　生命の水の河の辺《ほとり》で——再臨の風景……243
注……251
附……275
1　『内村鑑三全集』における再臨・再臨信仰著述一覧　275
2　内村鑑三によるキリスト再臨に関する主な新約聖書の章節　281
3　引用・参考文献・再臨関連文献　283
初出・典拠等について……291
あとがきに代えて……295
再臨のキリストと臨りつつあるイエス——戦争の新世紀のなかで
索　引

凡例

【内村鑑三全集】

『内村鑑三全集』（全四〇巻、岩波書店、一九八〇―一九八四年）を原本とした。

【引用の括弧など】

『内村鑑三全集』からの引用文章のルビの括弧については全集通りとし、著者が付したルビはそのままの表記で、全集の編集において付されたルビは、亀甲括弧（〔　〕）で補記されている。

【引用の傍点など】

『内村鑑三全集』からの引用文章に付された傍点（「、」「・」「○」「◎」「●」「◉」など）については、原文のままとした。

【エピグラフ】

「序詞」から「プロローグ」、「第一部―五部」、「エピローグ」の冒頭のエピグラフは、すべて『内村鑑三全集』からの引用である。

【聖書之研究】

『聖書之研究』（第一号―三五七号、一九〇〇年九月三一日―一九三〇年四月二五日発行）については、本文あるいは注において誌名、号数、年月を記載した。

【聖書名】

内村鑑三の使用した旧新約聖書名の漢語名と、『聖書（口語訳）』と異なる場合の表記は、以下の通りである。聖書の引用については、「序詞」注（1）、参照。

旧約聖書
「出埃及記（出エジプト記）」、「利未記（レビ記）」、「民数記略（民数記）」、「約書亜記（ヨシュア記）」、「路得記（ルツ記）」、「撒母耳前後書（サムエル記上下）」、「列王紀略上下（列王紀上下）」、「歴代志略上下（歴代志上下）」、「以士喇記（エズラ記）」、「尼希米亜記（ネヘミア記）」、「以士帖書（エステル記）」、「百約記（ヨブ記）」、「伝道之書（伝道の書）」、「以賽亜書（イザヤ書）」、「耶利米亜書（エレミヤ書）」、「以西結書（エゼキエル書）」、「但以理書（ダニエル書）」、「何西阿書（ホセア書）」、「約耳書（ヨエル書）」、「亜麼士書（アモス書）」、「阿巴底亜書（オバデヤ書）」、「約拿書（ヨナ書）」、「米迦書（ミカ書）」、「拿翁書（ナホム書）」、「哈巴谷書（ハバクク書）」、「西番雅書（ゼパニヤ書）」、「哈基書（ハガイ書）」、「撒加利亜書（ゼカリヤ書）」、「馬拉基書（マラキ書）」

新訳聖書

「馬太伝（マタイによる福音書）、（マタイ伝福音書）」、「馬可伝（マルコによる福音書）、「路加伝（ルカによる福音書）」、「約翰伝（ヨハネによる福音書）」、「羅馬書（ローマ人への手紙）」、「哥林多前後書（コリント人への第一、二の手紙）」」、「加拉太書（ガラテヤ人への手紙）」、「以弗所書（エペソ人への手紙）」、「腓立比書（ピリピ人への手紙）」哥羅西書（コロサイ人への手紙）」、「帖撒羅尼迦前後書（テサロニケ人への第一、二の手紙）」、「提摩太前後書（テモテへの第一、二の手紙）」、「腓利門書（ピレモンへの手紙）」、「希伯来書（ヘブル人への手紙）」、「雅各書（ヤコブの手紙）」、「彼得前後書（ペテロの第一、二の手紙）」、「約翰第一、二、三書（ヨハネの第一、二、三の手紙）「約翰黙示録（ヨハネの黙示録）」

内村鑑三　再臨の風景

——臨《きた》りつつあるイエスと生命《いのち》の水の河

プロローグ　旧約の森と再臨宇宙
――『旧約における超越と象徴』との対話

人に悔改を起す者は恐怖に非《あら》ず愛である。風も吹かず、地も震へず、天地静にして我れ独り神と相対して跪《ひざまづ》く時に、我が心の耳に囁《さゝや》く彼の微《かすか》なる声を聞いて、我は己の罪を耻ぢて、彼の赦免《ゆるし》を乞《こ》ふのである。（「災後余感」）

1　魂のこと――再臨信仰の森へ

人は、深い懐疑の森のなかで、自分自身の魂の物語をつむぎつつ重い人生の糸巻きをほどいていく。アイルランドの詩人Ｗ・Ｂ・イェーツ（一八六五―一九三九年）には、「羊飼いと山羊飼い」（Shepherd and Goatherd）という詩がある。知人の死を嘆く若き羊飼いは、老山羊《やぎ》飼いに、歌ってほしい、あなたは悲しみを和らげる「薬草」を摘んだのだから、と。すると、山羊飼いは、こう歌う。

「彼はいま刻一刻と若がえる
彼が現世で送った一生を顧みれば
荘厳の域を越えてみえてこよう

彼が夢に描いていたことがら
彼が従った抱負の数々を思うと
荘厳の域を越え　あまりにも控え目
馬車にゆられて長旅つづけ
彼はおのがいのちの源へ戻りつつ
現世の苦楽のうちに学んだすべて
なしあげたすべてからなる
重い糸巻の糸をほどいてゆく（中略）
ついに彼は揺籃のなかに入って
母の誇りであった我が身を夢みる
すてきな無知の状態に陶然とし
知識はことごとく消えはてる」（傍点引用者）[1]

高山まで迷った羊を探しにきた、敬愛する人物の戦死を悲しむ若い羊飼いの望みにこたえて、年老いた山羊飼いは、歌った。――He grows younger every second...と。この世を去った「彼」は刻一刻と若返り、やがては人生の重い糸巻きをほどきながら、ついにはじめの揺籃《ゆりかご》のなかに還っていく。

イェーツの数多くの詩を作品に織り込んだ大江健三郎『燃えあがる緑の木』三部作[2]も、大いなる魂の物語である。第一部『「救い主」が殴られるまで』には、やがて「燃えあがる緑の木」の教会の「救い主」となる「ギー兄さん」のもつ治癒能力《ヒーリング・パワー》を信じ、最後は脳と肺に転移したがんのため一四歳で死ぬカジ少年が描かれている。死を前にしたカジ少年は、ギー兄さんに問いかける。「ただ僕が恐いのは、自分が死んだ後でも、この世界で時間が続いていくことです。しかも自分はおらんのやと思うと、本当に死ぬことが厭です。昼の間はそうでないけれども、夜が来ると恐しゅうて……　ギー兄さんはそのことをどう考えておられますか？」（一四六頁）と。

これはカジ少年における死の孤独だけではなく、すべての人の内奥の呻きではないだろうか。また、ドストエフスキー『カラマーゾフの兄弟』のエピローグには、イリューシャ少年の葬儀に、信仰者アリョーシャや親しかった少年たちが立ち会う別離の場面がある。心美しい青年アリョーシャは、「カラマーゾフの兄弟」たちの悲惨な結末を見届けたあと、この土地を離れるにあたって、そこに集まった少年たちに最後の別れを告げる。——人生を怖れてはいけません、友人イリューシャを永遠に記憶しましょう、われわれはきっとよみがえります、と。

この哀れなイリューシャ少年は、死を前にして父親にこう語った。「ある晩、わたしがあの子の寝台のそばに腰かけていますとな、あれは急に、『お父さん、ぼくの墓に土をかけるとき、墓の上にパンの粉をまいて、すずめが飛んで来るようにしてください。すずめが飛んで来たら、ぼくはひとりぼっちでないことがわかってうれしいから！』」（『ドストエーフスキイ全集』第一三巻、三七八頁）と。イリューシャ少年は、一人で死んでいく。墓の上に撒かれたパンくずを、イリューシャが望んだように、鳥たちが啄《ついば》む。そこには木々が繁り、風が梢を揺らす、そんな天然の宇宙がある……。

重症腎臓結核で、二一歳でこの世を去った矢沢宰《おさむ》という詩人がいる。彼は一三歳で重い病気を患い、一四歳のときから詩や日記を書き、二六冊の大学ノートを遺している。(3) 死後出版された詩集のなかに、一六歳のときの次のような詩がある。

僕はたしかになくなる
そう近い内だよ……（中略）
僕も「宇宙」や宇宙と同じ大きさの

「時」といっしょに
いつまでも生きていたいけど
僕はたしかになくなる。
僕は無くなってどうなるのか？
僕は無くなって本当になくなるのか？
それとも
僕は無くなるけど
僕の中の僕がまた生きるのか
そうだとしたら、
つぎの僕が僕の中でもう準備しているだろう。
とにかく僕は無くなる、
そう　近い内に……（「僕はなくなる」、傍点引用者[4]）

自分は、近く死ぬであろう、そんな短い生の終わりを自覚して、いつも「第一に死が」あった彼は、自分が「無くなる」恐怖のなかで、想う。――「僕」のなかの〈僕〉は、次の生命としてこの宇宙に生まれる準備をしているのだろう、と。この銀河系宇宙にひとたび現象した「人」には、その死にゆく「私」のなかに、もう一人の〈私〉が準備されているのだろうか。

カジにはもう一人の〈カジ少年〉が、イリューシャには〈イリューシャ少年〉が、矢沢宰には〈つぎの僕〉が、いるのだろうか。大江健三郎『「救い主」が殴られるまで』のカジ少年は、森の谷間の伝承に生きる〈ギー兄さん〉を慕い、自分が死んだあともこの世界がつづくことを怖れたのである。だが、「私」が〈私〉へ、カジ少年が〈カジ少年〉へ、ギー兄さんが「さきのギー兄さん」を引き継いだように、もう一人の〈ギー兄さん〉（＝新しいギー兄さん）へと、いのちがつづくのであれば、カジ少年やイリューシャ少年の短い生も、永遠の光である大いなるいのちのなかに、黙示的な魂の暗夜の果てに甦《よみがえ》るのではないか。死の孤独や罪を癒す〈薬《バーム》〉とは、傷ついた魂を蘇らせる〈青草〉とは、何か。(5)

一七世紀フランスのキリスト教思想家ブレーズ・パスカルは、三一歳のとき「恩寵の火」という回心を体験したあと、信仰を光源に人間の実相を断想的に記したキリスト教弁証論『パンセ』のなかに、死の不安とともにある人間の実存の姿を描いている。「こんな状景を想像してみるといい。大ぜいの人たちが鎖につながれている。その人たちはみな、死刑の宣告をうけた人たちだ。その中の何人かが、毎日のようにみんなの見ている前で首を切られ、残った者は、そういう仲間の身の上がやがて自分の身の上になるのを知って、希望もなく・悲しそうに顔と顔とを見合わせながら、自分の順番が来るのを待っている。人間の条件を絵に描いてみればこうなる」(6)。

この状景のように、カジ少年は死という鎖に繋がれた自分の姿を知るのである。カジ少年の死をかけた魂の問いに、二〇〇〇年前のイエスのエルサレム入城、最後の晩餐、ゲッセマネの祈り、ゴルゴタの十字架への途のように、「燃えあがる緑の木」の教会の「救い主」として、森と谷間を舞台に受難の死への道を踏みだすギー兄さんは、カジの孤独を感じながら、こう答える。「――この世界に生まれてきて、ある期間生きる。つまりひとりの人間の現実の人生があるわけね。その前と後とで、両方とも永遠に近い自分の居ない間の、寂しさ、恐しさがどうして違うんだろう？　それは同じことのはずじゃないのかな。（中略）永遠と対抗しうるのは、じつは瞬間じゃないか？ほとんど永遠にちかいほど永い時に対してさ、限られた生命の私らが対抗しようとすれば、自分が深く経験した、一瞬よりはいくらか長く続く間の光景を頼りにするほかないのじゃないか？」（『「救い主」が殴られるまで』、一五〇――一五一頁）。

ギー兄さんは、カリフォルニアのバークレーのハイスクールの頃、シュガー・メイプルの赤、黄、緑の混淆した紅葉を見ていて、「一瞬よりはいくらか長く続く間」という言葉と出会った体験とともに、このような語る。森の農場の部屋で、ギー兄さんとカジの心は通い合い、カジ少年の泣く静かな声がする。「一瞬よりはいくらか長く続く間」――そこには「私」ともう一人の〈私〉がともに生きている。そして、「私」は死とともに、「森のフシギ」の伝承者・オーバー（お祖母ちゃん）のように、すでにさだめられた森の高みの大きな一本の木の根方へと帰るであろう。

「魂」とは、「魂のこと」とは、何か。また、もう一人の〈私〉とは、〈カジ少年〉とは、さきのギー兄さんからギー兄さん、次の〈ギー兄さん〉とは、だれか。それは「一瞬よりはいくらか長く続く間」という現世の旅を戦死で終えた羊飼いや山羊飼いの友人や、一四歳という一瞬よりもいくらか永く生きたカジ、イリューシャ少年をはじめ、一人ひとりの「人」にとって「魂のこと」なのである。それはカジ、イリューシャ少年、森の伝承の地で殺された「さきのギー兄さん」、それを引き継ぎ受難の死をとげる「ギー兄さん」と……「一瞬よりはいくらか長く続く間」とともに生きた彼らは、〈再臨宇宙《コスモス》〉で甦るのではないだろうか。

イェーツは、『最後の詩集』の収められた、死の前年、一九三八年九月四日に書かれた遺言の詩といわれる「ブルベン山麓に」（Under Ben Bulben）のなかに、次のような二行を記している。「人間は二つの永遠のあいだにはさまれて／いくたびも生まれては　また死んでいく[7]」。人は、この「二つの永遠」（two eternities）の間を幾度も生まれては、死んでいく。「ただ僕が恐いのは、自分が死んだ後でも、この世界で時間が続いていくことです」。このカジ少年の問いに答えることこそが、旧約の森からつづく、信仰とともにある「魂のこと」なのだ。それはまた、私自身が人生の懐疑の森のなかで聞いた、カジ少年とも響き合う内なる声でもあり、さらには魂の回心《コンヴァージョン》へと通じている。

この「魂のこと」を、内村鑑三を機縁に出会った、旧約学者・関根清三氏の孤高の書『旧約における超越と象徴――解釈学的経験の系譜』と、それから二七年もの時を経て出版された増補新装版とともに、旧約の解釈学的経験が形づくる信仰の始原の森へと、本書との「対話」を通して分け入っていきたい。
できうるならば、再臨信仰の森へ、再臨宇宙《コスモス》へと――。

2　旧約の森のなかで――響き合う声

旧約の森のなかには、神の言《ことば》と預言の数々、国の興亡と人類史上の森羅万象、権力と愛憎が乱反射するように映し合い、あるいは相互に共鳴・乖離し、それらは輻輳して新約へ、再臨宇宙の未来へとつづいている。

それは堕罪にはじまる楽園喪失《パラダイス・ロスト》から贖罪による楽園回復《パラダイス・リゲインド》への道程、さらに再臨によってもたらされる楽園完成への信仰の一条《ひとすじ》の水流でもある。それはまた、人類と天然宇宙のもっとも深き希望の地下水脈でもあるとともに、鬱蒼とした旧約の元始の森の、無数の死の堆積した地層の底にも涸れることなく流れている。そんな旧約聖書の森へ分け入ること、そこには歴史、預言、詩篇などの「言《ことば》」や「象徴」を通して顕現する、インマヌエルなる「神」の存在がある。旧約世界のなかで、神の細き静かな声が、孤高な預言者の叫び声、名もなきユダヤの人々の囁きが、エルサレムなど都市の喧騒とともに、多声的な声の響き《エコー》となって聞こえてくる。それはまた、一信仰者、一解釈者にとって実験的な回心《コンヴァージョン》にかかわる罪と赦し、救いと贖罪の物語でもある。

旧約以来の人類史という大河は、この銀河系宇宙に現象した〈私〉という一個の生命である一滴の水が無数に集まり、ひとつの水流をなして永遠に流れていくであろう。

旧約「コーヘレス」のなかでは、冒頭の「空《くう》の空《くう》／空《くう》の空《くう》、一切《いっさい》は空《くう》である」（第一章二節）のあと、コーヘレスはこう語る。「人が日の下でいかに労しても、そのすべての労苦に、人にとって何の益があるのか。／すべてのことは物憂い。……／昔あったことは、これからもあり、昔なされたことは、これからもなされよう。／日の下に新しいことは一つもない」[8]。この世は、どんな業《わざ》をなしたとしても、塵《アダーマー》から生まれ塵へと帰る運命のなかでは、すべては「空」（無常）であり、人生は風を追うように空しい。人は、神の「愛」としての「永遠の然り」なしにはどこまでも空しい存在なのだ。このコーヘレスの声は、旧約の森のなかに、「永遠の否」の響きとともに木霊《こだま》する[9]。

旧約聖書には「雅歌」という神と人、人と人の熱愛の歌がある。

「いくつもいくつもわたしに口づけをなさってわたしを酔わせてください。
あなたの愛のしぐさときたらお酒よりもおいしいんですもの。
あなたがつけていらっしゃる油はほんとうに香《にお》いがよろしいこと。（中略）
わたしを一緒にひっぱってってください。さあ、走りましょう[10]。」

ここから信仰恋愛物語の光景の一シーンが見えてくる。地上には春の時季が訪れ、歌声の時がやってくる。愛する人の声が聞こえ、山を、丘を越えてやってくる。無花果《いちじく》は熟れた花無花果をつけ、葡萄の蕾《つぼみ》はその香を漂わせる。ユダヤの春の風景に、甘くはずんだ声が満ち溢れる。

内村鑑三の愛した南王国ユダの最後のエレミヤという涙の詩人預言者がいる。王も民も、時代の預言者の言《ことば》に耳を塞ぎ、堕落のなかを生きる。迫害とともに、そんな現実を見る預言者の悲嘆と絶望は、どれほどであったことだろう。ときに、エレミヤはヨブのように自らを呪いながら告白する。

呪《のろ》われよ、私の生《う》まれた日《ひ》。
母《はは》が私を産《う》んだその日は、
祝福《しゅくふく》されることがないように。（中略）

私のために、私の母を私の墓《はか》とせず、
また彼女の胎《たい》を、
永久《とこしえ》に孕《はら》んだままとしておかなかったからである。
一体《いったい》なぜ、私は胎を出《で》て来《き》たのか。
労苦《ろうく》と悲哀《ひあい》に会《あ》い、
恥《はじ》の内《うち》に、私の日々《ひび》が終《おわ》らねばならないのに。(11)

若くして召命を受けた預言者エレミヤは、祖国が滅亡し、自国民が他国に捕囚される歴史の悲劇、度重なる迫害、失望のなかを生きるのである。ここからは、心の底に閉ざした神への告白の声が洩れてくる。この声は、暗き世に光をもたらす「人」を求めるのだ。

ペリシテの都市ガテに近い田園の村モレシテ出身の預言者ミカは、北王国イスラエル滅亡の紀元前七二一年以前に、ヤコブの咎《とが》、ユダの罪として、サマリヤ、エルサレムを審き、こう預言する。

「わたしはサマリヤを野中の石山とし
葡萄を植えるところとしよう。
わたしはその石を谷に投げ入れ、
その土台を裸にしよう。
その彫像はみなこわされ
アシェラ像は火で焼かれる。
そのすべての偶像をわたしは粉微塵にしよう。

それは娼婦の値を集めて作ったもの、
ふたたび娼婦の値に帰るのだ(12)」。

それは「歎きの歌」（第一章八―一六節）へとつづいていく。――このために私は嘆き、呻く、裸足、裸で歩き回り、山犬のように嘆き、駝鳥《だちょう》のように悲しんで鳴く、と。

旧約聖書の森のなかでは、信仰者アブラハムのイサクの献供、天からの声、出エジプトの民を率いるモーセ、十戒、約束の地カナン、モアブの地でのモーセの最後の言葉、ヨルダン川を渡り、イスラエル王国の創設、ダビデ、ソロモンの治世、北王国と南王国の分裂、国家の興亡、バビロン捕囚を経て、旧約の森は新約の曠野へとつづき、イエス・キリストの誕生、贖罪の十字架、楽園回復《パラダイス・リゲインド》へとつらなっていく。そんな旧約の森には、コーヘレスの、ヨブの、イザヤ、エレミヤ、エゼキエル、ホセア、ミカからマラキまでの数々の預言者たちの、神の声が響きわたっている。

旧約聖書の第一書「創世記」には、天地創造後に、原初《はじめ》の楽園、エデンの園が描かれている。そこには名づけられていない、源流となる一本の川が園から発し、それが分かれて、ピション、ギホン、ティグリス、ユフラテの四本の川となる。園には、中央にその実を食べると善悪を知ることになる智慧の樹と、永遠に生きることのできる生命の樹があり、神はエデンの東に、ケルビムと回る炎のつるぎを置いて、その生命の樹への道を守らせるのである。

堕罪後のある風の吹く頃、アダムとエバは、神が園のなかを歩く足音を聞く。二人は、預言者ヨナのように神の顔を避け、木陰に身を隠す。神は、問う。「君は何処にいるのか」（「創世記」第三章九節、関根清三訳）と。神は、さらにいう。土は呪われた、そこには茨《いばら》と薊《あざみ》だけが生える、あなたは塵から塵へと帰る。

アダムとエバ、カインの末裔である人は、無数の戦争とともに、貧困、抑圧、差別、新たな戦争、環境クライシスなど地球規模の危機の時代、人類の時代（＝人新世《アンソロポセン》）のなかで、繰り返し、あなたはどこにいるのか、という神の愛による呼び声に、信仰をかけて向き合い、答えなければならないであろう。
旧約の森のなかで、私はそんな響き合う声を聞く――。

3　旧約学と解釈学的経験の系譜――『旧約における超越と象徴』

関根清三『旧約における超越と象徴』は、「十戒の旧約学的解釈と倫理学的根拠づけ」（第一章）、「ニヒリストとしてのコーヘレス」（第二章）、「ダビデにおける罪と赦し、そして償い」（第三章）、「アダム神話の象徴論的解釈」（第四章）、「第二イザヤ書における代贖思想の成立」（第五章）と、詳細な旧約学の注で構成されている。それらは一九七八年から九〇年代初めまでに発表された論文と、書き下ろされた新たな論考で構成され、大きな学術的信仰の森を形づくっているように見える。

冒頭には、信仰の森の入口と研究全体の案内と、著者の信仰的位置を示す「序説」が付され、それらは独立した論考でありつつ、「旧約の中心思想に関する一本の考察の線が読み取られ得るはずである。それは畢竟、象徴としての旧約のテクストの解釈を通して、超越の顕現する時処を問う営みと、要約することができようか」（三頁）と記している。その一本の線の軌跡こそ、信仰の深い森のなかに踏み固められた一筋の経験的「道」であろう。それは、その道をたどりつつも、クリティカルな信仰的精神での象徴解釈を通して、「《超越》」（＝神）の顕現する時空間を描きだそうとする旧約学の「実験的」研究である。

解釈の対象となるテクストは、「古代イスラエル文献」でも、「ユダヤ教正典」でもなく、あくまでも「旧約」聖書なのである。そこに著者の信仰の森の真義がある。関根氏は、「この世に棲む者」（一七頁、以下同じ）として、旧約における「象徴」を通して以外に、「無制約的」に「超越」を臨み見ることはできないといい、全体の主眼について、「あの豊かな霊感に満ちた旧約のテクストとの、しばしば修羅場を通り抜けての「対話」を通して、生まれ形成されて来た「解釈学的経験の系譜」であること、を、その解釈の現場を公開しながら、明らかにする点にこそ存する」（傍点引用者）と述べている。キリスト教のテクスト・旧約聖書の解釈学の経験の系譜を通して、象徴から超越へと至ること、象徴の解釈学の経験によって信仰的超越（＝隠れたる神）を体験すること――それは何と壮大で、深く厳しい信仰の森を踏み歩むことになることだろう。

関根清三氏は、『旧約聖書の思想――24の断章』（講談社学術文庫、二〇〇五年）の「24終末㈣　苦難の神義論」のなかに、以下のように記している。「倫理学哲学的には、神は時空の制約を超えた絶対的な無制約者でなければならない。したがって終末においてであれ、他のどこにおいてであれ、この世に赫々と顕われるはずがない。しかしそうした絶対無制約の存在を、時空の制約の中に生きる相対的な人間が如何にして仰ぎ見ることができるかと言えば、それはこの世の象徴の具体性を通してであるほかはない。終末論は神の愛と義の具体的象徴として、優れて霊的な次元を開示し得るはずなのである」（三四〇―三四一頁）。

終末も黙示も、未来への希望・救済とつながっている。内村の再臨信仰も、終末の果ての希望とともに、「ヨハネの黙示録」で約束した「再臨」のキリストは、象徴のなかの象徴であろう。再臨によって、あるいは再臨（よってもたらされる）宇宙《コスモス》によって、神の愛と義、天然と宇宙は完成するのではないか。それは内村のキリスト者としての「霊的源泉」の最大の奥義であろう。同時に、それは「この世に棲む者」にとって、現在的終末論でもなければならない。

『旧約における超越と象徴』における旧約学の解釈論には、その個々の解釈の経験的系譜が重なり合う間隙がある。その間隙は、各解釈の人と時代の層の重なりを生かしつつ繋ぎ、またそこからは「旧約」のもつ永遠のいのちと信仰の水脈が、静かでときに激しい水流となって流れだしている。それこそが歴史的、キリスト教的テクストの複層のなかから洩れでる、「新約」へと通底する福音の泉、エッセンスではないだろうか。同時に、著者の苦難の経験的信仰を贖う救済の水脈でもあろう。特に、王ダビデ、バテシェバ、ウリヤ、預言者ナタンの物語と「詩篇五一篇」と第二イザヤの「第四の僕の詩」、これら二つの詩をめぐる「解釈」には、それが湧出しているのだ。――「水の湧き出す音がした、水が出る、水が出る／石のあいだに光つてゐる、彼も水音を聞いた……」（イェーツ『鷹の井戸』、松村みね子訳、角川書店、八七頁）。

第一章は、モーセの十戒を扱った「十戒の旧約学的解釈と倫理学的根拠づけ」である。旧約聖書の十戒は、「出エジプト記」第二〇章一―一七節と「申命記」第五章六―二一節が対象である。関根氏は、第六戒―一〇戒は人間関係の基本となる規範、第一戒―四戒は神に関する戒めであるといい、第六戒―九戒を、次のように訳している。

第六戒　君は殺してはならない
第七戒　君は姦淫してはならない
第八戒　君は盗んではならない。
第九戒　君は君の隣人に嘘の（「出エジプト記」）、空しい（「申命記」）証言をしてはならない。

十戒は、旧約の倫理でもある。関根氏は、第六戒―九戒の根拠づけの試みとして、カントから和辻哲郎によるその批判、和辻への疑問などを考察している。第一戒から四戒は、次のように訳している。

第一戒　わたしは、君をエジプトの地、奴隷の家から導き出した、君の神、ヤハヴェである。わたしの面前で君に、他の神々が在ってはならない。
第二戒　君は、君のために、彫像を造ってはならない。また、上は天に在り、下は地にあり、更には地の下の水に在るもので、いかなる形をも。……
第三戒　君は君の神ヤハヴェの御名を徒に唱えてはならない。というのは、ヤハヴェは、御名を徒に唱える者を罰せずにはおかないからである。

第四戒　君は安息日を覚えて（「出エジプト記」）、守って（「申命記」）これを聖としなさい。……

また、第五戒と十戒は、「出エジプト記」から、こう訳されている。

第五戒　君は君の父と君の母とを敬え。君の神ヤハヴェが君に与えたもう土地で、君が日々永らえるためである。

第十戒　君は君の隣人の家を欲しがってはならない。君の隣人の妻、またその男奴隷とその女奴隷、またその牛とその驢馬、またすべて君の隣人のもの、を欲しがってはならない。

関根氏は、第六戒から九戒の解釈で、倫理をめぐる根拠を確認し、和辻倫理学の基本命題から、先行する第一戒から四戒、さらに第五戒、第十戒を倫理的観点から解釈、考察している。「七倫理的命法の旧約的根拠づけ」においては、殺人、姦淫、偸盗が禁じられる根拠を問い、関根正雄氏の指摘を検証している。正雄氏は、「倫理的十戒」は、「してはならない」「すべからず」と訳さざるを得ないが、原文の本来の禁止命令ではなく、「することはないだろう」「……することはあり得ないことだ」（八三頁）と解釈しているといい、それをヘブライ語の用法から共感的批評を含めて検討している。

この十戒解釈の結論としては、関根清三氏は、十戒は象徴と無制約超越を区別し、自己批判の眼差しをもちつつ、愛の呈示によって「全体主義的な虚仮威し」（九三頁）を免れ、「超越は普遍的な対人関係に開いた道徳を形成する根拠となり指標となり得るのではないだろうか」（同前）という。そして、この章の最後に問う。――人はどこでその超越と出会えるのか、神といつ出会えるのか、と。それは隠れたる神の顕現の「時処」として、第二章以降につづいていく。

第二章は、「ニヒリストとしてのコーヘレス」。この「コーヘレス」とは、どのようなニヒリストだろうか。関根氏は、コーヘレスの大きく二つに分かれるコーヘレスの評価について考察し、こう述べている。「コーヘレスは伝統的な教義としての価値体系が崩壊する時代にあって、その価値を否定した。その限りにおいて彼は厭世主義者ないし懐疑家にとどまらず、ニヒリストである。しかしそれだけでなく、彼はそのニヒリズムを克服する道をも模索したのである、と」（一二一頁）。

人々は悲惨な日々を送り、貧しい者は圧政に苦しみ、政治は機能していない。一切は空であり、風を追うようなもの――。「またわたしは、日の下で行われる一切の虐げを見た。みよ、／虐げられる者の涙を。彼らには慰める者がいない。……」（第四章一節、関根清三訳）。そして、この世のすべてのものは塵から塵へ、死へ、土へと帰る。であるならば、滅びよ、私が生まれた日、その夜、何故そのとき息絶えなかったのかと嘆く、神を見る前のヨブも、一人のニヒリスト・コーヘレスであろう。

関根氏は、ニヒリストとしてのコーヘレスの思想を、知恵の主体主義、神理解の相対化、空、包摂目的の無化、エゴイズムなど五つの論点から検討し、「五要約と展望」へと至り、以下のように述べている。このコーヘレス的自己批判の視点を欠くとき、旧約は「エゴイズム」の跳梁を是認し、救済から遠く離れて混迷のなかを漂う。それでは律法主義という宗教的エゴイズム（＝欺瞞）に堕するのではないか。また、コーヘレスは新約への「架橋」となるのである。だが、コーヘレスは他者への「愛」を欠いている、と。

次には、十戒からつながる姦淫と殺人の問題を、「罪」を通した神、超越との出会いという解釈学的物語を知ることになる。第三章は、「ダビデにおける罪と赦し、そして償い――サムエル記下一二章と詩篇五一篇を中心に」である。物語の主な登場人物は、王ダビデ、ウリヤ、バテシェバ、預言者ナタン。その昇華したエッセンスが「詩篇五一篇」の解釈である。「この詩篇は、バテシェバと姦通しその夫ウリヤを殺害したダビデが、その罪の行為に対する赦しと償いを示されて行く過程でいかにして神と出会ったか、その間の事情をおよそ能うる限りの誠実と霊感を以て、告白の言語に彫琢していると思われるのである」（一六七頁）。

関根氏は、歴史における神の意志の啓示と見るヘブライ的理解と、人間の自己啓示であるギリシア的理解の比較からはじめ、波多野精一、コリングウッドの所論を検討し、ダビデにおける罪と赦しの消息を詩篇五一篇とともに解釈し、そこで超越者と出会う。そのとき、殺人を犯したダビデ、その告白と悔い改めの詩には、まったく新たな光があたるのだ。

アンモン人との戦いのなかで、王ダビデは、ヨアブ指揮のもとに全軍を送りだしたあと、エルサレムにとどまる。ある夕暮、ダビデは寝床から起き上がり、王宮の屋上を散策していると、一人の美しい女が水浴しているのが目に入る。ダビデは、戦場にいる勇士ウリヤの妻バテシェバであることを知る。王は彼女を自分のもとに呼び、床《とこ》をともにする。やがて、バテシェバは身ごもったことを人を通して王に告げる。王は戦地からウリヤを呼び戻すと、彼は王宮の入口で家臣とともに眠り、戦地では野営しているので家にいるバテシェバのもとへは帰れない、と王にいう。翌朝、ダビデはヨアブ宛にこう手紙を認《したた》め、ウリヤ自身に託すのである。——ウリヤを前線にだして取り残し、討ち死にさせせよ、と。やがてウリヤは戦死する。妻バテシェバは嘆き悲しむ。喪が明けると、ダビデはバテシェバを王宮へと引き取り、自分の妻とする。だが、それは「主」に悪とされたのである。ダビデには、姦淫と殺人の罪がある。

詩篇五一篇は、ダビデのもとに預言者ナタンがきたときの心境告白である。関根氏は、次のように訳している。

堪忍して下さい、神様、貴方の慈愛によって、
貴方の豊かな憐れみによって、拭い去って下さい、私の背きの咎を。
全く洗い去って下さい、私の不義を、

私の罪から、私を清くして下さい。
まことに、私の背きの咎を、私は知っています、
そして私の罪は、常に私の前にあります、
貴方に、ただ貴方に、私は罪を犯し、
そして貴方の御目に悪であることを、私はしてしまいました。（中略）
私の罪を取り去り給え、ヒソプでもって、そうすれば私も清くなれましょう。
私を洗い給え、そうすれば私も雪より白くなれましょう。
私に聞かせ給え、喜びと楽しみを、
小躍りして歓ぶことができますように、貴方が砕かれた骨どもが。（中略）
恵みを施して下さい、貴方の御心によって、シオンに、
築き給え、エルサレムの、諸々の城壁を。
その時、貴方は望まれるでしょう、義の生け贄と、全焼の燔祭と、焼き尽くす供物とを、
その時、彼らは捧げることができましょう、貴方の祭壇に、諸々の雄牛を。（傍点引用者）[13]

ダビデの姦淫と殺人という、十戒の第六、七戒にあたる罪の物語は、この詩篇五一篇の解釈につきるであろう。関根氏は、これまでの旧約学ではダビデ作とはしない詩篇五一篇を、グールダーの所論とともに精察し、「この詩は、バテシェバ事件でウリヤを殺害した後ナタンが来た後のダビデの詩と、標題通りに解する」（二二四頁）、最後の二〇―二一節（「その時……」以下）を「二次的付加」ではなく「ダビデの罪の赦しの具体的実現の希望と解す」（同前）との結論に至っている。

さらに、「五詩篇五一篇私解――象徴の解釈学的試論」では、「ただ貴方に」（レバッデカー）（六節）の一語の言

語的解釈が、ダビデの罪を解く鍵語となることを論証する。そして、関根氏は通例の「ただ貴方に」を「とりわけ貴方に」「特に貴方に」（二五四頁、傍点引用者）と訳し直すのである。そのことによって、「標題のウリヤ殺しとからめた罪の告白のシニフィアンとして理解する」（二五五頁）という解釈へと導かれるのである。王ダビデは、神とともにウリヤへの罪を認め告白したのだ。

人が神と出会えるのは、「敬虔な祭儀行為」ではなく、自分自身に深く染み泥《なず》んだ「罪」なる「心の奥」＝「秘められた所」においてであること、ダビデはその一事を発見したのである。それは、まさに懼《おそ》れと戦《おのの》きとともにある罪の戦慄による悔い改め（＝贖罪の回心）の生起した瞬間にして、「解釈学的経験」の出来《しゅったい》なのである。「その罪を罪として認めることは、人が神の赦しに接して初めて可能となる、というのがこの間の不思議な消息であった。ここには、言わば神学的循環とでも呼ぶべきものがある。神との出会いは罪の場所で初めて起こるはずなのに、罪の場所は神との出会いが起こらねばそれと気づかれない類いのものだからである」（傍点引用者）[14]。これこそが悔い改めのアポリアであろう。私たち人は、内奥の罪にもかかわらず、ここに赦されてあること、この二律背反的事実は、また信仰の定義であるとともに、超越・神と出会える場所（＝地平）ではないだろうか。

第四章は、堕罪、楽園喪失である「アダム神話の象徴論的解釈」である。それは罪の地層を掘り下げる考察でもある。関根氏は、リクールのアダム神話の解釈から、「神話は罪意識による原象徴の解釈学なのである」（二八七頁）といい、アダム、エバ、蛇について詳論する。その上で、アダム神話の訳と注釈を試みる。そこでは善悪を知る樹、自由意志、サタンの思想、懐疑の毒など、「創世記」にそって解釈を展開する。そして、「アダム神話私解」において、「倫理を根底から支える宗教は、堕罪以前の盲目的な従属の場所においてでなく、そうではなくて、人の正にこのような悪を選ぶ罪の場所において生起するというのが、この作者が見据えているリアリティなのではないだろうか」（三五〇頁、傍点引用者）と問い、「原初の神人関係」（三五一頁）は「悪を選んだ後の人の罪の自覚と、神からの赦しにおいてこそ、まさにそこにおいてこそ現成するのだということ、それが倫理・宗教の現実の姿であるということ、そのことを語っていたのではないだろうか」（同前、傍点引用者）と述べ、最後に次のように結んでいる。

一言に要するならば、人は神とどこで出会えるかという、本書を通底する問題に対して、このアダム神話もダビデの告白に似て、しばしば罪の場所において、と答えつつも、その罪は個々の対人関係における行為ではなく、神に背いて自律する自由意志にまで一般化され、しかしその背きの場所に顕れる愛の神の義をめぐって、一抹の疑念を残している、ということになるであろうか。畢竟、問いは、神の愛と義の両立する場所をめぐって、蟠《わだかま》る[15]。

堕罪の場所は、そのまま救済の場所でもある。そこで人は、神と出会うのである。エデンの園における神の「君は何処にいるのか」（第三章九節）という象徴的な呼びかけは、人の内奥の罪とその行為を見抜いた上で、罪と救いのパラドキシカルな響きを湛えた神の愛の言《ことば》ではないか。楽園喪失《パラダイス・ロスト》は、同時に、楽園回復《パラダイス・リゲインド》への途の起点となり、超越的場所＝罪が生まれる／赦される場所なのだ。

第五章「第二イザヤ書における代贖思想の成立」は、「Ⅰ苦難の神義論をめぐって」と「Ⅱ代贖をめぐって」で構成されている。特に、「代贖をめぐって」の「第㈣の僕の詩」の経験的解釈は、第三章の「詩篇五一篇」と同様に、『旧約における超越と象徴』の贖罪信仰における到達点であろう。それが「代贖思想」なのだ。

「苦難の神義論をめぐって」は、次のような一行からはじまっている。「イスラエルの預言の華は第二イザヤ書であり、第二イザヤ書は第㈣の僕《しもべ》の詩《うた》においてその窮極の威容を開示する」（三七三頁）。第二イザヤ書の「第㈣の僕の詩」は、「イザヤ書」第五二章一三節から五三章一二節の詩である。関根氏は、ヴェーバーの苦難の神義論を、代贖思想とともに編集史的仮説を呈示し、バビロン捕囚などの歴史を背景に、罪と贖い、救いと償いの問題を論じている。そして、「救済とは究竟宗教的には罪の赦しを意味していたが、では次に、そもそも、罪とは何か、について吟味しなければならない」（三九五頁）といい、「第㈣の僕の詩」の作者にとって「罪」とは何か、と問うのである。関根氏は、「第㈣の僕の詩」の作者を第二イザヤの「弟子」とし、「僕」＝第二イザヤ自身と結論づける。そのことを論証するとき、「第㈣の僕の詩」の解釈こそが鍵となり、それは「罪」が生まれるその場所で、罪が「赦されている」ことを知ることになる。

「第㈣の僕の詩」（以下、一部抜粋）は、関根氏によって、以下のように訳されている。

見よ、わが僕は得心し、
高められ、挙げられ、いと高くなろう。
かつて多くの者達がお前のことで愕然としたが、
それと同じように、荒れ果てて人間離れしていたのは、彼の容姿、彼の姿は人の子らから掛け離れていた。（中略）

彼は蔑《さげす》まれ、人々に見捨てられ、苦しみの人、病に狎《な》れた者であった。
顔を背けられる者のように蔑まれ、われらも彼を顧みなかった。
まことにわれらの病を彼こそが負い、われらの苦しみ、それを彼は担ったのだ。（中略）
虐げられたが、しかし彼こそは忍び、口を開かず、
屠所へ引かれる子羊のように、あるいは毛を刈る者の前に黙す雌羊のように、口を開かなかった。（中略）
彼の生命の苦しみの後、彼は見るであろう。彼は知ることで満足するであろう。
義なるわが僕は、多くの者達を義とし、彼らの罪を彼こそが背負うであろう。（傍点引用者）[16]

「彼」（＝僕《しもべ》）は、屠所へと引かれ殺される子羊のように、蔑まれ、見捨てられた、苦難の人であった。だが、「僕」は「われら」「多くの者達」を「義」とし、その罪と病、苦しみをただ一人で担ったのだ。「第㈣の僕の詩」の作者（＝弟子）には、「彼」（＝師）の、第二イザヤの姿が、悔い改めとともにまざまざと甦り見えてくる……。それは代贖の思想へとつながっていく。

「Ⅱ代贖をめぐって」は、「第㈣の僕の詩」は「預言書中白眉とも言うべき絶唱一篇」（四四五頁）を創造した第二イザヤの「無名の弟子」への疑問などから、第Ⅰ部の体系を打ち破り、「罪と赦しをめぐる神の顕現の時処についての旧約的解答の大いなる体系」（四四六頁）を見極めるのが目的である。

関根氏は、「僕像」をめぐる研究史、問題の所在、「第㈣の僕の詩」の編集史論と進み、「代贖」という「救済論」へと解釈を向ける。「本書全体の結びに」として「代贖再考」を置き、「僕」がだれであるよりも、彼が何をし、それが第二イザヤ書の思想の理解との関連となり、「僕の代贖の働きの根幹」（四七五頁）として解釈し、最後に超越の顕《あら》われる「時処」をめぐる緻密な解釈論を展開していく。それはそのまま「解釈学的経験の系譜」にして、第二イザヤを通した新たな「代贖思想」との出会いの信仰的、旧約学的ドラマでもある。それこそが旧約における象徴的解釈の究極ではないだろうか。

思えば、序章以来再三言及してきた「地平の融合」としての「解釈学的経験」は、第三章でいったん解釈者の側の地平の一方的地崩れでテクストの地平の変容にまで至らなかったかに見えた。しかし旧約全体としてはイザヤ書五三章の地平から詩篇五一篇の地平が変容を蒙るという「解釈学的経験」を惹起し、ここに真の「地平の融合」が現れ、また「解釈学的経験」の円環が結ばれたとすれば、これはまた種々の異なる相貌を包摂し雄大な歴史的展開を常とする旧約の思想にいかにもふさわしい熟成の仕方であったと言わねばならない。本書はその相貌の多様と熟成の悠揚のままに解釈学的経験を積み重ね、その経験を貫く一本の軌跡を刻んだものにほかならない。[17]

関根清三氏とともに、十戒、コーヘレス、ダビデの物語、アダム神話、第二イザヤ、代贖、地平の融合としての解釈学的経験などの実験的同伴によって、私たちも罪と代贖の思想へと至るのである。それは超越の顕現する「時処」を問い、信仰の森から、象徴としての旧約テクストの解釈を通して、自らの罪の／救いの場所を見いだすまでの一条《ひとすじ》の刻苦の軌跡を描いている。その一本の道は、さらに贖罪から十字架へ、再臨へとつづいていく――。

4　贖罪と再臨――永遠の現在と再臨宇宙

再臨宇宙《コスモス》、というものがあるだろうか。

あるいは、復活のイエスが昇天前に、私はすぐに来る、と告げた原約束とは、どのようなことだろう。私は繰り返しここに立つ。イエス・キリストの再臨は、旧新約聖書の黙示録最後の神の言《ことば》にして、永遠に開かれた、未来社会への希望のなかの希望、象徴のなかの象徴ではないだろうか。再臨とは、永遠の現在における「《超越》」と出会う、究極的な「時処」ではないか。「時」とは永遠の現在であり、「処」は再臨宇宙、それが旧新約聖書の奥義となる再臨信仰ではないだろうか。

内村鑑三は、二〇〇〇万人近い死者を生んだ「世界大戦争」の終わる一九一八年三月、大正期の再臨運動の高揚のなかで、「再来の意義」（『聖書之研究』二一二号）と題して、「再来」＝「再臨」について、次のように記している。


「再来」と云《い》ふ文字は人を誤り易くある、原語に之をparousia《パルーシア》と云ふ、臨在の意である、英語のpresence《プレゼンス》である、来らん（未来）ではない、来りつゝあり（現在）である、イエスは今来りつゝあるのである、而《しか》して最後に明白に人《ペルソン》として来り給ふのである、来ると云ひ顕《あら》はると云ふ、隠《かく》れたる者の顕はるゝの意である、進化と云ふと多く異ならない、英語に進化をevolution《エボルーション》と云ふは捲込《まきこ》まれたる者の展開するの意である、キリストは復活し昇天して人の目より隠れ給ひてより再び其栄光化されたる身体《からだ》を以て世に臨み給ひつゝあるのである、而して時充つれば其自顕は極度に達して彼が天に昇り給ひし其状態を以て再び地に顕はれ給ふのである（使徒《しと》行伝《ぎょうでん》一章十一）、故に再来はキリストの自顕であると同時に又地の進化である、地が彼を迎ふるに足る者と為《な》されて彼は之に臨み給ふのである、万物の完成は神の造化の目的であつて又我等人類の理想である、而して再来は此目的の成就、此理想の実現に外ならないのである。（傍点引用者）[18]

再臨とは、パルーシアであり、未来ではなく永遠の現在である。まさに、再臨のイエスは、いま、臨《きた》りつつある。それは顕現であるとともに自顕であり、宇宙の進化でもある。再臨という「大いなる日」[19]には、キリストは栄化された身体をもって顕われるのである。それが神による造化の目的であり、人類の理想の実現、宇宙の完成、新しい天地でもある。再臨のキリストの臨りつつある宇宙、あるいは再臨のキリストの臨在《パルーシア》するこの宇宙、それが再臨宇宙《コスモス》にして新しい楽園であろう。それは地上の国における神の国の実現ではないか。

関根氏は、第三章「ダビデにおける罪と赦し、そして償い」で、ダビデの罪の赦しと詩篇五一篇の解釈をめぐり終えて、「結び——解釈の葛藤を経て」の最後で、神＝超越との出会いの先にある問いをもらしている。「翻ってこの出会いを倫理の問題との相関において考え直すとき、人はこの出会いを通して初めて他者への罪の問題を知り、その償いをめぐって心を砕き、他者への配慮の問題に目覚めていくのだとしても、突き詰めたところ殺された者は帰ってこない。被害者が、そして被害者を愛する者が受けた不正と打撃は永遠に償われようもないのではないか」（二七四頁、傍点引用者）と。

「第五章第二イザヤ書における代贖思想の成立」の「Ⅱ代贖をめぐって」において、「Ⅰ苦難の神義論をめぐって」の結論的小体系に「風穴」を開けるべく、第二イザヤの「代贖思想」の再考を試みて、詩篇五一篇について、次のように気づいたという。——王ダビデの部下ウリヤの妻バテシェバへの姦淫、王による仕組まれたウリヤの殺害、その「ウリヤの無念はどうなるのか」（四四六頁、傍点引用者）。関根氏は、この厖大な解釈論の最後に、この問題を「代贖思想」として考察している。ここにキリスト教としての「旧約」「新約」の解釈学における究極的救済論、十字架の贖罪信仰があるのではないだろうか。

関根氏は、「四代贖再考」において、以下のように述べている。「以上のわれわれの脈絡において肝要なのは、イエスの代贖も、苦難の僕を現実に理不尽に殺されて逝った義人と同定する、この第㈣の僕の詩の編集者に淵源する思考法に基づいた十字架の一つの解釈だということであり、そしてその点に留意する限りわれわれは、哲学者の危惧する、倫理的責任の忘却という、代贖思想の陥穽をも免れ得、むしろ神の愛への喜ばしい応答として義を啓示され得る、との一事である」（四八八頁、傍点引用者）。

内村鑑三は、一八八六年三月八日、アマスト大学のシーリー総長の言葉で贖罪の回心を経験して、信仰を縛る律法の桎梏から解き放たれ、以後四十数年の信仰的生涯の芯をイエスの十字架の〈仰瞻〉に置いたのである。妻バテシェバを失い、自らも戦場で死んだウリヤの「無念」も、殺されて帰ってくることのない勇士「ウリヤ」も、イエスの贖罪の「十字架」（＝代贖）によって、神への愛と義を啓示されていると解釈できるであろう。そこに内村が最後に到達した「再臨」「再臨信仰」を加えることができないだろうか。「十字架」と「再臨」、そこにおいてウリヤの無念も、「理不尽に殺されて逝った義人」に同定される第二イザヤの「僕」の苦難も贖われるのではないか。であるならば、夫ウリヤと妻バテシェバは、再臨宇宙《コスモス》において「再会」することができるであろう。

関根氏は、第五章「Ⅱ代贖をめぐって」の「四代贖再考」のなかで、第二イザヤを「苦難の僕」と同定した編集者を「〈人義論〉」（四八一頁）の創造者であるといい、それは理不尽・不条理な死を遂げた「義人の義を回復する議論の謂である」（同前）と述べている。その第一の条件として、死者の復活を認めることを挙げている。死者とは、旧約以来、無数の戦争の死者、アウシュビッツのユダヤ人の犠牲者、日本の原爆の、東北の「3・11」の、二一世紀のパンデミック、ウクライナ戦争、約束の地カナンでの悲惨なパレスチナ戦争の死者など、人類の歴史の暗夜に、受難者として無念の涙とともに累々とつづいているのだ。

被害者と愛する人々への、またこの世への「希望の灯」となる代贖の思想として、関根氏は、次のように記している。「被害者の死が代贖のためであり、彼・彼女が復活していつかそれを得心する、という思想であるほかはないのではないだろうか。（中略）愛を知らぬニヒリスト・コーヘレスが、来世などあるはずがないと嘲ろうと、愛を知る者にとって、先に逝った愛する者が、彼女・彼の心に復活して今なお生き、そしていずれの日かわれも逝くとき、彼岸で再会するということは、自明のリアリティであるほかはないであろう。……」（四八二―四八三頁、傍点引用者）。

関根氏は、十戒から第二イザヤの旧約解釈の信仰の森を経て、歴史と未来を包摂する、この場所に至ったのである。遥か新約のイエスの「十字架」へとつながる「代贖思想」は、内村鑑三の「再臨信仰」とそのまま踵《きびす》を接しているのではないか。さらに、「代贖思想」は「再臨信仰」によって完成するのではないだろうか。

『聖書之研究』二二三号（一九一八年四月）には、無署名で「贖罪と再臨」という内村鑑三による短文がある。そこでは、再臨は贖罪の結果であり、神は「贖《あがな》ひ給ひし者の救を完成《まつとう》せんがために再び臨《きた》り給ふのである、而《しか》して信者は主に贖はれし其結果の身に於て実現されんがために彼の再臨を待望むのである」（『内村鑑三全集』第二四巻、一一六頁）といい、次のようにその文章を結んでいる。

主は再臨に由て彼が十字架上に於て遂げ給ひし大なる救《すくひ》の果《み》を収めんとし給ひつゝあるのである、再臨なくして贖罪は半成りの業である、主は我等の心のなかに始め給ひし善工《よきわざ》を完成《まつとう》せんがために再び臨《きた》り給ふのである

（中略）贖罪である、然り贖罪である、贖罪の結果たる再臨である、説くべきは此二大教義である、平信徒の心に訴ふる者にして之よりも強くして且《か》つ深き者は無いのである。（傍点引用者）[20]

五七歳となった内村は、贖罪と再臨を聖書の「二大教義」にして、相互の密接な関係を信ずるに至ったのである。また、第二イザヤの「第四の僕の詩」には、預言者第二イザヤへの編集者の悔恨と贖罪が響き渡っている。

ところが彼こそは、われらの不義のゆえに刺し貫かれ、われらの罪のゆえに砕かれていたのだ。
われらの平安のための懲罰は彼の上に。彼の傷によってわれら自身は癒されたのだ。（「イザヤ書」第五三章五節、関根清三訳、傍点引用者）[21]

私たちは「苦難の僕」＝「彼」の代贖によって、癒され、赦されていること知る。

私の生け贄は、神様、砕かれた霊です、
砕かれた、悔いた心を、神様、貴方は蔑まれないでしょう。（「詩篇」第五一篇一九節、関根清三訳、傍点引用者）[22]

ここには罪の悔い改めによって知った、罪からの赦しと、その内奥を見つめる祈りが共鳴している。贖罪は、十字架へ、その完成としての再臨へとつづいていく。

第五章Ⅱ「四代贖再考――本書全体の結びに」においては、関根氏は、代贖としての十字架理解について、その意義を顧みないならば、「それは義を苦蓬《にがよもぎ》に変えて地に擲《なげう》つ（アモ五7）の愚に等しい」（四八七頁、以下同じ）といい、こう加えて述べている。「赦された罪人自らをして、その赦しへの応答として、小なりといえどもキリストに倣い、苦難の僕となって、十字架に窮極する義と愛の業へと奮い立たせる、汲み尽くせない啓示の泉となり得るのではないだろうか」（傍点引用者）と。人はいつの世も罪に砕かれた苦難の僕として生き、神の、十字架の義と愛において、悔いた心（＝後悔《リモース》）をもって、そのまま赦され救われているのだ。それは「啓示の泉」にして、「暗夜の果てに輝く暁の明星」（四八八頁）なのである。

畢竟、人とは、一人ひとりのその時代と社会の困難のなかを生きる「苦難の僕」なのであろう。そして、その「未来的代贖」により、その苦難ゆえの罪が現実において赦されている。それがキリスト者の信仰の奥義ではないか。その信仰は、代贖から十字架へ、愛する受難の死者たちの無念を癒す再臨へ、再臨信仰へと、臨《きた》りつつあるイエスを象徴＝徴《しるし》とした永遠の救済の水脈として流れつづけているのだ。それは生命の樹のあるエデンの園を流れる名づけられていない一つの川から、最後の黙示録の生命《いのち》の水の河へとつながっている。

関根清三『旧約における超越と象徴』という孤高の書との対話を通して、旧約以来の信仰の森と、私の内なる懐疑を重ねつつ、モーセ、コーヘレス、ダビデ、ウリヤ、バテシェバ、ナタン、第二イザヤと名もなき編集者など、旧約世界を生きた人々とその解釈学の系譜とともにここまで歩んできた。そこには旧約から新約への代贖思想と、新約最後の「ヨハネの黙示録」[23]で約束された再臨宇宙《コスモス》が、『罪と罰』のラスコーリニコフが流刑地シベリヤの大河の岸辺で見た風景のように、それは新たな福音的様相で広がっている。

第二イザヤの終曲《フィナーレ》は、こうはじまっている。「ああ、渇きを覚えている者は皆、水のところにくるがよい。……」（第五五章一節、四九四頁、傍点引用者）。それは「永遠の契約」への呼びかけである。私たち渇くものは、いつでもこの涸れることのない生命の「水」に口をつけることができるのだ。

旧約の森のなかで——。関根清三氏の罪と赦しの問題の旧約解釈学的探求という、自らも通ったであろう信仰へと至る森なかで、「著者」は第二イザヤの「解釈者」（＝編集者）と時を超えて重なり合ってくるとともに、私たちもインマヌエルなる《超越》の顕現という劇的出来事に一人ひとりが実験的に遭遇する。そのとき宇宙万物人生

悉《ことごと》く可なり、という新しい楽園、天地、都の光景を垣間見るのである。(24)
そこに苦難に満ちたこの世を生きる希望がある。

5　「此の書成りて今や汝は死すとも可なり」——増補新装版との対話

内村鑑三には、三一歳のとき孤立無援のなかではじめてキリスト者として世に問うた『基督信徒の慰』（警醒社書店、一八九三年）がある。その「自序」で、こう述べている。——この書は自伝ではなく、苦しめるキリスト信徒を代表し、その不幸の極点に置かれたこの身において、キリスト教の原理をもって慰めんとした、と。第一章「愛《あい》するものゝ失《う》せし時《とき》」には、次のように記されている。

余《よ》は懐疑《くわいぎ》の悪鬼《あくき》に襲《おそ》はれ、信仰《しんかう》の立つべき土台《どだい》を失ひ、之を地《ち》に求《もと》めて得ず、之を空《そら》に探《さぐつ》て当《あた》らず、無限《むげん》の空間《くうかん》余の身《み》も心《こゝろ》も置《お》くべき処なきに至れり。之ぞ真実《しんじつ》の無限地獄《むげんぢごく》にして永遠《えいゑん》の刑罰《けいばつ》とは是事《このこと》を云ふならんと思《おも》へり、余は基督教《きりすとけう》を信《しん》ぜしを悔《く》ひたり、若し余に愛《あい》なる神《かみ》てう思想《しさう》なかりせば此苦痛《くつう》はなかりしものを、余は人《にん》間《げん》と生《うま》れしを歎《たん》ぜり、……(25)

その一九年後、内村は一八歳の愛する娘ルツを喪い、数カ月間祈ることもせず神なき人となった体験がある。そのときには、まさに地にも、空にも、信仰の土台はなく、無限の地獄、永遠の刑罰の渦に呑み込まれてしまうのである。以下、『基督信徒の慰』は、「国人《こくじん》」「基督教会《きりすとけうくわい》」に棄てられたとき、さらに「事業」の失敗、「貧」に迫られたとき、「不治の病」に罹ったときとつづいていく。彼はひたすら自らの悲嘆と向き合い、最後には苦難の果てに神を見たヨブのように、いかなる艱難も、悲哀も、神の希望へとつながっていることを知る。それがキリスト信徒の慰め（＝希望）である、と。

なみだの谷《たに》や笑《ゑみ》の園《その》、
かなしみは来《こ》んよろこびと、
よろこび受《う》けんふたつとも、
神《かみ》のみこゝろならばこそ。[26]

涙の谷も、笑いの園も、ともに神の愛から受けるべくして生れている。

その一七年後、内村は「改版に附する序」のなかに、この生涯初の宗教書を第一に父に送ったときのことを顧みている。武士にしてキリスト者となった父宜之《よしゆき》は、一読し涙を流していう。「此書成りて今や汝は死すとも可なり、後世、或ひは汝の精神を知る者あらんと」（七三頁）。

『旧約における超越と象徴』と、その二七年後の影響作用史を加えた「増補新装版」、この初版と増補新装版の相互の位置と連環を見るとき、「此の書成りて今や汝は死すとも可なり、……」という感慨も迫りうるのではないだろうか。[27] ここには、初版・増補新装版という二つの旧約と信仰の森をつつむ〈生命《いのち》〉（＝精神）が脈づくとともに、解釈学的経験が映しだす新しい信仰的場所が、緻密な学術的森を照らすように、また泉が潤すように描かれている。私にとっては、それは「代贖思想」とも相互に通底する「再臨信仰（思想）」とつながっているように思えてならない。

増補新装版には、これまでの初版をそのままにして収め、「増補版研究ノート　論評と応答――四半世紀の影響作用史を顧みて」が付されている。著者は、そのプロローグにおいて、増補新装版は、これまでの初版は印刷上の制約のためにそのまま収め、「初版から四半世紀の間、本書に寄せられた各種論評を整理概観して、それらへの応答を試み、新たな展望を開きたいと思うのである」（五一一頁）と述べている。初版から四半世紀の影響作用史は、そのまま『旧約における超越と象徴』の孤高な学術的精神の消息を伝えるとともに、初版の理解を時代の陰影とともに新たな相貌を顕すのではないだろうか。応答のなかには、初版以後二六年目にはじめて本書と出会い、一気に書き上げた私の未発表の草稿「旧約の森のなかで――関根清三『旧約における超越と象徴』との対話」[28]も含まれていた。以下、初版につづく増補新装版との対話的論述を試みたい。

私が初版の『旧約における超越と象徴』を読んだのは、二〇二〇年五、六月頃で、『内村鑑三――私は一基督者である』（御茶の水書房、二〇一六年）以後、自ら惹かれた無教会信仰を見つめるべく、内村の旧新約聖書の厖大な講解と向き合い、聖書六六書の森のなかで四年間書きつづけてきた『内村鑑三の聖書講解――神の言のコスモスと再臨信仰』を出版社に入稿し、初校の出校までの間であった。その時期は、私自身の内部の懐疑のみならず、現実の社会的生活においても、抜き差しならない苦難の渦中にあった。

『内村鑑三の聖書講解』のあとがきに、そのことを以下のように記した。「その後、関根清三氏の四半世紀を経てなお屹立する学術書『旧約における超越と象徴――解釈学的経験の系譜』（東京大学出版会、一九九四年）を知った。そこには、旧約聖書学における解釈学の経験的系譜として、旧約以来の厳しくも寛やかな贖罪信仰の森が、高い樹々とともに広がっていた。それは内村鑑三の神の言《ことば》のコスモス、再臨信仰ともつながっていないだろうか。なかでも、私は王ダビデ、バテシバ、ウリヤ、預言者ナタンの物語と「詩篇」五一篇、第二イザヤ書の第四の「僕の詩」（第五二章一三節―五三章一二節）の「解釈」に感銘とともに、自らの生きる信仰的勇気を与えられた」（四六五頁）と。私はここで、関根氏の「増補版研究ノート　論評と応答」のなかの再臨信仰について、私からの応答を試みたい。それは新たな地平での信仰的対話として、相互に響き合う木霊《こだま》の声とならないであろうか。

「論評と応答」は、「第一章本書論評史の瞥見」の「I書評」では、非神話化による事実の解明よりも象徴のテキストとしての聖書として、「最近の日本の聖書学上の稀に見る力作である」（五一四頁）と評した今道友信氏、「各論考は徹底したテキストの読みと解釈史の入念な検討」（五一六頁）をもとにし、「これほど実存を賭けてなされた旧約解釈は従来の日本には殆どなかったであろう」（同前）という泉治典氏をはじめ、英語版の海外での書評としては、聖書が「人類全体の精神的宝」（五一八頁）であることを論証したというM・E・ミルズ氏から、「神学的に東西の橋渡しをする架橋者」（五二〇頁）と評価するM・ツェーベ氏まで、それぞれの書評の特徴を列記している。

「Ⅱ論及」では、初版に論及した論文、著作を取り上げている。第一に『聖書の信仰と思想　全聖書思想史概説』（教文館、一九九六年）で論及した関根正雄氏からはじめて、「本書は哲学的解釈学と伝統的な歴史的批判的釈義との融合の試みの典型」（五二二頁）と位置づけるJ・W・ゲリカ氏から、第二イザヤの「僕の詩」の「僕」とは誰かについて、「その難問を解く独自の解釈を呈示した」（五二五頁）というE・ドラーフェ氏までを瞥見する。

「Ⅲ選評」では、和辻哲郎文化賞、日本学士院賞を授与された初版についての選考委員の選評が採録されている。和辻哲郎文化賞・学術部門の坂部恵氏の選評には、旧約研究の水準の高さとともに、「現代の人間の置かれた状況に対する氏の熾烈な関心」（同前）を上げ、それをもって旧約解釈の「成層」に分け入り、「遂に古代ユダヤの民がそのものの意味を読み解かんとした層面とあい渉る」（五二五―五二六頁）と、授賞理由が記されている。日本学士院賞の審査要旨は、中川久定氏によって、以下のように述べられている。「ヘブライ語のテクストの綿密・細心な読解」（五二七頁）という論述方法で、旧約テクストを「象徴」として読み解き、解釈学的経験の過程を通して新旧二つの「地平の融合」が起こり、それを「解釈学的経験の系譜」の「実践報告書」と位置づけ、「意図通りに成就されている」（五二八頁）と。

「第二章論評への応答の試み」においては、まず関根正雄氏へ、「Ⅱアダム神話解釈をめぐって」では、G・D・サルヤー氏、泉治典氏に、Ⅲ以下は、中川久定氏へ、そして「Ⅳ泉治典氏へ」とつづいていく。関根清三氏は、泉治典氏の「終末論理解と歴史意識」が「希薄」であるという「無教会の代表的バルティアン」（五三三頁）からの批判については、執筆当時のキリスト教界のバルト主義のなかで、自身の違和感とともに、次のように顧みている。

実際、泉氏も認められる通り、「一九世紀の解釈学はまだ歴史への信頼を持っていたが、二〇世紀のそれはそうではない」ことには、それなりの理由があるのである。すなわち、有史以来一九世紀までの戦死者の数の総計よりも二〇世紀のそれは多いと言われる、その惨状を目の当たりにした人類は、歴史に「神の意志」や「義の実現」を読み取ろうとする信仰者の現実乖離と牽強付会に嫌気がさしているのではないか。まして黙示と終末。何を根拠にそれを語るのか。聖書にそれが書かれているからと言うのだろうか。しかし本書でも言及している、リクールの所謂「疑似ロゴス」(二七二頁)は、聖書の諸処に散見されることを認めざるを得ず、その最たるものの一つが終末論なのではあるまいか。と言うのは、旧約の預言者(イザ一三6等)から新約のイエス(マコ一14―15等)、パウロ(ロマ八18―21等)に至るまで、その終末的予言はいずれも外れたからである。彼らの言う終末は漠然とした将来のことではなく、すぐにも来るものであった。しかしそれは来なかったのである。二千年、三千年たっているのに未だ、終末の遅延と言いくるめて、その誤謬を糊塗することを、キリスト教はもう自らに許すことをやめるべきではないか。(29)

一九九四年三月、『旧約における超越と象徴』の出版、その翌年世紀末を暗く彩ったオウム真理教による未曾有の地下鉄サリン事件、「それでも何故未だ終末論を言うのだろうか、と当時の私は訝《いぶか》った」(五三四頁)と、関根氏はいう。これにつづき、「とはいえ、これには後日談がある」(同前)として、何と私の草稿「旧約の森のなかで――関根清三『旧約における超越と象徴』との対話」について言及されていたのである。私が『旧約における超越と象徴』と出会ったのは、キリスト教界では、黙示的終末論が現実から遠ざかった四半世紀後、しかも「9・11」によって幕開けした「新しい戦争の世紀」といわれた二一世紀を二〇年以上も過ぎた頃でもあった。文学を主な批評領域としてきた私には、旧約学、聖書学、歴史学はどこまでも疎《うと》く遠かった。

だが、私は二〇代の後半で、プロテスタントの作家・椎名麟三の「回心」である「復活のイエス」との出会いの事実を知り、ナチズムの嵐の渦中、バルトのもとで学んだ神学者・滝沢克己の「インマヌエルの神学」、さらに、二万人近い津波の死者と原発事故を伴った「3・11」の翌年、まさに六〇歳の還暦を前に、これまでにない人生の懐疑のなかで、日本近代のキリスト者・内村鑑三と、彼が信仰の生涯の晩年に到った「再臨信仰」と遭遇した。——ある日、一瞬にして愛する人と別れた津波の死者たちは、ホロコースト、ヒロシマ、ナガサキなど、戦争による理不尽な受難ともいえる数多くの死者たちは、私たち固有の死は……、そんな私の懐疑の渦、心の奥の黒い塊は、椎名麟三の「復活」（＝「ほんとうの自由」）でも、滝沢克己の「インマヌエル」（＝存在の原事実）でも解けることはなかった。

歴史と信仰の森のなかに一人立つ「一基督者・内村鑑三[30]」は、そんな私にこう語りかけた。——再臨は単に再臨問題ではない、歴史問題である、宇宙問題である、それは人類救拯のときにして、天然解放のときである、と。[31]それは未来社会の希望ではなかったか。であるならば、津波の、戦争の、理不尽な死者も、死による愛する者との別れも、新しい未来的光が差すのではないか。それはまた未来的終末論でもあった。私の懐疑の塊はしだいに溶けていった……。

関根清三氏は、私の草稿に「そこで氏は多くの共感を語ってくださったが、一つだけ望むこととして、代理贖罪の先に終末論——あるいは新約的には再臨信仰——を語ってほしいという指摘をされたのである」（五三五頁）といい、次のように記している。

内村鑑三の亡くなった愛娘・ルツ子との再会の希望との共振、また三・一一の津波で一瞬にして生命を奪われた方たちへの心からの同情と共苦の先に示された、再臨の希望の信仰が、小林氏の思想の根底にある。そしてそれと代贖との関係を示唆してくださったのである。もちろんキリスト教の教理としては、創造に始まり、堕罪と代贖の救済を経て、終末の希望に完結することは明らかである。しかしそこまで希望を持ち安心立命することが、ニヒリズムを鋭く経験し、アウシュヴィッツ、ヒロシマ、ナガサキを初め幾多の悲惨を目の当たりにしてきた現代人に、果たして許されるのかという躊躇いを、著者〔関根氏〕は抱き続けて来た。（傍点、補記引用者）(32)

関根氏は、その再臨信仰の考察の前に、「Ⅴ今道友信氏へ」「Ⅵ再び今道氏へ――新約聖書の代贖をめぐって」を置き、今道氏の「旧約聖書の自律性があまりにも強く打ち出されている」（五三六頁）という一点に向けられた批判を取り上げ、旧約・新約の関係を「代贖思想（あるいは更に終末論）」（五三八頁）から明らかにすることを試みる。特に、イエスの十字架の死、「復活」の前／後の弟子たちの「変貌」にふれながら、「代贖思想」についてこう結んでいる。

本書の論脈に戻るならば、それは第五章で論じたように、第二イザヤの弟子たちが、生前見捨てた師の生と死の代贖的意義に目覚めたことによって、辛うじて救済を実感した経緯と、いみじくも軌を一にしているのではないか。新約の代贖思想も決して絶対的「教理性」をまとうものではなく、その人間的な試行錯誤とベルクソン的に言えば「作話機能（function fabulatrice）」の産物として出来した側面があり、それは旧約の代贖思想と相呼応し、決して両者の「劇的差異」を言い立てることはできないという結論になるのではないか。(33)

イエスの十字架の死と復活を経験し、イエスを見捨てて逃げた弟子たちが大きく変貌する。まさに、「十字架」と「復活」は、「代贖思想」の帰趨なのである。それは私には『旧約における超越と象徴』のダビデの罪の告白と贖罪の回心、また、苦難の人・第二イザヤと弟子、「第㈣の僕の詩」の解釈による代贖へとつながっていき、旧約

―新約がその「代贖思想」による超越的場所（＝罪が生まれる／赦される場所）によって、生命の信仰的水脈が通じるように思えてならない。さらに、象徴・超越としての「再臨・信仰」は、そのことと響き合うのではないか。

「Ⅶ再び泉氏、そして小林孝吉氏へ――新約聖書の代贖をめぐって」は、関根清三氏の信仰的応答である。関根氏のこの章の考察の中心は、新約におけるキリスト再臨、この一点についてである。関根氏は、『旧約聖書と哲学――現代の問いのなかの一神教』（岩波書店、二〇〇八年）の「第8章預言者と申命記主義（下）――エレミヤ書の場合」から、「人間の神経験」（二四三頁）は、自己の内部で生起する信仰的ドラマとしての「主体的超越体験」＝「内面的心理的経験という通路」（同前）となることを論じた部分を引用し、それは『旧約における超越と象徴』のバテシェバ事件後のダビデの超越的場所の「発見」と呼応していると述べている。

また、『旧約聖書の思想――24の断章』では、旧新約聖書の終末論はすべて歴史的に外れたという論点以外に、「天変地異や戦争を徒らに神の審判と牽強付会する点、他者の罪業に対する神を笠に着た復讐という弱者のルサンチマンが臭い立つ点、更にはそれら未来の表象を黙示的にあたかも見てきたかのように仰々しく描き出す点など、四つの方向から論じている」（増補新装版、五四二頁）という。顧みれば、歴史的にも、宗教的にも、信仰的にも、人間と社会の罪業と悪辣を、およそ神と出会う唯一の場所からほど遠く、人はそれを醜く糊塗してこなかったろうか。それは終末論、黙示論といいつつも、その実ニヒリズムに根差した宗教的権威と教理の絶対性を淵源とした巨大な罪の濁流として、人の生命を、人生、信仰、社会を押し流してこなかったか。その上で、と氏は問う。――それでも、新約聖書の終末論、イエス・キリストの再臨について、私たちはどう考えたらよいか、と。関根氏は、『内村鑑三――その聖書読解と危機の時代』（筑摩書房、二〇一九年）と『旧約における超越と象徴』の影響作用史とともに、自らの信仰的場所を重ねながら、内村鑑三の再臨信仰を考察していく。

関根氏は、『内村鑑三――その聖書読解と危機の時代』で、内村が科学者として再臨信仰への強い反感をもちつづけたこと、だがルツの若き死によって「霊魂の不滅と来世の存在を確信するに至り」（五四三頁）、イエスの「代贖」への信仰との呼応、再臨運動と一年半での撤退、黙示思想の「シンボリカルな読解」（同前）等の事実を確認し、「贖罪と再臨」（『聖書之研究』二一三号、一九一八年四月）を取り上げる。内村は、いう。――再臨は贖罪の結果にして、キリストは贖った者の救いを完成するために再び臨《きた》る、贖罪の結果は人類の改造、宇宙万物の復興へと及び、「再臨なくして贖罪は半成りの業である」（五四四頁、傍点関根氏）と。

『聖書之研究』二一三号（一九一八年四月）の二頁目に無署名で掲載された「贖罪と再臨」、その前頁にあたるタイトルページには、内村による「ブラウニング詩集に於ける基督の再來」（THE LORD'S RETURN IN BROWNING）と題した詩の原文と意訳が載っている。

缺如《けつじよ》する者あり―何乎《なにか》?
初夏に葉緑滴《したゝ》り、
穹蒼に日光漲《みなぎ》る、
―汚點何處《をてんいづこ》にかある?
天地は光明に満つ然れども空白なり、
聖像を迎ふる殿堂たるに過ぎず、
葉緑何かある花綵《かさい》何かある?
花冠ありて之を戴く者あるなし、
然《さ》らば来り給へ**来るべき者**よ、
来りて此不完全を完成し給へ、
碧空を充実し緑野を完美し給へ、
此の花園に生氣を吹入《ふきい》れ給へ、

然《さ》らば死せる万物は
生命を受けて起き愛を以て栄えん、
然り愛を以て栄えん。[34]

初夏、葉の緑が滴り、青空に日の光が漲る。だが、欠如するものあり、天地は光明に満ちても空白、聖像の殿堂にすぎない。死せる万物が生命を受け、愛をもって栄えんために、来たれ、「来るべき者よ」(O Comer)。まさに、「再臨なくして贖罪は半成りの業である」。

関根氏は、「贖罪と再臨」を引用したあと、次のように記している。

ここには、余りに強くキリスト教の教義が前面に押し出されているかも知れない。また「人類の改造」「宇宙万物の復興」まで壮大な視野に圧倒されるかも知れない。(中略)宗教経験の「せまい入口」に戦線縮小しても、「贖罪」の主を「仰瞻て救はるゝ」、謂わば「自助努力を放擲した平安を約束する信仰」はここでも顕著である。(中略)超越とどこで出会えるかという根本の問いに対して本書『超越と象徴』は、罪の場所において、と答え、しかもその罪の場所は、代贖の赦しという象徴において典型的に経験されるとするならば、本書は、再臨信仰に至るまで、否、終末の日の再創造の希望に至るまで、否、過去の罪に対する救済の希望と対になる、未来の死からの救済の希望という象徴に至るまで、画竜ついに点睛を欠くのではないか。それまでは所詮「半成りの業」に留まるのではあるまいか。その意味において、そしてまたその限りにおいて、筆者子は再臨信仰に対して、然り、を言わざるを得ないのではないか。再臨信仰に対する内村の応対と二重写しにした考察を経て、少なくとも次のような諸段階を踏む再臨信仰を拒否する謂われはないはずだと、今、著者の管見を謹んで訂正できることを感謝したい。(傍点引用者)[35]

この「然り」までの「諸段階」を、関根氏は、以下のように考察している。（一）「希望の灯」として個人の終末論の予感、（二）「それは先ず、過去の罪に対する救済の希望と対になる、未来の死からの救済の希望を象徴するものとして理解されなければならないだろう」（五四五頁）こと、（三）社会変革への希望としての再臨信仰、（四）伝道と教育による実践、最後に（五）「これらに通底して意識しておかねばならぬのは然しながら、内村のように、千年王国等、具体的な黙示的宇宙論的終末論に限定して直解を避けるのみならず、大胆に再臨信仰の全体を象徴論的に解読していく用意がなくてはならないということであろう」（五四六頁、傍点引用者）と記している。

ここには『旧約における超越と象徴』から『内村鑑三――その聖書読解と危機の時代』、「論評と応答」を加えた増補新装版へと、再臨信仰の象徴的水脈が、生命の水の河が歴史から未来へと流れるように、一条《ひとすじ》の清冽な信仰の水音を聞くことができないだろうか。それは旧約の解釈学的経験の系譜のように、信仰の森のドラマでもあろう。だが、と関根氏はいう。――声高に預言者のように語るのでも、預言文学者のように詳細な描写をすることもなく、小声で、未来のわずかな希望として祈る姿勢で、再臨を象徴的に肯んじたい、と。

そして、この章をこう結んでいる。

将来の希望とは、個人・人類・宇宙万物に至る半成りの贖罪の完遂と、そして全てを無《ニヒル》に帰する死からの救済と、その両方の希望にほかならない。斯くして我々は、内村の部分的にシンボリカルな再臨解釈を更に一歩先に進め、全面的に象徴論的に解釈せねばならぬと考えるに至って、ここに了得するのである。(36)（傍点引用者）

その上で、関根氏は「Ⅷ歴史学的解釈と哲学的解釈の相補性」の冒頭で、「代贖思想も再臨信仰も、本書の基本的理解からすれば、宗教的な象徴である」（五四七頁）が、それを直解することなく、哲学的な読解をしていかなければならないという。それは内村の象徴的な黙示的再臨信仰のさきへと歩を進めることではないだろうか。再臨の希望をより確かなものにすることではないか。そのとき、「此の書成りて今や汝は死すとも可なり」という言葉が、声が、再び木霊《こだま》するであろう。同時に、この天然宇宙も、人が生まれ死するこの世も、新しい楽園にして再臨宇宙として不断に新たな希望のコスモスへと変わるのではないだろうか。――「然《さ》らば来り給へ来るべき者よ、／来りて此不完全を完成し給へ……」と。

関根氏は、四半世紀の影響作用史を論評と応答として、各評者との真摯な対話を通し、最後に次のように記している。「我々は不断に安らぎと新たな闘い、謂わば安らぎながらの闘いへと歩み続けることを促され、そしてそこにまた安らぐのである」（五五〇頁）。

「我々は」、不断の闘いという「哲学的査問」を経て、「解釈学的信仰」の場所に立つとき、その再臨宇宙《コスモス》に「安らぐのである」。関根清三『旧約における超越と象徴』と、増補新装版には、そんな「平安」の、「勇気」の泉が湧きだしている。私には、再び、旧約の森のなかで、第二イザヤのフィナーレの声が静かに響く。――渇きをおぼえている者よ、皆、水のところにくるがよい。……耳を傾けよ、私のもとにきて聞くがよい、と。

神の言《ことば》は、確かに、ここに響いている。

6　Rejoice！――喜び《リジョ》を抱け《イス》！

大江健三郎は、『燃えあがる緑の木』第二部『揺れ動く〈ヴァシレーション〉』のなかに、W・B・イェーツの「螺旋《ガイヤーズ》」の二番目のスタンザの結びの二行を、次のように記している。

《なんということがあろう？　洞穴から聞こえてひとつの声／それが表わす言葉はただひとつのみ、喜び《リジョ》を抱け《イス》！》

《What matter ? Out of cavern comes a voice, And all it knows is that one word 'Rejoice !'》(37)

紀元五五―五六年頃、初期キリスト教会の軋轢、迫害など内外の患難のなかで、激しく揺れ動く感情とともに、伝道者パウロは「コリント人への第二の手紙」において、「最後《さいご》に兄弟《きょうだい》たちよ」と呼びかけ、エペソの地からこう認《したた》めている。「いつも喜びなさい。全《まった》き者《もの》となりなさい。互《たがい》に励《はげ》まし合《あ》いなさい。思《おも》いを一《ひと》つにしなさい。……」（第一三章一一節、傍点引用者）と。大江健三郎の描く、森と谷間のなかにつくられる〈燃えあがる緑の木の教会〉の信者たちも、この「Rejoice !」（「喜びを抱け《リジョイス》！」）を「集中」という祈りの言葉にしているのである。

大江健三郎の魂の文学の頂点をかたちづくる『燃えあがる緑の木』三部作は、土地の伝承を引き継ぐ、受難の人ギー兄さんを「救い主」とした「燃えあがる緑の木」の教会の誕生（第一部）、発展（第二部）、崩壊（第三部）の物語、それは現代の一つの文学的福音書でもある。この神なき教会の、「しるし」こそがイェーツの「Vacillation」からとられた、一本の〈燃えあがる／緑の木〉なのだ。

三部作は、両性具有《アンドロジナス》の「私」（サッチャン）を語り手とした、ギー兄さんと〈燃えあがる緑の木〉の教会の信者をめぐる壮大な魂の物語である。それは旧約の終末的黙示録でも、新約の福音書、教会や信者への書簡でもある。救い主・ギー兄さんの前には、一〇年前にテン窪で非業の死をとげたさきのギー兄さんの存在がある。

第一部では、「私」は、女／男へと転換し、「ギー兄さん、あなたを「救い主」とする教会を「屋敷」に建設しましょう」（三二九頁）と、「燃えあがる緑の木」の教会をつくりはじめる。そこに信者が集まり、教会はギー兄さんの治癒能力《ヒーリング・パワー》とともに広がっていく。だが、ギー兄さんは教会の活動に反対する人たちから糾弾され殴られるとともに、ヒーリング・パワーに疑念をいだく新聞記者の批判にも晒される。第一部は、そんな「森と谷間の物語」とともに、さきのギー兄さんからギー兄さんへとその魂が継承されていくのである。

第二部は、「燃えあがる緑の木」の教会の発展の物語である。教会には、「癒される者たちの記憶」というトランクがある。そこにはギー兄さんと関わりのあった人たちのノート、手紙などとともに、ゾシマ長老の説教、ワーグナーの一節、K伯父さん（大江がモデル）の小説の草稿などが収められている。教会は、だんだんと活動が広がり、新しい段階へと向かう。教会には、音楽ホールにも使える円筒形の礼拝堂が完成し、ギー兄さんの説教とともに、信仰と祈りの場となる。ギー兄さんは、「《死者と共に生きよ。》」などと説教する。やがて、ギー兄さんは自分だけの世界に閉じこもるようになる。ある説教のとき、ギー兄さんは「魂のてんかん」に襲われ、惨めな姿でしゃがみ込んでしまう。そんなギー兄さんを残して、「私」は教会を去り、物語は第三部『大いなる日に』へとつづいていく。

第三部では、ギー兄さんは、三人組の党派に襲撃され、大怪我をして歩くことができなくなる。退院すると、ギー兄さんはモーターつきの大型車椅子を使用し、教会は新しい事業の計画へと動く。ギー兄さんは、三日間の教会員の行進を提案し、終点は佐田岬半島の根方の阿川原子力発電所で、路上で「集中」を行う計画を進める。そのとき、原発の一、二号機で事故が起こる。この行進は、ダンテの地獄→煉獄→天国めぐりと符合する。だが、内部で対立が生まれ、外部からの圧力に晒され、教会は崩壊へと進んでいく。

終章は、「大いなる日、義《ただ》しい者らの行進」で、ここでギー兄さんは受難の死を遂げることになる。三部作は、ギー兄さんの葬儀のあと、敷石道を教会員たちが「大いなる日」を歌いながら行進する場面で終わっている。

《大いなる日、義《ただ》しい者らの行進、大いなる日、神はシオンの壁を打ち建てられる。／車が山の上に登った、神の言葉に車は停まる、今日は祝祭《ジュビリー》の日、神が人びとを解き放たれる日。[38]》

「大いなる日」とは、再臨信仰における臨《きた》りつつあるイエス・キリスト再臨の日でもある。[39]

「私」の耳には、『旧約における超越と象徴』、および「増補新装版」との対話を通して、この「燃えあがる緑の木」の教会の信者たちが未来に向けて唱和した魂の祈り言葉が鳴っている。――Rejoice！、と。「喜《よろこ》びなさい」「喜びを抱け《リジョイス》！」は、旧約の森から新約の新たな楽園、再臨宇宙《コスモス》、信仰という魂の森の奥に、希望の余韻とともに響き合っている。それは関根清三氏の「解釈学的信仰」の森と呼応・共鳴し、未来への希望の波動となって伝わっていくのではないだろうか。人は、そこで安らぐのである。

旧約の信仰の森と再臨宇宙を『旧約における超越と象徴』（増補新装版）との対話をプロローグに置き、内村鑑三の再臨の風景を遠望しつつ、第一部では、罪と愛の問題、悪魔の跳梁と人類の黄金時代の夢を、ドストエフスキーの作品におけるニヒリストの系譜として描きだし、万人救済論への途へと分け入りたい。

第一部　悪魔の跳梁と黄金時代の夢――ニヒリストの系譜

物にはすべて影と実とがある。影は変るもの、又は失する者である。之に対して実体は永久に変らず又存《のこ》る者である。そして人は常に影を逐《お》うて実を求めざる者である。（「真理と自由」）

1　スタヴローギン――黄金時代の夢

罪は、愛のもっとも近くにある。

新約における罪と愛の物語《ドラマ》は、ユダというイエスに選ばれ、イエスを引き渡した一人の使徒と、ゴルゴタの丘での十字架の死、葬られて三日目の復活、大いなる日に再臨することを約束して昇天したイエスとの関係そのものにある。ユダとは、だれか。信仰において直面するこの問いは、存在への懐疑と人生の謎のもっとも深部へと通じている。この世に生まれた罪人ユダの苦しみとその死の意味を知ること、それはユダヤの曠野を神とともに生きた、インマヌエルなるイエス・キリストの愛を知ることでもある。それは新約における罪と愛の物語なのだ。

この問題は、第二部「イスカリオテのユダ――罪と愛をめぐる物語」で中心的に考察していくこととする。この第一部「悪魔の跳梁と黄金時代の夢――ニヒリストの系譜」では、罪と愛の矛盾的関係とユダの影を垣間見つつ、そのもととなる悪魔の跳梁と、ニヒリストの原型・スタヴローギンが旅先で見た美しい「黄金時代」の夢から映しだされる、主にドストエフスキー文学におけるニヒリストの系譜を描きだしていきたい。

「創世記」では、エデンの園で蛇に誘惑されて禁じられた智慧の樹の実を食べることで罪を知り、塵《アダーマー》から塵へと帰すべき死の運命を負ったアダムとエバに、神はこう呼びかけた。――あなたは、どこにいるのか、と。楽園喪失《パラダイス・ロスト》の記憶のきざまれた人は、この罪と悪の渦巻く世界で、ときにこの神の呼び声を聞く。また、人は時空を超えて、この世の空しさとともに生きる。「伝道の書」の伝道者《コーヘレト》（＝コーヘレス）は、いっさいは空の空であるといい、こうつづけた。

世《よ》は去《さ》り、世《よ》はきたる。
しかし地《ち》は永遠《えいえん》に変《かわ》らない。
日《ひ》はいで、日《ひ》は没《ぼっ》し、
その出《で》た所《ところ》に急《いそ》ぎ行《ゆ》く。
風《かぜ》は南《みなみ》に吹《ふ》き、また転《てん》じて、北《きた》に向《む》かい、
めぐりにめぐって、またそのめぐる所《ところ》に帰《かえ》る。
川《かわ》はみな、海《うみ》に流《なが》れ入《い》る、
しかし海《うみ》は満《み》ちることがない。
川《かわ》はその出《で》てきた所《ところ》にまた帰《かえ》って行《い》く。
すべての事《こと》は人《ひと》をうみ疲《つか》れさせる、
人《ひと》はこれを言《い》いつくすことができない。（中略）
日《ひ》の下《した》には新《あたら》しいものはない。（第一章二―九節）

去っては来たるこの世で、労する人に何がもたらされるのか。風は南北に転じ、川は海へ、日の下に新しいものは何もない。それはまた、あらんかぎりの不幸と苦難の果てに神を見た、「ヨブ記」の義人ヨブの嘆きでもある。

女から生まれた人は
　その生命は短かく、不安に満ちている。
彼は花のように育っては枯れ
　影のように逃げ去って留まらない。
彼は朽ちるもののように衰え
　衣蛾《いが》に食われた着物のようになる。（中略）
しかし人は死ねば力は失せ
　世の人は息絶えればいなくなる。
水は海から流れ出る。
　川は乾いてかれる。
人は伏してまた立たず、
　天のなくなるまで起きず
その眠りより目覚めない。（第一四章一―一二節、関根正雄訳『旧約聖書』）

この世に生まれた人は不安に満ち、その短い人生は花のように育っては枯れ、影のように去っていく。「伝道の書」のコーヘレトも、「ヨブ記」のヨブも、人生の空しさを嘆き、神とともに生きるのである。信仰において、もっとも怖るべき罪も悪魔も、この虚《むな》しさを淵源としていないだろうか。文学の究極的テーマも、ここから派生する。これまで古今東西の文学は、どれほど多くのニヒリストの、人として生きることの苦悩、絶望を描いてきたことだろう。神と悪魔、救済と虚無、光と闇の混淆した文学宇宙を創出した作家ドストエフスキー(1)は、長篇『悪霊』(『ロシア報知』一八七一年一月—一一月号、一八七二年一一・一二月号、一八七三年刊)のなかに、前代未聞のニヒリストで底なしの虚無を内部に宿した青年ニコライ・スタヴローギンと、彼が旅先で見た「黄金時代」の夢を描いている。

『悪霊』は、ドストエフスキーの「地下室」に一条《ひとすじ》の光の射した『地下生活者の手記』(一八六四年)を転機とした五大長編のなかで、ラスコーリニコフの再生の物語である『罪と罰』(一八六六年)、神とともにある美しい人間ムイシュキンを描こうとした『白痴』(一八六八年)につづく三番目の長篇である。以後、主人公アルカージイの手記『未成年』(一八七五年)を経て、「偉大なる罪人の生涯」として構想した、カラマーゾフ家の四人の異母兄弟が映しだす信仰と罪の溶融した坩堝である、畢生の信仰文学『カラマーゾフの兄弟』(一八八〇年)へと至るのである。

『悪霊』は、プーシキンの詩とともに、「ルカによる福音書」第八章三二—三七節がエピグラムとして掲げられている。第八章では、イエスはユダヤの町々村々をめぐり、悪霊に憑りつかれた人たちを癒す。ある日、イエスはガリラヤ湖の対岸、ゲラサ人の地に、突風と荒波を鎮めて舟で渡る。そこで多くの悪霊《あくれい》の住処《すみか》となったレギオンと出会う。悪霊たちは、自分たちを底知れぬところへ追いやらないようにとイエスに願い、山に草を食む豚に入ることを請う——。

ここに多くの豚のむれ山に草をはみいたりしが、彼らその豚に入らんことを許せと願いければ、これを許せり。悪鬼その人より出でて豚に入りしかば、そのむれ激しく馳せくだり、崖より湖に落ちて溺る。牧者《かうもの》どもそのありしことを見て逃げ行き、これを町また村々に告げたり。ひとびとそのありしことを見んとて、出でてイエスのもとに来れば、悪鬼の離れし人、着物を着け、たしかなる心にてイエスの足下に坐せるを見て、おそれあえり、悪鬼に憑かれたりし人の救われしさまを見たる者、このことを彼らに告げければ、ゲネセラ地方の多くのひとびとイエスにここを去らんことをねがえり。これ大いにおそれしがゆえなり。イエス舟にのりて返りぬ。(2)

これは『悪霊』のテーマそのものでもある。

悪霊（＝悪鬼）は、イエスを、その神の言《ことば》を、信仰の光を怖れる。そのとき、ゲネセラ地方の山の斜面に夥しい豚の群れが草を食んでいる。悪鬼がイエスによって豚の群れに移されると、膨大な数の群れは雪崩を打って山を駆け下りると、湖に落ちて溺れ死んでしまう。それはイエスと弟子たちによる最後の晩餐《ラスト・サパー》で、まさにユダに悪魔が入ると、彼がイエスを引き渡すためにでていく場面と相通じている。『悪霊』の主人公スタヴローギンの精神の奥底には、人を滅ぼすことで自らも亡びへと向かう悪霊がいるのだ。人は、いかにしてこの悪霊から自由になれるのだろうか。救済の問題を考えるとき、その究極的な問題は、イエスとユダ、罪と愛の新約的ドラマに見ることができるのではないか。

ニコライ・スタヴローギンは、父親のスタヴローギン将軍と別居していたヴァルヴァーラ夫人に溺愛された一人息子で、元大学教授の自由主義者スチェパン・ヴェルホーヴェンスキイを養育者に成長する。一六歳で学習院《リセイ》に入った頃のスタヴローギンは、蒼白い顔色で、身体は貧弱な物静かな感じの青年であった。だが、彼は成長とともに大きく変貌していく。それは悪霊に憑かれた、異様な生命力をもったニヒリストの誕生でもある。

哲学者・吉沢慶一は、『虚無――ドストエーフスキイの描いた人間像』（塙新書、一九六八年）のなかで、スタヴローギンの人間性の特徴を、こう指摘している。「第一、限りない生の発現力、原始的生命力であり、この力に養われた強烈な意志である。第二、明晰な自己意識。第三、鋭敏な知性、合理的な精神である」（一四五頁）。そんな彼は、大学を卒業して軍務につくと、放蕩、無頼、性的放逸な生活に身を堕し、下層社会の人々と暮らしたあと、二五歳頃に故郷に戻ってくる。そこの社交界でも、傍若無人の振舞いを繰り返す。その後、彼は東洋、エジプト、エルサレム、アイスランド、スイス、ドイツを旅し、三年余り経った頃、再び故郷に帰るのである。

スタヴローギンは、『悪霊』の主要登場人物で、子どもを愛し、自らを神とするために悲惨なピストル自殺を決行するキリーロフや、権力と社会主義をめざすピョートル、民族的心情に生きるシャートフなどの人物に大きな思想的影響をあたえるのである。「スタヴローギンが混沌と煮え沸る熔鉱炉だとするなら、彼ら三人はこの熔鉱炉から比重に応じて取り出されたさまざまな金属片なのである。（中略）彼らもまたスタヴローギンと同様、病み疲れた人間であり、いわばスタヴローギンの分身なのである」（同前、一四七頁）。

最後に、スタヴローギンは生と虚しさの究極と、悪霊の住処としての自己存在を、丈夫な絹の紐に石鹸を塗るという完璧な自殺によって自らの意志で自身の命と引き換えに、そこに巣喰う悪霊を亡ぼすのである。〈悪霊〉とは、神の前では単なる「無」（das Nichtige）[3]にすぎないにもかかわらず、人間にとっては絶大なる闇を生む。これが罪と愛の物語の矛盾的根源なのだ。〈罪〉は、どうしてこれほどまでに〈愛〉の近くにあるのだろうか。

一年程前の春、スタヴローギンはドイツを列車で通過中に乗換駅を通り過ぎ、小さな田舎町の旅館で次の列車を待つことになる。午後四時頃、寝入ってしまった彼は、ドレスデンの画廊で見たクロード・ローレン「アシスとガラテヤ」の夢を見る。その画をいつも彼は、「黄金時代」と呼んでいた。彼は「スタヴローギンの告白」のなかに、その夢を次のように描写している。


それはギリシャ多島海の一角で、愛撫するような青い波、大小の島々、岩、花咲き満ちた岸辺、魔法のパノラマに似た遠方《おちかた》、呼び招くような落日、――とうてい言葉で現わすことはできない。ここで欧州の人類は、自分の揺籃を記憶に刻みつけたのである。ここで神話の最初の情景が演じられ、ここに地上の楽園が存在していたのである……ここには美しい人々が住んでいた。彼らは幸福な穢れのない心持ちで、眠りから目ざめていた。森は彼らの楽しい歌声にみたされ、新鮮な力の余剰は、単純な喜びと愛に向けられていた。太陽は自分の美しい子供たちを喜ばしげに眺めながら、島々や海に光を浴びせかけていた！　これは人類のすばらしい夢であり、偉大な迷いである！　黄金時代、――これこそかつてこの地上に存在した空想のなかで、最も荒唐無稽なものであるけれど、全人類はそのために生涯、全精力を捧げつくし、そのためにすべてを犠牲にした。そのために予言者も十字架の上で死んだり、殺されたりもした。……（傍点引用者）[4]

これは人類の「地上の楽園」＝「黄金時代」の夢であり、旧約の「楽園喪失《パラダイス・ロスト》」から新約の「楽園回復《パラダイス・リゲインド》」を経て、聖書最後の「ヨハネの黙示録」の彼方に臨み見る「楽園（＝宇宙）の完成」[5]の象徴でもある。それはまた、アダムとエバの原初の愛をつつむエデンの園であり、黙示録の生命の水の河が流れる都でもある。そこにこそ、悪魔（＝蛇）の誘惑があり、罪が、悪、虚無が胚胎するのだ。「黄金時代」の夢――それは一二歳の少女をも凌辱したニヒリスト・スタヴローギンの精神の秘密でもある。

このスタヴローギンが見た夢を彩る波、島、岩、花の光景、美しい人々、子どもたち、森、愛……その黙示録のような光の乱反射は、彼の陰惨な内部の闇を照らしだすのである。彼はドイツの田舎町の小部屋で、生まれてはじめて泣きぬれた目を開けると、この楽園の夢の残光、幸福感は彼の心を刺し通す。部屋の窓から、植木鉢の緑を透かして夕日が射し込み、彼は両目を閉じる。すると、突然まざまざと小さな「赤い蜘蛛」（四六五頁）が現われ、その夢の名残を引き裂くのである。だが、人はだれがこのような「すばらしい夢」／「偉大な迷い」から自由になれるであろうか。人類は、この「黄金時代」を、「地上の楽園」を繰り返し夢見たのではなかったか。この楽園への人類史的苦難の途上に、新約のイエスの生涯とゴルゴタの丘があり、贖罪の十字架と復活と愛がある。そのまさに手前の闇夜に、自殺への道をたどる使徒／罪人ユダがいる――。

ドストエフスキー文学におけるニヒリストの原型スタヴローギンは、『罪と罰』のスヴィドリガイロフ、『カラマーゾフの兄弟』のスメルジャコフ、イヴァンなど、信仰の対極となる、虚無の海を漂う登場人物たちへと連なっている。それは悪魔の跳梁するニヒリストの系譜である。その遠い一系譜のなかに、「竹内銀次郎」という一人の日本版スタヴローギンがいる。ほとんど知られることのない竹内銀次郎とは、プロテスタントの作家・椎名麟三[6]がキリスト教の受洗前に書いた長編『永遠なる序章』（河出書房、一九四八年）のもう一人の主人公であるニヒリストの青年医師である。

椎名麟三は、『悪霊』のスタヴローギンとキリーロフの一枚の木の葉をめぐる対話が投影する「自由」に震撼され、信仰者ドストエフスキーによってキリスト教の洗礼へと導かれるのである。[7]精神と時代の廃墟から作家として出発した椎名麟三のデビュー作『深夜の酒宴』（『展望』一九四七年二月号）にも、あまりにも暗い色調の作品世界に、「黄金時代」とも通ずる一つの小さな幻想的憧憬が描かれている。

主人公の「僕」は、非合法運動による刑務所での転向体験があり、同志を裏切ったという罪の意識と絶望とともに、貧しい露店の売り子として敗戦後の廃墟を生きている。「僕には思い出もない。輝かしい希望もない。ただ現在が堪えがたいだけである。……」（『椎名麟三全集』第一巻、一一頁、以下同巻）と。そんな主人公には、ある憧憬が浮かんでは消える。

するると、僕はふいに輝かしいひろびろとした野原を歩いているのだった。草の葉末が光って風にときどき揺れるのだ。僕は一本の樹に凭れながら風の音を聴いていた。[8]

輝く広々とした野原、光る草の葉末、一本の樹、風の音。これらも黄金時代の夢の水脈へと通底している。その翌年、椎名麟三は「復活のイエス」との出会いという回心《コンヴァージョン》の瞬間への中間点にあたる『永遠なる序章』を書き下ろすのである。この作品は、砂川安太という鉄道に勤める、片足が義足の青年が、肺と心臓の病気で、三ヵ月の余命を宣告されてから、労働者のデモの途上で死にいたるまでのわずか六日間の鮮烈な自由を扱っている。作品は、主人公が診療を受けた病院を振り返り、「まるで大きな墓みたいだ」（三二五頁）とつぶやく場面からはじまり、こうつづいていく。――安太は、駅の前の橋の欄干にもたれかかる。夕暮れの駅からは、多くの人々が吐きだされ、彼の後ろを通り過ぎる。その安太は、すぐ傍らに人がいることに気づき感動する。彼を襲ったのは、死という絶望ではなく、まったく逆に、生きていること、自由の戦慄なのだ。

三日目の朝、砂川安太は、泥濘《ぬかるみ》のような眠りから目覚めると、生きている実感が凱歌《がいか》のように心を満たしている。彼は土間に降り、手ぬぐいで寝汗を拭く。そんな彼は、ある未知の光に満たされている。彼は、こう考える。「何かはじめなければならない、とにかく何かはじめなければならないと彼は考える。（中略）しかし、一体、何をはじめるのか。それはほかの何ものかである筈があろう。この生活をはじめるのだ。今日一日の生活をはじめるのだ。そして人類は、長い歴史を通じてそうして来たのではなかったか。瞬間、瞬間にはじめ、一日、一日にはじめ、永遠にはじめているのではなかったか。たとえはじめることのなかに滅ぶのが人類の運命であっても」（四〇三頁）。

『永遠なる序章』には、昨日までの砂川安太というニヒリストの竹内銀次郎が描かれている。安太は、死を告げられたあと、焼跡の廃墟のなかに一軒だけ建つバラックに住む友人の医師・竹内銀次郎を訪ねる。安太は、「自分はどうしてもここへ来なければならない気のした自分を信じるより仕方がないのだ」（三三〇頁）と思う。そこには、六畳一間の片隅の柱にもたれ、何かの木切れを退屈そうに彫っている銀次郎がいる。彼は安太に、「死にてぇな」（三三二頁）と低い声でいう。銀次郎は、死ぬことができないことが生きる理由なのである。「全く死ぬことが出来さえすれば、こんなくだらねえ世の中なんかおさらばだ。自由？　馬鹿げた話だ。幸福？　くだらねえ妄想だ。平和？　痴愚の沙汰だ。人間の一切の究極原理は狂人の夢じゃないか」（三八三頁）と。銀次郎は、死ぬことができるために神を信じ、美しい妹の登美子まで性的対象にしてしまう。彼の精神には、『悪霊』のスタヴローギンに遠く通ずる虚無、悪霊が巣喰っているのだ。

竹内銀次郎は、死を前にした砂川安太に、こう告げる。

「虚無の海にうかぶ必然系。全くいい言葉だ。しかし今のお前には、こんな言葉なんか判るまい。革命、この間、お前はそんなことを口走っていたようだな。革命、馬鹿げた話だ。今の虚無の代りに新しい虚無をえらぶだけじゃないか。つまりお前は堕落しやがったんだ。俺を裏切りやがったんだ。（以下略）」（傍点引用者）(9)

ほんとうに人は、虚無の海に浮かぶ必然系を生きる存在なのだろうか。何度目かに安太が訪ねたとき、どうせ死ぬんだったら「俺と一緒に死なないか」（四一〇頁）と、銀次郎はやさしい声でいう。「大抵の奴は、死にたいと思うから死にたい。だから死ぬことが出来ねえんだ。そこで人間は、いろいろなものを考え出した。神とか人類愛だとか思想だとか自由だとかいうものをさ。そしてやっと死ねるようになったんだよ。俺だって、昨日までは死にたいから神にすがったよ。とんでもない馬鹿げた話だ。……」（四一一頁）。

『悪霊』の最後にあたる「終末」の章には、シャートフの妹でスタヴローギンに恋したダーシャに宛てた手紙と、スタヴローギンの自殺についてのコメントが付されている。「ニコライが自殺に使った丈夫な絹の紐は、まえから選択して用意したものらしく、一面にべっとりと石鹸が塗ってあった。すべてが前々からの覚悟と、最後の瞬間まで保たれた明確な意識とを語っていた」（『ドストエーフスキイ全集』第一〇巻、二一七頁）。椎名麟三が影響を受けたスタヴローギンは、「何人をも罪するなかれ、余みずからのわざなり」（同前）という書置きを遺して、完璧な自殺を遂げたのだ。

一方、日本のスタヴローギン・竹内銀次郎は、最後に妹の登美子を道ずれにしようと自宅のバラックに火をつけ、自分だけが死んでしまう。午前九時半すぎ、安太が銀次郎の家に着くと、火事場で警察官らが燃え残った材木をはねのけている。見物人の間に動揺が起こると、銀次郎が引きずりだされてくる。

そして間もなく安太の眼の前に一つの醜い重たげな物質が、三人の手で引きずり出されて来る。顔は黒くまるで燻製のようである。着物は、焦げて殆んどない。そしてその腹部から、引きずり出される動揺で垂れ落ちた腸が、澄んだ晩秋の光に、赤らかにきらきら光った(10)。

安太は、自分のなかの銀次郎＝スタヴローギンに別れを告げると、自由に満たされている自分を感じる。銀次郎の死は、一個の永遠なる序章として、焼け焦げた腹部から垂れ落ちた腸が晩秋の陽の光に輝いたように、「黄金時代」の夢の片鱗を映している。だが、ときに人にはスタヴローギンが見た「赤い蜘蛛」（＝悪霊）が、愛とともに入り込むのである。その遥かなる淵源は、イスカリオテのユダにあるのではないだろうか。人は、いかにユダから、あるいはユダに入った悪魔から自由になることができるであろうか。救済の風景とは……。そこにユダ論の究極的な意義がある。

内村鑑三は、「十字架の道」（『聖書之研究』二九八―三一二号、一九二六年五月―一九二七年七月、『内村鑑三全集』第二九巻）の第二一回「最後の晩餐」のなかで、イエスの愛がもっとも著しくあらわれたのは、誰よりも自分を裏切ろうとするイスカリオテのユダに対してであったと述べている。最後の晩餐（＝「愛餐（Love-feast）」、一七六頁）において、すべてが死と引き換えになることを知るイエスは、除酵祭の第一日目に、一二弟子と最後の食事の席につく。そのとき、イエスはあなたたちのなかの一人が私を裏切ろうとしている、それは私と同じように鉢に手を入れている者であると告げる。ユダは、動揺のなかでいう。主よ、まさか私ではないでしょう、と。だが、イエスは「いや、あなただ」（「マタイ伝福音書」第二六章二五節、傍点引用者）と答える。

内村鑑三は、そんなイエスの心中を次のように推察する。

ユダよ、我は汝が今我に就き何を計画《たくら》みつゝある乎を克《よ》く知つて居る。汝は今や将《ま》さに地獄に落ちんとして居る。汝の其手、皿の内にて我手に触れし汝の其手、其手は今や汝を大罪悪へと導かんとして居る。噫《ああ》ユダよ、汝悔改めよ、今！　今！（傍点引用者）[11]

また、内村は「最後の晩餐」に、「イエスは最後の晩餐に於てユダを救はんと努力し給ひて、彼が神の子たるの栄光を顕はし給へりと信ずる」（一七八頁）と記している。だが、ユダはイエスを裏切って権力者に引き渡し、最後はそれを悔い、ニコライ・スタヴローギンのように自殺するのである。「ユダは福音の磐に当《あたっ》て破滅したのである」（第二三回「イエスの逮捕」、一八八頁）。

畢竟《ひっきょう》、人は新しい楽園で赦された／罪人として生きるのである。

2　神と悪魔——楽園喪失《パラダイス・ロスト》から

「光《ひかり》あれ」（「創世記」第一章三節）。

神は、地は混沌とし、暗黒が原始の海の面《おもて》を蔽っているなかで、このようにいった。この最初の言《ことば》から七日間にわたる天地創造のあと、神は土の塵《アダーマー》から人《アダム》をつくる。そして、主なる神は、東のエデンに一つの園をつくり、そこにその人（最初の人アダム）を置く。また、神は美しい、食べるのによい樹々を土から生えさせると、中央に生命《いのち》の樹と、善悪を知る智慧の樹を生えさせる。エデンから源流となる一つの川が流れ、四つの川に分かれていく。

神は、そのエデンの園にアダムを置き、こう命ずる。——あなたはどの樹から実を取って食べてもよいが、善悪を知る樹はいけない、それを食べると死ぬであろう、と。そのあと、神は野のすべて生き物、空のすべての鳥をつくり、人に名前をつけさせた。さらに、神はエバと名づける女をつくり、二人は一対の男女として結び合う……。

野の生き物、空の鳥、実をつける樹々、アダムとエバ、それは原初《はじめ》の楽園の光景であり、悪霊なき黄金時代の夢でもある。

だが、神の創造物のなかで一匹の狡猾な蛇の言葉がエバの心に入り込む。蛇は、エバをこう誘惑する。神は、ほんとうに園にあるどの樹からも取って食べるなといったのですか。エバは、答える。園の樹の実を食べることは許されているが、中央の智慧の樹の実は食べると死ぬのでこれに触れるなと、神はいわれた。すると、蛇はそれを食べるとあなたがたの目が開け、神のように善悪を知る者となるという。エバが中央の樹を見ると、食べるによく、美しく、賢くなるには好ましく見える。エバは、その実を取って食べると、アダムにもあたえる。それは人類に、堕罪の、虚しきものの入った瞬間である。人は、ここから楽園喪失《パラダイス・ロスト》のときを、楽園回復《パラダイス・リゲインド》へと向かって、旧約から新約へと同時に二重のときを生きる。

内村鑑三に学んだ無教会の信仰者・藤井武（一八八八―一九三二年）[12]は、「創世研究」（『藤井武全集』第三巻）の「第四アダムの堕落――創世記第三章」のなかで、「蛇」の原語は「nachash」で、それは鱗、眼の輝きによる「輝くもの」の意があり、燦然と人を魅する光彩を帯びて出現すると講じている。「輝くもの」とは、スタヴローギンの黄金時代の夢のごとく、何と象徴的なことか。「堕落者、叛逆者、罪人、また怒の子、滅亡の子、失はれたる者」（七九頁）、それが人なのだ。だが、福音と救済は、この事実からはじまるのである。

「創世記」では、神は誘惑した蛇には、おまえは野の獣よりも呪われ、腹這いになり、塵を食わなければならない、実を食べたエバには産みの苦しみを増し加えるといい、妻の言葉を聞いたアダムには、次のように告げる。

「地《ち》はあなたのためにのろわれ、
あなたは一生《いっしょう》、苦《くる》しんで地《ち》から食物《しょくもつ》を取《と》る。
地《ち》はあなたのために、いばらとあざみとを生《しょう》じ、あなたは野の草《くさ》を食《た》べるであろう。
あなたは顔《かお》に汗《あせ》してパンを食《た》べ、ついに土《つち》に帰《かえ》る、
あなたは土《つち》から取《と》られたのだから。
あなたはちりだから、ちりに帰《かえ》る。」（第三章一七—一九節）

ここで、人は死への必然の存在となる。

さらに、神は罪に染まる人を、こう思案する。——エデンの園にある生命の樹の実を取って食べないだろうか。それを食べると、人は永遠に生きるようになるかもしれない、と。ついに、神はアダムとエバを楽園から追放する。それでも、人は生命の樹へ、エデンの園への夢から自由になることはできないであろう。

エデンの園の一匹の蛇とスタヴローギンの黄金時代の夢を破った赤い蜘蛛、それは悪魔、悪霊の形象にして、人を罪へ、虚無へと誘うのである。人の生とは、日本のスタヴローギン竹内銀次郎のいうように、どこまでも虚無の海に浮かぶ必然系なのであろうか。また、最初に失った楽園は新たに回復するのか。このような根源的な問いとともに、アダムとエバの堕罪の物語や、最後の晩餐からイエスとユダをめぐる愛と罪の物語など、それらは信仰（＝インマヌエル）を光源とした文学的解釈も可能ではないだろうか。[13]

「君は何処にいるのだ」（「創世記」第三章九節[14]）

ヤハヴェよ、深い淵からわたしはあなたを呼ぶ。（「詩篇」一三〇篇[15]）

神は、暗闇に身を隠す「わたしたち」に問いかけ、「わたし」は深き淵（De profundis）より、神を呼ぶ……。こ

れが人間の実存状況ではないだろうか。その「わたし」は、あくまでも塵から生まれ塵へと帰る。そして、アダムとエバの子で土を耕す者・兄カインは、神への供え物が原因で、羊を飼う者・弟アベルを野に誘って殺すという罪に染まる。神は、カインに問う。――弟アベルはどこにいるのか、土のなかからアベルの血の叫び声が聞こえてくる、これからあなたは地上の放浪者となるであろう、と。すべての人は、そんなカインの末裔なのだ。

内村鑑三の無教会信仰にひかれながらもキリスト教から離れ、最期は既婚の女性記者と一緒に死を選んだ作家・有島武郎（一八七八―一九二三年）に『カインの末裔』（一九一七年）という、北海道の厳しい自然とともに地に生きる者たちを描いた作品がある。ここには、大地を、曠野を漂泊する、極貧の小作人夫婦の姿がある。小作料を払えず、賭博をし、けがをした馬を一瞬にして斧で打ち殺す狂暴な夫、それに従う以外生きるすべのない妻、赤ん坊の死――最後に二人は、この小作地を追われ、怒涛のような風雪のなかを行くあてもないまま彷徨う。「二人の男女は重荷《おもに》の下に苦しみながら少しづゝ倶知安《くつちやん》の方に動いて行つた」（「日本近代文学体系」第三三巻『有島武郎』、八九頁）。カイン以後、人は宿命の罪の重荷を背負い、地上を漂泊する存在なのだ。

内村は、有島武郎の自殺に対して「背教者としての有島武郎氏」（『万朝報』一九二三年七月一九―二一日、『内村鑑三全集』第二七巻）と題した、次のような文章を公表した。「私《わたし》は有島君《ありしまくん》に基督教《きりすとけう》を伝《つた》へた者《もの》の一人《にん》である。彼《かれ》は一時《じ》は誠実熱心《せいじつねつしん》なる基督信者《きりすとしんじや》であつた。私《わたし》は彼《かれ》の顔《かほ》に天国《てんごく》の希望《きぼう》が輝《かゞや》いて居《ゐ》た時《とき》を知《し》つて居《ゐ》る。（中略）有島君《ありしまくん》はたしかに一度《ど》は、信仰《しんかう》のエデンの園《その》に神《かみ》と共《とも》に歩《あゆ》んだ人《ひと》であつた」（五二六頁）。だが、明治四一年に札幌で会ったときには、彼は別人となり、ペシミストとしてすでに信仰者ではなかった。小説もエデンの園の喜びを伝えるものではなく、楽園を失ったアダムの楽園回復の努力の試みであることは疑うことができない、と。

また、七月二一日付の第三回目には、「有島君《ありしまくん》に大《おほい》なる苦悶《くもん》があつた。此苦悶《このくもん》があつたらばこそ彼《かれ》は自殺《じさつ》したのである。そして此苦悶《このくもん》は一婦人《ふじん》の愛《あい》を得《え》んと欲《ほつ》する苦悶《くもん》ではなかつた　此《これ》は哲学者《てつがくしや》の称《しよう》するコスミツクソロー（宇宙《うちう》の苦悶《くもん》）であつた。有島君《ありしまくん》の棄教《きけう》の結果《けつくわ》として、彼《かれ》の心中深《しんちうふか》き所《ところ》に大《おほい》なる空虚《くうきよ》が出来《でき》た。彼《かれ》は此空虚《このくうきよ》を充《みた》すべく苦心《くしん》した」（五二九―五三〇頁）とも記している。「宇宙の苦悶《コスミック・ソロー》」＝心中の空虚は、人であること、人間的自由とともに生きることの宿命でもある。ときに、人はエデンの園のアダムとエバのように、神の顔とその呼び声を避けようとするのだ。

神の顔を避けたヨナという旧約の預言者がいる。それは一二小預言書中のわずか四章の不思議な物語「ヨナ書」の主人公である。旧約の曠野と時代の闇のなかで、召命を受けて神の審判と救済を告げる信仰の預言者のなかでも、ヨナは特異な預言者であった。あるとき、主はヨナに臨んで、アッシリア帝国の大都市ニネベへ赴き、悪の叫びに向かって主を「呼《よ》ばわれ」と命ずる。だが、ヨナは主の前から離れて、エルサレム北西の海港ヨッパから地中海西端のタルシシへと逃れようと、人々とともに船に乗り込み神の顔を避けるのである。

この「ヨナ書」を文学的テーマにした小説に、丸谷才一『エホバの顔を避けて』（河出書房新社、一九七四年、新装版再版）がある。その長編小説は、「エホバよ、わたしはあなたの顔を避ける。あなたのその輝かしい彩りを、その歌声のきらめきを、わたしは避ける」（三頁）とはじまり、預言者ヨナとヨナがその滅亡を預言する大都市ニネベの審判の四〇日間とともに、娼婦のラメテや内面に闇を湛えた革命家アシドドとともに、時代と作者の深い孤独と文学の濃密なエロスの愉悦が描かれている。ここにも、楽園喪失の苦悶がつづき木霊《こだま》している。

一方、信仰者ドストエフスキーの文学の本質である神と悪魔の問題や、作品宇宙を暗く彩るコスミック・ソローとニヒリストの系譜は、アダムとエバの楽園喪失の物語の記憶を深くとどめている。

3　精神の地下室――地下生活者と娼婦リーザ

一九世紀のペテルブルグに生まれ、精神の〈地下室〉に住みつづける、「意識」という病に憑かれた四〇歳になる一人の地下生活者の男がいる。あるとき、そこに自分が侮辱した街の娼家にいた二〇歳の不幸な娼婦リーザが訪れ、地下室に一時光《いっとき》が射し込み、暗く閉ざされた内部の地下室の悲惨な情景が赤裸々に映しだされる。それは何と怖ろしいことだろう。『地下生活者の手記』、それはドストエフスキー文学の転機にして原点でもある。

神学者・滝沢克己[16]は、一九七〇年代初頭の政治の季節の終焉を告げる時代を背景に、『ドストエフスキーと現代』（三一書房、一九七二年）を著わしている。それは『地下生活者の手記』のなかの「地下生活者」と、『カラマーゾフの兄弟』のなかのイヴァン・カラマーゾフが創作し弟のアリョーシャに語る、中世の自由をめぐる再臨の劇詩「大審問官」の物語についての評論である。その冒頭に、訳者米川正夫のこの作品の思想に秩序を与えることはできないという解説に対して、彼はこう述べている。

しかし、よく注意して、繰り返し読むとき、この作品の全体が、一つの焦点を指し示してことは、まったく疑いの余地がないように、私には思われる。といっても、作者があらかじめ一つの思想を懐いていて、それを証明・宣伝するために、この物語を創作したというのではけっしてない。いなむしろ、かれはただ、かれ自身を含めて現実の人の在りようを、あらんかぎりの力を尽くして、凝視し続けた。その極、現実の人の存在そのもののなかに、深く隠れた一つの光点を発見した。依然として闇の中にあるかれの眼が、その奇しき光に親しみ、それによって研ぎ澄まされるにつれて、現実の人の真相が、一は論理の形を取り（第一部「地下の世界」）、他は物語の形を成して（第二部「べた雪の連想から」）、あざやかに現われ出た、とでもいうほかない、そういう作品が『地下生活者の手記』だといってよいであろう[17]。

ドストエフスキーが、一人の地下生活者を通して、精神の地下室での自己凝視という懐疑の果てに発見した「光点」とは、闇のなかの「奇しき光」とは、人間存在の奥義である「オープン・シークレット」の「原事実」とは、何か。それは楽園喪失から楽園回復への途ともつながっている。だが、地下生活者はどこまでも汚濁に満ちた地下室に住みつづけるのだ。
『地下生活者の手記』は、「わたしは病的な人間だ……わたしは意地悪な人間だ。わたしは人好きのしない人間だ」（『ドストエーフスキイ全集』第五巻、五頁）からはじまり、「第一地下の世界」「第二べた雪の連想から」の二部で構成されている。彼は二〇年近くこのペテルブルグの社会の底の地下室で暮らす元官吏である。地下生活者は、ときに癇癪を破裂させては羞恥に苛まれ、何カ月も不眠に苦しむ、そんな自己意識の矛盾の坩堝を生きている。「わたしは単に意地悪な人間ばかりでなく、結局なにものにもなれなかった。悪人にも、善人にも、卑劣漢にも、正直者にも、英雄にも、虫けらにもなれなかった」（七頁）。八等級の役人であった手記中の「わたし」は、去年遠い親戚の一人が六〇〇〇ルーブリを遺言して死んだので、役所に辞表を提出し、この地下の世界に閉じこもっているのだ。

　地下生活者の精神の秘密、それは〈意識〉という死に至る病（＝絶望）のなかで、「美しくして高遠なるもの」（八頁）を意識することで、逆に自己の内部に広がる泥沼に深くはまりこんでしまうことにある。彼には地下室で、「美しくして高遠なるもの」を光点に、自己の醜悪、汚濁が映しだされる。その悪循環に耐えることは、歯痛に耐えるように快感にさえなる。「駄目だ、この快感のありとあらゆる陰影を解するためには、深く深く徹底的に精神的発達を遂げて、底の底まで自覚しつくさなければならないらしい！」（一五頁）。「美しくして高遠なるもの」――それは最初の楽園の記憶、黄金時代の夢とも通じていないだろうか。

　だが、苦痛、破壊、混沌を憎悪しつつ愛する地下生活者は、けっしてそんな暗い地下室の生活を望んでいるのではなく、「わたしの渇望しているのは何かしら別なもの、まるっきり別なもの」（三三頁、傍点引用者）なのである。地下生活者は、このように手記をつづっている。外では、べたべたに濡れ、黄色く濁った「べた雪」が降っている。このべた雪は、地下生活者の一五年前のある物語を想い起こさせるのである。

　第二部「べた雪の連想から」のエピグラフには、ドストエフスキーと同時代の革命的詩人ニコライ・ネクラーソフ（一八二一—一八七七年）の「迷妄の闇から」（一八四六年）が引用され、最後の連の二行である「はばかることなく悪びれず入っておいで／お前は立派な女あるじだ！」は、二部のなかで二度にわたって引用されている。

わたしが迷いの闇のなかから
火のごとき信念にみちた言葉で
その淪落の魂をひきだしたとき
お前は深い悩みにみちて
双の手を揉みしだきつつ
身を囲んでいる悪趣を呪った
そうして追憶の鞭をふるって
忘れやすき良心を罰しつつ
お前は過ぎこし方の身の上を
残らずわたしに語ってくれた
と、不意に両手で顔をおおって
恥と恐れにやるせなく
お前はわっと泣きだした
悩みもだえ身をふるわし……
云々　云々　云々(18)

それは地下生活者と娼婦リーザとの不幸な幸福の物語でもある。

その頃、「わたし」は二四歳で、だれとも交際せずに孤独な片隅に生きている。役所では変人扱いされ、同僚たちを一人残らず軽蔑している。だが、「わたしは臆病者で奴隷なのだ」（三九頁）。そして、「美しくして高遠なるもの」への想いのなかに逃避する。あるとき、まったく付き合いのなかった学校時代の同窓であるシーモノフという知人を訪ねる。そこには転任するズヴェルコフ、ロシアに帰化したドイツ人のフェルフィーチキン、トルドリューボフがいて、一人七ルーブリでズヴェルコフの送別会を計画する。そこに「わたし」は、下男のアポロンへの給与の支払いを遅らせてでも、強引に割り込むのである。オテル・ド・パリでの食事の間中、「わたし」は軽蔑、無視される。「どうかすると、今後十年か二十年、あるいは四十年たっても、わたしは依然として四十年前に体験したこの瞬間、――全生涯を通じて最も穢らわしい、滑稽な、恐ろしいこの瞬間を思い起こして、嫌悪と屈辱を感じるだろう」（六八頁）。

その夜の一一時。彼ら四人は娼家へと向かい、「わたし」もあとを追う。べた雪は綿のように降りしきっている。そこで出会ったのが真面目そうな目つきで、素朴で善良そうな顔の娼婦リーザなのだ。彼女は二週間前にリガから来たばかりである。暗い部屋のなかで、「わたし」は今朝役所への通勤途中の往来で見た「棺」の話をする。

「棺ですって？」

「ああ、センナヤ広場でね。穴蔵から運び出していたのさ」

「穴蔵から？」

「穴蔵じゃない、地階からだ……ね、わかるだろう……その、下のほうに住居があるやつさ……怪しい商売の家なのさ……あたりはひどいぬかるみでね……ひまわりの殻だの、ごみだの一杯で……いやな臭いがしてね、胸が悪くなるようだったよ(19)」

地下生活者の「わたし」は、まだ二〇歳の娼婦リーザに、娼家の地階から死んだ娼婦の棺が泥濘と異臭のなかから運びだされる光景について語る。「わたし」は、そんな雪の日の埋葬は穢らわしい、墓穴のなかも水が溜まっているにちがいない、だから水のなかへ棺桶を浸けるわけさ、という。だが、リーザは自分がたどるであろう不幸を重ねて考えることはできない。沈黙。「わたし」は、重ねていう。――いまリーザは若くてきれいだが、一年経ったら相場が下がり、七年後にはセンナヤ広場の穴蔵までいきつく、とどのつまりは死んでしまう、と。さらに、「わたし」はリーザの不幸を、葬られたあとまでも描いて見せる。「ああ、わたしは今まで一度もただの一度も、これほどの絶望を見たことがない!」(九〇頁、傍点引用者)。「わたし」はリーザの、リーザは「わたし」の不幸を知ったのである。それは不幸の幸福でもあった。彼は心に痛みを負い、深夜に降りしきる雪のなかを自宅へと歩いて帰るのだ。

この日から、地下生活者は暗さと穢れに慣れた地下室で、予感どおりに、不幸のなかに一条の希望をいだいたリーザが訪ねてくるのを怖れつづけるのである。「リーザがやってくる、この考えがのべつわたしを苦しめていた」(九五頁)。四日後の夜七時、下男アポロンと諍いの最中に、リーザが訪ねてくる。彼には、リーザへの憎悪の念が煮えたぎる。リーザは、あの忌まわしい家からでたいと告げる。リーザへの憐憫の情を圧して、醜悪なあるものが彼のなかで首をもたげる。

「きみはなんのためにやって来たんだ?　返事したまえ!　返事したまえ!」ほとんどわれを忘れて、わたしはこう叫んだ。「ね、なんのためにやって来たのか、おれのほうからいってあげよう。きみがやって来たのは、あのときぼくが哀れっぽい言葉をしゃべったからだ。ね、それできみは感傷的な気持ちになって、また『哀れっぽい言葉』が聞きたくなったのさ。それなら、いって上げよう。いいかい、ぼくはあの時きみをからかってやったんだよ。今だってからかってるんだ。何をわなわな慄えているんだね?……」[20]

地下生活者は、リーザに世界への怨念を吐露する。世界が破滅したってどうでもいい、自分は陋劣で虫けらのなかでも一番穢らわしい、嫉妬深い、おまえがあの家で破滅したって関係ない、と。彼は手記に、圧倒的な侮蔑を受けたリーザは一瞬に多くのことを理解し、「真心から愛する女がいつも真っさきに悟ることを悟ったのだ。つまり、わたし自身が不仕合わせな人間だということである」（一〇八頁）とつづるのである。そのあと、リーザは「わたし」に飛びかかり、両手で首を抱きしめて泣く。「わたし」も、かつてないほどはげしく慟哭し、やっとのことでこういう。

「ぼくは善良な人間に……なれないのだ……人がならしてくれないのだ！」(21)

ここに人であることの不幸がある。「わたし」は、ヒステリイを起こして慟哭し、リーザは「わたし」の身体を抱きかかえている。「わたし」は四日前のリーザとなり、リーザは「わたし」となる。それでも、「わたし」は他人への暴虐なしには生きていけない。「わたしの目は情欲にぎらぎらと輝いた。わたしはぎゅっと彼女の手を握りしめた。その瞬間、わたしはどんなに彼女を憎み、どんなに彼女に心ひかれたことだろう！」（一〇九頁）。だが、地下生活者は「平安」を願い、「生きた生活」（一一〇頁）は苦しく、一人地下の世界にとどまることを望むのだ。「さよなら」と、リーザは戸口へと向かい、「わたし」はかけよって手に一枚の札をにぎらせる。彼女は、去る。すると、テーブルの上に揉みくちゃになった青い五ルーブリ札が残されている。彼はリーザを追って外へと駆けだしていく。往来に人はなく、雪が垂直に降っている。もう、リーザはいない。

われわれは死産児で、しかもずっと前から、生きた父親から生まれたのではないのだ。（中略）――わたしはもう、『地下の世界』から書き送るのがいやになった……(22)

この不幸な地下生活者のように、人は「生きた父親」（＝神の楽園）から遠く彷徨《さまよ》い、地下の世界に住む「死産児」のような存在である。ここでも、罪は愛のもっとも近くにある。だが、「生きた父親」＝「在りて在るもの」（I am that I am）は、楽園喪失後をカインの末裔として生きるすべての人から離れることなく実在する。

『地下生活者の手記』の地下生活者とリーザの雪降るペテルブルグの二夜の物語は、「美しくして高遠なるもの」と「地下の世界」の怖るべき矛盾した罪の現象学を描きだしている。その「精神の地下室」＝「現実の人の真相」（滝沢克己、同前、一二頁）を照らす「光点」は、ドストエフスキーにとって〈キリスト〉なのである。

『地下生活者の手記』の一〇年前、ドストエフスキーはオムスクからN・D・フォンヴィージン夫人に宛てた書簡のなかに、次のように記している。――キリストより美しく、深く、同情のある、理性的な、雄々しい、完璧なものはなく、もし真理がキリストの外にあったとしても、私は真理よりも、キリストとともにあることを望むでしょう、と。[23]

ネクラーソフの詩「迷妄の闇から」の最後の「はばかることなく悪びれずに入っておいで／お前は立派な女あるじだ！」の前には、ドストエフスキーは引用していないが、次のような二行がある。

無駄に実りない憂愁に沈んで
胸に蛇を飼うことはいらない（傍点引用者）[24]

地下生活者＝「わたし」も、リーザも、憂愁とともにその胸に「蛇《サタン》」を飼うことはなく、その「精神の地下室」（＝娼家）をでて、「永遠に不壊《ふえ》の水晶宮」（＝この世）を生きることができるのだ。

楽園はここに回復されているのである。この地上の国は、そのまま神の国でもある（第三部、参照）。

4　スヴィドリガイロフ――『罪と罰』

椎名麟三『永遠なる序章』に、主人公・砂川安太とともに、もう一人の影の人物にして日本のスタヴローギン竹内銀次郎がいたように、ドストエフスキーの『罪と罰』には、主人公の思想的人間ラスコーリニコフに対して、情慾的ニヒリストのスヴィドリガイロフがいる。その物語は、一九世紀半ば、ペテルブルグ七月の熱い夏、ネヴァ川、センナヤ広場、流刑地シベリヤなどを舞台に、殺人、自殺、事故死など、いくつもの黙示的な死が交錯して狂気のように展開する。それは罪と罰が混淆した渦のような終末的光景である。

この長編小説は、「一つの悪行と百の善行！」（『ドストエーフスキイ全集』第六巻、四八七頁、以下同巻）の思想に憑りつかれ、金貸しの老婆アリョーナと、偶然その場に現われた腹ちがいの妹リザヴェータの二人を斧で脳天を割って殺した、貧しい元大学生のロジオン・ロマーヌイチ・ラスコーリニコフと、彼の美しい妹ドゥネーチカ（ドーニャ）に執心する中年の地主アルカージイ・イヴァーノイチ・スヴィドリガイロフの二人の主人公が、ときに光と影のように重なり合いつつ物語の狂気を生みだしていく。罪から生ずる罰とは、何と怖ろしいものだろう。

そこに、酔漢の退職官吏で娘の売春で得た金まで飲んでしまうマルメラードフ、ドゥーニャに好意をもち結婚することになる彼の友人ラズーミヒン、予審判事ポルフィーリイ、ラスコーリニコフの苦悩を深く感じとった母プリヘーリヤ、そして最初にラスコーリニコフが自らの犯罪を告白し、彼を更生へと導く、マルメラードフの娘ソフィア・セミョーノヴナ・マルメラードワ（ソーニャ）、彼らは農奴解放令後の帝政ロシアの混乱した時代の苦悩とともに複雑に関係しつつ、この物語を構成している。そこにはアリョーナ、リザヴェータの殺人による死、スヴィドリガイロフのピストル自殺、母プリヘーリヤの奇妙な神経病をともなう高熱の死、マルメラードフの馬車に轢かれる事故死、妻カレリーナの病死など、全体的には「死者の物語[25]」が色濃く散りばめられている。

また、ソーニャがラスコーリニコフに「ヨハネによる福音書」第一一章のラザロの復活を読み聞かせる場面や、ラスコーリニコフが自首直前にセンナヤ広場の大地に接吻するなど、最後にシベリヤでの「新しい物語」へいきつく一筋の福音の水脈が物語の底を流れている。この世界文学は、ドストエフスキーの「信仰」（＝キリスト）なくしては、どこまでも蜘蛛の巣のような虚無の物語にすぎないであろう。なかでも、最後まで自己の内面の闇を語ることのなかったスヴィドリガイロフには、自らの苦しみをひたすら欲情へと狂奔させる悪魔が棲んでいるのではないか。彼には、すべてが「Nihil est（空の空）[26]」なのだ。

　第四編でラスコーリニコフとスヴィドリガイロフは、ドーニャをめぐる話のなかで、ラスコーリニコフが来世を信じないというと、スヴィドリガイロフは、そこには「くもか何か、そんなものしかいないとしたら？」（二八一頁）と問い、次のように語る。

「われわれはげんに、いつも永遠なるものを不可解な観念として、何か大きなもののように想像しています！　が、しかし、なぜ、必ず大きなものでなくちゃならないんでしょう？　ところが、あにはからんや、すべてそういったようなものの代りに、田舎の湯殿《ゆどの》みたいな、すすけた小っぽけな部屋があって、そのすみずみにくもが巣を張っている、そして、これがすなわち永遠だと、こう想像してごらんなさい。じつはね、わたしはどうかすると、そんなふうなものが目先にちらつくことがあるんですよ[27]」

スヴィドリガイロフにとって、『地下生活者の手記』の「美しくして高遠なるもの」も、「永遠に不壊《ふえ》の水晶宮」もなく、永遠とは、蜘蛛の巣の張った田舎の小さな湯殿のように虚しいものなのである。ラスコーリニコフは、そのスヴィドリガイロフの言葉に悪寒を感じる。さらに、スヴィドリガイロフはつづける。「え、わたしがいったのはほんとうじゃありませんか、われわれは一つの森の獣だって？」（二八二頁、傍点引用者）と。理想のために殺人を行うラスコーリニコフも、「わたしは淫蕩無為《むい》の人間です」（二八三頁）というスヴィドリガイロフも、ともに黙示的時代の暗い森に生きる、孤独な「獣」であろう。

ラスコーリニコフがソーニャに犯行を告白するのを盗み聞きしていたスヴィドリガイロフは、自分への愛と引き換えに、ラスコーリニコフを国外（アメリカ）に逃亡させることを手伝いたいと妹のドゥーニャに迫り、こういう。「あなたにはラズーミヒンなんかいりゃしません。わたしだってあなたを愛していますよ……かぎりなく愛しています。どうかあなたの着物の端に接吻《せっぷん》させてください、接吻させて！　接吻させて！」（四九〇頁）と。

ドゥーニャは、「悪党！」と憤りとともに囁くと、ポケットからピストルを取りだして引き金を上げ、おまえは妻を毒殺した殺人者だと抵抗する。これほどまでに美しいドゥーニャを、彼はこれまで見たことはない。発射音とともに、弾丸は彼の髪をかすめて壁にあたると、こめかみから細く血が流れる。ドゥーニャは、どうしてもスヴィドリガイロフを愛することはできないと告げると、部屋から飛びだす。ドアのそばには、ドゥーニャが放りだした旧式の三連発の小型回転拳銃には、弾丸が二つと雷管が一つ残っている。陰惨な感情から解放されたスヴィドリガイロフは、そのピストルを拾いあげてポケットに押し込むと、帽子をとって部屋をでていく。このとき、最後の晩餐のユダのように、スヴィドリガイロフのなかの悪魔が彼を突き動かすのである。

夜、スヴィドリガイロフは次々と料理屋や宿屋を歩き回る。一〇時頃、空に黒雲が広がり、雷鳴がし、ペテルブルグの街に滝のような雨が降り注ぐ。彼はずぶ濡れのまま家に帰ると、机のなかからすべての金を取りだし、ソーニャの部屋へと向かう。そこには、カペルナウモフの四人の子どもがいる。彼はソーニャに三〇〇〇ルーブリの提供を申しでて、それを断るソーニャに、こう語る。――ラスコーリニコフには、自殺か、シベリヤ行きの二つしか道はない、自首したときにあなたがシベリヤへと後を追う費用にしてほしい、あなたはいつまでも生きていてください、と。

一一時二〇分、彼はヴァシーリエスキイ島のまだ一六歳の許嫁《いいなずけ》の両親を訪ねて一万五〇〇〇ルーブリを手渡す。

そのあと、真夜中にペテルブルグ区の木造の黝ずんだ宿屋に、小さな檻のような陰気な部屋をとる。スヴィドリガイロフは眠りにつけないまま、幻想とともに仮睡の状態に落ちていく。やがて、花が咲き満ちた美しい幻想的な光景が現われる。それは三位一体の日で、自宅のいたるところに花が飾られ、窓の上の鉢にはスイセンの花束、天井の高い広間にも花がある。微風が部屋に流れ、窓の下では小鳥がさえずる――。

ところが、広間のまん中には白いしゅすのクロースでおおわれたテーブルの上に柩《ひつぎ》がのっていた。その柩は白いグロドナブル（絹織物）で包まれ、白いぶあつな飾りひだが一面に縫いつけてあった。長い花ぶさが四方からそれをかこんでいる。棺の中には、白いレースの服を着た娘が全身花に包まれて、さながら大理石でほったかと疑われる手を胸の上にしっかり組み合わせていた。けれど、そのばらばらに解いた明るいブロンドの髪は、しとどに濡れて、ばらの花の冠がその頭をとりまいていた。もう固くなったきびしい横顔は、同じく大理石で刻まれたようであった。けれど、その青ざめたくちびるに浮かんでいる微笑は、なんとなく子供らしくない無限の悲哀と、偉大な哀訴の表情をたたえている。（傍点引用者）(28)

スヴィドリガイロフが知っているこの一四歳の少女は、凌辱を受けて身投げした自殺者である。花々の幻想的な夢は、自殺した少女の柩へと変わったのである。五時近くに、スヴィドリガイロフはポケットのなかのピストルの雷管を直して、手帳に二、三行書きつけて往来へと向かう。濃い霧がたちこめ、小ネヴァ川の方へ歩きだすと、門番のいる邸宅の前に立つ。そこで彼はピストルの引き金をひいたのだ。スヴィドリガイロフが最後に見た幻想は、スタヴローギンがドイツの旅先の宿で見たギリシャ多島海と、それを引き裂く赤い蜘蛛の夢と通じている。「罪」とは、「原初の楽園」を堕落させる虚無であり、その結果の苦悩、絶望、死が「罰」ではないか。だが、『罪と罰』のエピローグには、シベリヤでの「新しい物語」のはじまりが記されている。

ソーニャは、スヴィドリガイロフの提供した金でシベリヤへ行き、ドゥネーチカはラズーミヒンと結婚し、二人は五年後にはシベリヤに移住する決心をする。彼らに支えられながらも、ラスコーリニコフは、なぜ、自分はスヴィドリガイロフのような自殺ではなく自首を選んだのか、という思念に苦しむ。だが、シベリヤで病気をしたあと、あるとき、ラスコーリニコフは大河の岸辺で、突然にソーニャを愛していることを知る。ドストエフスキーは、こう描いている。――ともに病み疲れた二人に、復活の曙光が輝き、愛が彼らを復活させ、心には絶えざる泉を蔵していた、と。罪人ラスコーリニコフの枕の下には、ソーニャがラザロの復活を読んだ、その福音書がある。あと刑期は七年。エピローグは、次のように結ばれている。

しかし、そこにはもう新しい物語が始まっている――ひとりの人間が徐々に更新して行く物語――徐々に更生して、一つの世界から他の世界へ移って行き、今までまったく知らなかった新しい現実を知る物語が、始まりかかっていたのである。(29)

『罪と罰』全体の明暗がせめぎ合う物語のなかで、このシベリヤの大河の岸辺の徒刑中の更生のエピローグは、何と静かなことだろう。ラスコーリニコフは、これからどのような新しい物語を生きるのか。それは偉大なる罪人の生涯をめざした『カラマーゾフの兄弟』へと流れていく。だが、「永遠」に蜘蛛の巣を見たニヒリスト・スヴィドリガイロフは、自ら正気を保ち死因で人を疑わないでほしいという数行の遺書を残して、自殺の道を選んだのである。

ドストエフスキーの「罪と罰　創作ノート」のなかには、前後の脈絡もなく、次のような記述がある。

「実はねえ、わたしはラザロの復活も信じてるんですよ」(スヴィドリガイロフ)(30)。

ベタニヤにラザロという病人がいる。彼はイエスに香油をぬり、髪の毛でイエスの足をふいたマリヤの兄弟である。イエスは、マリヤとその姉妹マルタ、ラザロを愛している。イエスは、ラザロのところへ行こう、と弟子たちにいう。すでにラザロは死んで四日間墓のなかに置かれている。イエスのまわりには、マルタ、マリヤらがいる。イエスは、私はよみがえりでありいのちである、私を信じるものは死んでも生きるという。マリヤは、イエスの足元に平伏し、もしあなたがここにいたらラザロは死ななかったでしょうと泣く。イエスも激しく感動して涙を流すと、その墓に入り大声で叫ぶ。「ラザロよ、出《で》てきなさい」（「ヨハネによる福音書」第一一章四三節）と。ラザロは、手足を布で巻かれ、顔は覆いで包まれたままに墓からでてくるのである。

スヴィドリガイロフは、ほんとうにこのラザロの復活を信じていたのだろうか。たとえ彼が信じていたとしても、彼のなかの悪魔は逆に怖るべき存在として跳梁したのではなかったか。悪魔は、罪と愛と同様に、信仰においてもそのもっとも近くにいる。ニヒリストには、更生による新しい物語か、自殺か、悪魔を殺すには他の道はない。ドストエフスキーは、キリストを光源に、『罪と罰』という死と更生の物語を通して、その事実を描こうとしたのではなかったか。

> ラスコーリニコフは小屋から河岸っぷちへ行って、小屋のそばに積んである丸太に腰をおろし、荒涼《こうりょう》とした広い大河をながめ始めた。高い岸からは、ひろびろとした周囲の眺望がひらけた。遠い向こうのほうから、かすかな歌声がつたわってきた。そこには、日光のみなぎった目もとどかぬ草原の上に、遊牧民のテントが、ようやくそれと見わけられるほどの点をなして、ぽつぽつと黒く見えていた。そこには自由があった。そして、ここの人々とは似ても似つかぬ、まるでちがった人間が生活しているのだ。そこでは、時そのものまでが歩みを止めて、さながら、アブラハムとその牧群《ぼくぐん》の時代が、まだ過ぎ去っていないかのようであった。[31]（傍点引用者）

旧約アブラハムから新約のイエスまで、ユダヤから発した福音の大河は、ときを超えて流れつづけている。そこに自由がある。ニヒリスト・スヴィドリガイロフの自殺如何にかかわらず……。

5　キリーロフ――『悪霊』

『悪霊』（『ドストエーフスキイ全集』第九―一〇巻）のキリーロフは、「人神思想」をいだいたニヒリストである。キリーロフの虚無と自由が象徴的にあらわれるは、彼に思想的影響をあたえたスタヴローギンとの対話においてである。ある夜、スタヴローギンはキリーロフのもとを訪れる。そこには、一歳半ほどの赤ん坊を抱いた家主の親戚の老婆がいる。キリーロフは、幼い子どもと遊んでいる。彼は大きな赤いゴム毬を床へ放り投げると、赤い毬は天上まで弾む。子どもは喜びの声をだして叫ぶ。キリーロフは、その遊びを繰り返している。キリーロフは、スタヴローギンに用件を尋ねる。すると、スタヴローギンはガガーノフの無作法な罵詈雑言をつくした手紙の話をし、決闘を望むガガーノフに相対するときの介添え人をキリーロフに依頼する。キリーロフは、貧しい境遇のなかで、棕櫚の箱に入った上等のピストルをスタヴローギンに見せる。彼はそれで自殺を決行することで、「新しい思想」を体現したいのだ。

スタヴローギンは、キリーロフに尋ねる。――君は子どもが好きですか。好きですと答えると、生活を愛していますね、でも自殺を決心している。君は未来の「永生」を信じるようになったんですか。キリーロフは、答える。――未来の永生ではなく、この世の永生です、その瞬間に到達すると「とき」は止まってしまう、と。スタヴローギンは、黙示録の一人の天使の「時はもはやなかるべし」（第九巻、二二九頁）という言葉を告げる。「……完全な一個の人間が幸福を獲得した場合、時はもはやなくなってしまいます。必要がないですものね。非常に正確な思想です」（同前）とキリーロフは語る。このあとキリーロフとスタヴローギンは、一枚の木の葉をめぐって対話を交わすのである。

「ぼくはついこのあいだ黄いろのを見ましたよ。もう青いところは少なくなっていて、ぐるりが枯れかかってるんです。風に飛ばされたんですね。ぼくは十ばかりの頃、冬わざと目をふさいで、葉脈の青々とくっきりとした木の葉を想像してみた。陽がきらきら照ってるんです。それから目をあけて見たとき、なんだか本当にならないようでした。だって、実にいいんですものね。で、ぼくはまた目をふさぐ」

「それはなんです、比喩でもあるんですか？」

「い……いや、なぜ？　ぼくは比喩なんか。ぼくはただ木の葉……ほんの木の葉のことをいっただけです。木の葉はいいもんです。何もかもいいです」

「何もかも？」

「何もかも。人間が不幸なのは、ただ自分の幸福なことを知らないからです。それだけのこと、断じてそれだけです、断じて！　それを自覚した者は、すぐ幸福になる、一瞬の間に。あの姑が死んで、女の子がたった一人取り残される、——それもすべていいことです。ぼくは忽然としてそれを発見した[32]」

キリーロフの語る陽の光に葉脈の透けた黄色に枯れかかった一枚の木の葉には、まばゆい〈自由〉のきらめきがある。キリーロフにとって、この一枚の木の葉は、スタヴローギンの「黄金時代」の夢と相通じている。「黄金時代」も、『地下生活者の手記』の「永遠に不壊《ふえ》の水晶宮」も、『罪と罰』のスヴィドリガイロフが自殺の前に見た花の咲き満ちる幻想的な光景も、あの原初の「楽園」から生まれていないだろうか。だが、その美しい自由には、夢には、一匹の蛇が、蜘蛛が現われそれを引き裂くのだ。そこには柩が、死が、虚無の海が広がっている。キリーロフは、この美しい自由と一体となるために、ピストル自殺によって、「とき」を永遠に止めようとする。それはキリーロフにとって、人が神となる瞬間なのだ。「もし神がないとすれば、そのときはぼくが神なのだ」（第一〇巻、一五九頁）。それは、何と不幸な思想だろう。

また、シャートフがキリーロフの部屋に入ったとき、何かの想念で放心状態になっていたキリーロフは、われに返って次のように語る。

「ある数秒間があるのだ。……それは一度に五秒か、六秒しか続かないが、そのとき忽然として、完全に獲得されたる永久調和の存在を、直感するのだ。これはもはや地上のものではない。といって、何も天上のものだというわけじゃない。つまり、現在のままの人間には、とうていもちきれないという意味なんだ。（中略）まるで、とつぜん全宇宙を直感して、『しかり、そは正し』といったような心持ちなんだ。神は、世界を創造したとき、その創造の一日の終わるごとに、『しかり、そは正し、そはよし』といった。それは……それはけっしてうちょうてんの歓喜ではなく、ただ何とはない静かな喜悦なのだ。（中略）――おお、それはもう愛以上だ！（中略）ぼくはこの五秒間に一つの生《せい》を生きるのだ。……」[33]

この五、六秒間[34]とは、ペトラシェフスキー事件で逮捕され、ペトロパブロフスク要塞監獄に収監、銃殺刑の宣告、処刑場で刑の執行停止の特赦、オムスク要塞での四年間の懲役というドストエフスキー自身の体験も背後にある。それは『白痴』（『ドストエーフスキイ全集』第七―八巻）のなかで、ムイシュキン侯爵の語る、ある死刑囚の話として描かれている。国事犯の死刑囚は処刑台に上がり、最後の五分間を二分間を友人との告別に、二分間を自分のことを考えるために、残りの一分間を周囲の光景を眺めることに割りあてる。遠くには教会堂の屋根の頂が日光で金色に輝いている。死刑囚は、こう思う。「この光線こそ自分の新しい自然である。いま幾分かたったら、なんらかの方法でこの光線と融合してしまうのだ」（第七巻、六四頁）と。自然の光線との融合＝「永久調和」――それはキリーロフにとっては、自らの思想的自殺によって達する、永遠に止まる「とき」なのだ。

「ヨハネの黙示録」第二一章には、終末的世界が過ぎ去り、新しい天と地、聖なる都、新しいエルサレムを見たと記され、御座《みくら》から声がする。

「見《み》よ、神《かみ》の幕屋《まくや》が人《ひと》と共《とも》にあり、神《かみ》が人《ひと》と共《とも》に住《す》み、人《ひと》は神《かみ》の民《たみ》となり、神自《かみみずか》ら人《ひと》と共《とも》にいまして、人《ひと》の目《め》から涙《なみだ》を全《まった》くぬぐいとって下《くだ》さる。もはや、死《し》もなく、悲《かな》しみも、叫《さけ》びも、痛《いた》みもない。先《さき》のものが、すでに過《す》ぎ去《さ》ったからである」（三―四節）

ここでは、もう「とき」もない。

この聖なる都の大通りの中央には、生命《いのち》の水の河が流れて、川の両岸には一二種の実の結ぶいのちの木がある。

また、キリーロフは革命家ピョートルに、神が存在しない以上、高遠な思想はないといい、こうつづけて語る。僕の味方は人類の歴史で、全世界史中ただ一人神を考えだすことを拒否する、と。だが、キリーロフはスタヴローギンが木の葉の対話のあと、去りぎわに今度くるときには君は神を信じているだろうと予言したように、神を否定するキリーロフは、信仰の、十字架のもっとも近くにたたずんでいる。

キリーロフの自殺の場面は、以下のように描かれている。キリーロフは、彼の自殺を革命組織で政治的に利用しようとするピョートルと、自殺をめぐって命がけで相対する。やがて、キリーロフの「すぐ、すぐ、すぐ、すぐ！……」（第一〇巻、一六七頁）と、一〇回ほど繰り返された悲惨な叫び声のあと、ピストル音が高々と響きわたる。銃弾はキリーロフの右のこめかみから頭蓋骨を突き抜け、左側の上方にでて床の上には血と脳のはねた痕がついている。これが永遠との融合であろうか。キリーロフの死は、彼の否定しつつ求めた信仰とともにある。枯れかかった黄色の木の葉を自由の光が透過したように……。その間隙に悪魔が入るのだ。

ここに神を求めて「人神思想」へといきついた『悪霊』のニヒリスト・キリーロフが一人立っている。その孤高な実存と苦悩は、主体的主体として自由に生きようとする「人」のプロトタイプでもある。

6　スメルジャコフとイヴァン――『カラマーゾフの兄弟』

『カラマーゾフの兄弟』(『ドストエーフスキイ全集』第一二―一三巻)には、カラマーゾフ家の四人の「カラマーゾフシチナ」(カラマーゾフ的人間)である異母兄弟の一人で、父親フョードル・パーヴロヴィチ・カラマーゾフ殺しの謎とともに、不可解なニヒリストとして作品に影のように登場するのがスメルジャコフである(35)。

スメルジャコフは、ドミートリイとイヴァンの秘められた暗い願望であった父親殺しに、直接手を下した真犯人にして、イヴァンを破滅させる悪魔を具現化した人物でもある。彼は三日もつづくほどの重い癲癇の持病のある口数の少ない、人づきの悪い青年で、崇拝した無神論者のニヒリスト・イヴァンに影のようにつきまとい、その精神を蝕む虚無は逆にイヴァンを破滅へと導くのである。

このスメルジャコフの悪魔的な役割は、その出生からはじまっている。彼の母親は、名門出身で貧苦の神学校出の教師と駆け落ちしたドミートリイの母アデライーダとも、また無垢な精神をもった貧しい補祭の娘でイヴァンとアリョーシャの母ソフィアとも異なり、「神がかりの女行者《ユロージヴャ》」と呼ばれたリザヴェータ・スメルジャーシチャヤ(悪臭を発する女の意)である。

リザヴェータは、背が低く、生涯夏冬関係なく麻の肌着一枚、しかも裸足で、黒い髪は羊のように渦を巻き、人々に薄気味の悪い印象をあたえる。彼女は町の人から食物を恵まれる「町全体の居候《いそうろう》」だが、黒パンと水以外は何も食べず、人ともいっさい話をすることのない、いわば「神がかりの使徒」なのである。そんなリザベェータから、スメルジャコフが誕生するのは、以下のような物語による――。

ある九月の明るい満月の夜、遊び疲れた紳士たちが家路につく途中、臭い水たまりの板橋の近くの刺草や山ごぼうのなかにリザヴェータが眠っているのを発見する。突然、ある若い貴公子が、「だれでもいいが、この獣を女として扱うことのできるものがいるだろうか」（第一二巻、一一三頁）と問う。そこでカラマーゾフの兄弟の父フョードルだけがその道化役をかってでる。その後、フョードルは自分もみなといっしょに立ち去ったといいはったが、何カ月か経つと、リザベェータは大きな腹をかかえて街を歩くようになる。臨月近くなったある日の夕方、リザベェータは、フョードルの家の庭園の高い塀を飛び越える。その無理がたたったリザベェータは夜明けに死ぬが、スメルジャコフは助かり、カラマーゾフ家の老僕グリゴーリイ夫婦に育てられるのである。

「神がかりの使徒（女行者）」リザベェータから生まれたスメルジャコフは、「悪魔の子」（第一二巻、一一四頁）にして「神様のお使わしめ」（同前）という、対極の二重性をもった存在である。やがて、彼はモスクワで料理人の修業をし、カラマーゾフ家の料理人となり、最後は巧妙に自分の父フョードルを殺して、その罪をドミートリイにかぶせたまま、首をつって自殺してしまう。虚無から生まれたスメルジャコフは、「悪魔の子」して生き、もとの虚無のなかへと消えていく運命をたどるのだ。

スメルジャコフは、自殺を前にした、イヴァンとの最後の面談のときに、まだ父親殺しはドミートリイだと思っていたイヴァンに対して、フョードルから奪った虹色の三〇〇〇ルーブリの札束を示し、イヴァンに受けとるようにすすめる。なぜならば、スメルジャコフはイヴァンの無神論の影響をつよく受け、殺人決行をほのめかしたときも、イヴァンが暗黙のうちに同意したと主張する。「わたしは自分で殺しはしたけれど、決して張本人じゃないってことを、あなたの目の前で証明したいんですよ。あなたこそ法律上のほんとうの下手人です！」（第一三巻、二一七頁）と。イヴァンは、自分は殺人を教唆しなかったこと、犯人はスメルジャコフであることを法廷で必ず自白すると告げる。だが、スメルジャコフは、もし何もかも白状すれば「とても恥ずかしくってたまらなくなりますよ」（第一三巻、二二三頁）と、イヴァンの心のなかを見透かし、自分には金は不要なのでイヴァンがもって帰るように促し、すでに自殺を決意していたであろうスメルジャコフは、震える声でいう。

「最初《はな》、わたしはこの金を持ってモスクワか、それともいっそ外国へでも行って、人間らしい生活を始めようと、そんな夢を見ていました。それというのも、あの『どんなことをしてもかまわない』から来てるんですよ。まったくあなたが教えてくだすったんですもの。だって、あのころあなたは幾度もわたしにこうおっしゃったじゃありませんか、――もし永遠の神さまがなけりゃ、善行なんてものもない、そうなれば、善行なんかいるわけがないってね。それはまったく、あなたのおっしゃったとおりですよ。で、わたしもそういうふうに考えたんでございます」（傍点引用者[36]）

この対話の最後に、法廷で見せるためにと三〇〇〇ルーブリをポケットに入れたイヴァンに、「待ってください……も一度その金をわたしに見せてください」（第一三巻、二二四頁、以下同じ）とスメルジャコフは一〇秒間ほどその札束をながめるとイヴァンに返し、帰ろうとするイヴァンの背に「だんな！」と呼びかけ、「おさらばですよ！」と叫ぶ。その後、スメルジャコフは部屋の壁のくぎで縊死するのである。彼の遺書には、短い文章が記されていた。「余は、何人《なんぴと》にも罪を帰せぬため、自分自身の意志によって、甘んじて自己の生命を断つ」（第一三巻、二四五頁）と。『悪霊』のスタヴローギンも、『罪と罰』のスヴィドリガイロフも、『カラマーゾフの兄弟』のスメルジャコフも、ともにこのような短い文章を遺して自殺するのだ。

イヴァンに棲む悪魔の分身スメルジャコフは、神がなければ善行もないというイヴァンの思想に影響を受けて実践し、最後まで神を信じることもなく、「人間らしい生活」からもっとも遠いニヒリズムのうちに自殺し果てる。スメルジャコフには、「黄金時代」の「楽園」への夢さえもない。

「じゃ、申しますがね、殺したのはじつはあなたですよ」（傍点引用者）[37]

このスメルジャコフのイヴァンの魂への悪魔のささやきは、ついにイヴァンを破滅へと導く。ドストエフスキーの文学において、イヴァン・カラマーゾフは、最後のニヒリストである。

『カラマーゾフの兄弟』の第三編「淫蕩な人々」のなかには、尊大さと猜疑心に支配された「淫蕩」な父フョードル、無神論者で超人思想をもつ理知的なイヴァン、だれからも愛される高潔な魂の持ち主アリョーシャの三人が、「神の存在」（＝不死）をめぐって、自分の内面を語る場面がある。

フョードルは、酒を飲みながら嘲笑的な調子で、「ところで、おまえ、神はあるかないか言うてみい。よいか、しっかり言うんだぞ、まじめに言うんだぞ！……」（第一巻、一五五頁）と、イヴァンに向かって問いかける。その会話は、父フョードルに対するイヴァンの返答からはじまり、イヴァンとアリョーシャの精神の対照性を鮮明にしていく。


「ありません、神はありません」

「アリョーシカ、神はあるか？」

「神はあります」

「イヴァン、不死はあるか、いや、まあ、どんなものでもよい、ほんの少しばかりでも、これっぽちでもよい」

「不死もありません」

「絶対にか？」

「ええ、絶対に」

「つまり、まったくの無か、それとも何かあるのか？　ことによったら、何かあるかも知れんぞ。なんというても、まるっきり何もないはずはないからなあ！」

「まったくの無です」

「アリョーシカ、不死はあるか？」

「あります」

「神も不死も？」

「神も不死もあります。神の中に不死もあるのです」

「ふむ！　どうもイヴァンのほうがほんとうらしいわ。ああ、考えてみるばかりでも恐ろしい、人間がどれだけの信仰をいだいたか、どれだけの精力をこんな空想に費やしたか、そうして、これが何千年の間くりかえされてきたか、考えても恐ろしいくらいだ！　イヴァン、だれがいったい人間をこんなに愚弄《ぐろう》するんだろう？　もう一ぺん最後にはっきり言うてくれ、神はあるのかないのか？　これが最後だ！」

「いくら最後でも、ないものはないのです」

「じゃ、だれが人間を愚弄しておるのだ、イヴァン？」

「きっと悪魔でしょうよ」とイヴァンはにやりと笑った。

「そんなら悪魔はおるのか？」

「いや、悪魔もいませんよ」[38]

あとでイヴァンは、アリョーシャにこれらの言葉はわざとアリョーシャを揶揄うためだったと告げるが、少なくとも父フョードルの発した「神の存在」と「不死」をめぐる問いに対するイヴァンとアリョーシャ二人の応答には、『カラマーゾフの兄弟』ばかりでなく、『悪霊』『白痴』など、神と悪魔のせめぎあう審判の宇宙を創出したドストエフスキー文学の中心テーマがみごとに表現されている。この三人の会話で、淫蕩者フョードルが人間（＝自己）への嘲笑をこめて「神はあるかないか？」と問うた、魂に直接かかわるこの「疑問」は、さまざまな問いのなかの問いである。だが、イヴァンを破滅させるその悪魔の跳梁を描くドストエフスキーには、イエスの十字架が、信仰のキリストが生きている。

　また、ドストエフスキーは『カラマーゾフの兄弟』の第三編の創作ノートに、次のような一行も記している。「もし神も不死もなければ、人類に対する愛もありえません」（第一三巻、四〇〇頁）と。ドストエフスキーは、若き日に聖書だけを耽読したシベリアの「死の家」で〈キリスト〉という信仰の対象に逢着したのである。

　イヴァンは、イエス以来の歴史の闇を背景に、神の自由と人間の自由の最深層に迫る「大審問官」という一五世紀のセヴィリアを舞台とした物語を創作する。ここでは、「パン」と「宗教的権威」と「全世界的な権力」という三つの根本問題をテーマとしている。ドミートリイが「墓」だと評するイヴァンは、神の存在を否定するのではなく、神の創ったこの世界を承認しない無神論者である。神の存在についてアリョーシャに、イヴァンはこういう。

「ぼくは神を承認する、単に喜んで承認するばかりでなく、その英知をも目的をも承認する」（第一二巻、二七八頁）

「それから、人生の秩序も意義も信じるし、われわれをいつか結合してくれるとかいう永久の調和をも信じる。（中略）つまり、まあ、永遠というやつを信じるよ」（第一二巻、二七八―二七九頁）と。

　ところが、イヴァンは「ぎりぎり結着のところ、ぼくはこの神の世界を承認しないのだ。この世界が存在するということは知ってるけれど、それでも断じて承認することができないのだ」（第一二巻、二七九頁、以下同じ）。いつか人間の苦痛が癒され、人生の矛盾も「哀れな蜃気楼」として解消し、永遠の調和が現出し、それが人々の胸の内に満ち溢れたとしても、イヴァンはこの事実をどうしても「許容することを欲しないのだ！」。彼は「これがぼくの本質だ、アリョーシャ、これがぼくのテーゼなんだ」と強調する。その理由は、無垢な子どもの流した、たった〈一滴の涙〉によるのだ。

「カラマーゾフシチナ」の血にもかかわらず子どもが好きだというイヴァンは、実際にあった罪なき子どもたちの苦痛の数々をアリョーシャに語って聞かせる。――母親の胎内からあいくちで胎児をえぐりだす、乳飲み子を空中に放り上げて母親の見ている前でそれを銃剣で受けとめる、赤ん坊を笑わせておいていきなりピストルの引き金をひく、また排便を知らせなかった五歳の子どもを極寒の時期に便所のなかにひと晩中閉じこめる、将軍の愛犬の足を傷つけた男の子を裸にして母親の目の前で猟犬を使って引き裂く……など。

イヴァンは、こうつづける。「ぼくはおとなの苦痛のことは言わない。おとなは禁制の木の実を食ったんだから、どうとも勝手にするがいい。みんな悪魔の餌食になったってかまいやしない。ぼくが言うのは、ただ子供だ、子供だけだ！」（第一二巻、二八七頁）、「なんのために子供までが苦しまなけりゃならないのか、どういうわけで子供までが苦痛をもって調和をあがなわなけりゃならないのか、さっぱりわからないじゃないか！」（二八九頁）。

イヴァンは、これは神への誹謗ではないが、それをどうしても許容はできないという。なぜならば、この世界の調和と神への讃美は、神に祈りつつも永久に償われることなく流された哀れな女の子の〈一滴の涙〉に価しないからだ、と。

「……ぼくは調和なぞほしくない、つまり、人類にたいする愛のためにほしくないと言うのだ。ぼくはむしろあがなわれざる苦悶をもって終始したい。たとえぼくの考えがまちがっていても、あがなわれざる苦悶と、いやされざる不満の境にとどまるのを潔しとする。（中略）ねえ、アリョーシャ、ぼくは神さまを承認しないのじゃない、ただ『調和』の入場券をつつしんでお返しするだけだ。」[39]

ここに歴史のなかに屹立するイヴァンの精神の孤高なる峰を見ることができる。世界文学最大の自由の物語＝再臨の物語である「大審問官」の詩劇[40]は、まさにここからはじまる。イヴァンに対し、ゾシマ長老からキリストの美しい信仰を受け継いだアリョーシャは、「それは謀反です」「承認するわけにゆきません」（第一二巻、二九一頁）と小声で反論する。このイヴァンの子どもの苦痛と悲しい一滴の涙による全世界の否認こそ、「神の問題」と「存在の問題」の本質へと迫る問題ではないだろうか。

イヴァン・カラマーゾフは、地下生活者、スヴィドリガイロフ、スタヴローギン、キリーロフ、スメルジャコフと、ドストエフスキーの作品のなかを流れるニヒリストの系譜における最後に位置するニヒリストである。

その水源地は、スタヴローギンの「黄金時代」、「創世記」のエデンの園という「楽園」への見果てぬ夢であり、イヴァンの語る子どもの流す〈一滴の涙〉なのだ。旧約のアダムとエバ以後、人は「楽園喪失《パラダイス・ロスト》」の原記憶を生きるのである。(41)

「カラマーゾフの兄弟　創作ノート」には、「第六編ゾシマの告白」のなかに、「五一」と数字が付されて、次のように記されている。

　だれもが幸福である、だれもが美しい、だれもがいま即座に楽園をつくることもできるのだ。(42)

人は、この永遠の楽園＝神の国にいる（第三部「神の国と地上の国」、参照）。

また、『カラマーゾフの兄弟』のエピグラフには、「ヨハネによる福音書」第一二章二四節の章句が掲げられている。

　誠に実《まこと》に爾曹《なんじら》に告げん、一粒の麦もし地に落ちて死なずば唯《ただ》一つにてあらん。もし死なば多くの実を結ぶべし。

一人の人が大地に、一塵《アダーマー》に帰する死は、多くのいのちという未来の実を約束する。(43) イエスの贖罪による十字架の死、三日目の復活、永遠の現在《いま》を来たりつつある再臨は、そんな完成に向かう宇宙の真実を告げている。一粒の麦、地に落ちて死なば、ただ一つではなく、多くの実を結ぶ。それは書かれざる「第二の小説[44]」とともに、『カラマーゾフの兄弟』の壮大なテーマであろう。

一方、キリスト教信仰において、愛と罪は非対称であるにもかかわらず、愛は罪のもっとも近くにあるという、それ以上に怖ろしい事実があるだろうか。この地上の国は、ゾシマ長老の兄マルケールやアリョーシャのように、そのまま神の国（＝楽園）であるといいながら、数かぎりない悪と罪、繰り返される戦争と殺戮、アウシュヴィッツやヒロシマ、ナガサキの厖大な死者、環境クライシス、気候変動と飢餓や貧困、林のなかの無惨な木の十字架の列[45]、そして旧約以来の約束の地パレスチナのガザでは、戦闘によって子どもたちの涙は流されつづけている。その一人ひとりは、旧約の風前の籾殻のように、この世を去っていく。人は、なぜ生まれ、なぜ死ぬのか。この問題は、再臨以外に、いったいどのように解くことができるだろう。また、悲しみの涙は再臨信仰でなくして拭えるのだろうか。

旧約につづく新約には、そんな歴史的悪のもとにひそむ、人間の罪と愛の、悪魔と裏切りの人類史的な物語が横たわっている。その中心にいる人物が、贖罪の十字架への途を歩んだイエスに対する、使徒にしてイエスを引き渡した罪人〈イスカリオテのユダ〉である。――それは新約時代の歴史を超えて、さらに未来へとつづいている。

第一部では、「悪魔の跳梁と黄金時代の夢」をドストエフスキーのニヒリストの系譜としてたどった上で、私はこれから第二部の罪と愛の岐路に立ち、人類史の暗部に息づくイスカリオテのユダの物語へと向かいたい。

第二部　イスカリオテのユダ――罪と愛の物語

救拯《すくい》は罪の赦しを以て始まる、罪の赦しなくして救拯《すくい》なし、故にキリスト教あるなしである（「罪の赦し」）

1　罪と悪魔の形象――神の影としての自由

歴史における罪と愛の物語は、新約のなかの愛の人・イエスと、十字架への途を歩むべく引き渡した罪人・ユダとの関係に凝縮されている。ユダの罪（＝悪魔）は、イエスの愛（＝福音）において顕《あきら》かになるのではないか。この問題を考えるにあたって、文学のなかの罪と悪魔の形象について一瞥しておきたい。

人には悔い改めである回心《コンヴァージョン》に対して、まったく逆に悪魔が入る、そんな瞬間がある。また、人はドストエフスキーの描くニヒリストの系譜に連なるの人物や椎名麟三『永遠なる序章』の竹内銀次郎のように、悪魔に突き動かされ、罪に染まり、死に至る、そのような存在でもある。しかも怖るべきことに、罪と悪魔は愛と信のあるところに巣喰うのだ。救済も、新しい楽園も、この罪と悪魔の問題からの自由なくしては実現しないであろう。

晩年、重い心臓病をかかえた椎名麟三の最後の長編小説に、『懲役人の告発』（新潮社、一九六九年、『椎名麟三全集』第二一巻）という虚無（＝悪魔）と死の影に翻弄される青年を描いた書き下ろしの作品がある。悪魔として象徴的にあらわれるのは、作品中に死とともに頻出する〈首のない黒い犬〉である。この小説の主人公「おれ」（田原長作）は、播州製罐工業に勤める二四歳の工員である。彼は一年前、一二歳の少女をトラックで轢き殺し、それ以来この世界のすべてから拒絶され、死んだような生き方を余儀なくされている。そんな懲役人としての彼には、彼にしか見えない〈首のない黒い犬〉が棲んでいる。

一方、彼の継母の連れ子で、三歳のときに叔父・長次の養女となった、事故死した少女と同じ一二歳の美しい少女・福子がいる。〈首のない黒い犬〉は虚無を、福子は眩い〈全的自由〉を形象している。その〈首のない黒い犬〉と〈全的自由〉、それは密接に関連しているのだ。

椎名麟三は、「ドストエフスキーの作品のなかの女たち」（『月刊キリスト』一九六七年三、四月号）のなかに、次のように記している。


虚無は、いわば神の影である。神の影としての自由なのである。[1]

人は、自由に伴う宿命のように、この実体のない「神の影」に脅え、「虚無」の海に呑まれ漂うのである。主人公・田原長作も、父長太郎、叔父長次、無限定な自由を生きる少女・福子も、そんな一人である。だが、自由とは、原初の楽園の光景であり、黄金時代の夢でもある。人は、いったいだれが、このような自由への夢と無縁に生きることができるであろうか。

「おれ」は、自らの内面をこう吐露する。

『このおれを生き生き生かしてくれるもの、このおれにとって失うことのできないもの、それを見つけなければ駄目なのだ。しかしおれにはそれがない。ただおれはすべてのものから、あの機械からさえ、うとんじられているだけなのだ[2]』

主人公は、荒涼とした内部の虚無とともに死んだように生きる。彼には、自分を生き生きと生かすものはなく、〈首のない黒い犬〉だけが実在するように見える。福子に手を噛まれたときには、「列車の車輪と車輪の間を列車とともに走っているあの首のない黒い犬を見たのだ」（一三五頁）。また、福子には、それは「身体のなかまで入って来るさかいや。するとその人間は、逆に首のない黒い犬のようになってしまう」（一四二頁）という。さらに、彼の頭の奥には、〈首のない黒い犬〉を連れた福子の姿がひそんでいる。

福子は、何をしてもいいが未来はない、といわれて育ち、裸で寝て、だれもかまわずに噛みついては血を求める。彼女は、「おれ」にいう。「うち、ほんまに何をしてええのかわからへんの。昨日からそれがこおうなって来たんやわ。あんた、首のない黒い犬の話したやろ。そのせいかも知れへんわ。……」（一五四―一五五頁）と。

主人公は、〈首のない黒い犬〉について、次のようにいう。

あんな黒い犬の存在は、おれにだってほんとうには信じ切れないのだ。まして仲間の誰が信じるだろう。しかしあの首のない黒い犬が、おれの心にかもし出す効果だけは現実だった。それはおれの存在全体を暗い空虚なものにしてしまうのだ。おれの考えたことだけでなく、積極的に死んだような仕方で生きようとしているおれの折角の決心さえ、手ごたえのない、何の意味をないものにしてしまう。そのことがおれに意味もない人殺しさえやりかねないような衝動を起こさせてしまうのだ。(3)

福子の自由は、「おれ」の父長太郎をも惹きつけ、初潮を迎えたばかりの彼女を凌辱し、S川で自殺する。その場面を想像する「おれ」には、父親の水死体は水鳥と戯れている〈首のない黒い犬〉に見えてくる。養父でニヒリストの長次は、人生への皮肉として福子を自由に育て、ついには眠っている彼女の左の乳房の下に空気銃の銃口をあて、引き金を引く。福子の好んだ生きた血が、左乳房から脇腹へとひとすじ流れるのである。

この小説の登場人物たちは、主人公の長作は〈首のない黒い犬〉に囚われ、父長太郎は自殺、叔父長次は殺人、そんな罪と死の渦のなかに沈んでしまう。その最後は、錆びたリヤカーに福子の遺体を乗せ、「おれ」と寺の和尚、弘志という「知恵遅れ」で斜頸の子どもが、焼き場へと向かう場面で終わっている。

和尚はお経を唱え、弘志は間延びした「ソーレン、カーン」という甲高い声をだし、三人だけの葬列は農道を進んでいく。

だがおれは、重く曇った空が、立ち枯れして死んだ真黒な木々の何百本という槍のようにとがった梢に、鋭くつき刺されているのを見ていたのである。[4]

それはひとつの黙示的終末の風景である。

椎名麟三が描いた〈首のない黒い犬〉——そのメタファーは、文学のなかの虚無の、罪と悪魔の形象なのである。それはまた、福子の全的な自由とともにある。美しい自由のもっとも近くに、〈首のない黒い犬〉が棲むのである。

2　イスカリオテのユダ——福音書のなかのユダ

新約学者・荒井献には、ユダの「歴史的実像」に注目した『ユダとは誰か——原始キリスト教と『ユダ福音書』の中のユダ』（岩波書店、二〇〇七年）と同時期に、ユダの姿のさまざまな解釈による歴史的、信仰的風景を描こうとした『ユダのいる風景』（岩波書店、二〇〇七年）がある。

『ユダのいる風景』の序にあたる「誰の内にもユダが棲む？」のなかで、ナチズムによる「ホロコースト」、日本のアジアへの「侵略」など戦争に伴う人と時代の罪悪、ユダとユダヤ人を重ねる社会の憎悪、歪みとともに現代の風景を見るとき、「裏切るユダは誰の内にも棲む」（vi頁）ものととらえることで、それを批判的に超え、「新しい風景」を切り拓く地平に立つことができるといい、次のように書いている。「そして、この一歩はユダのいる最初の風景をなす福音書の中に潜んでいる」（同前）、「私の想像力の翼をより広く拡げ、自由にいわば「文学」風に描写することを目指した」（vii頁）と。

私には、新約学の視点から「ユダ」とユダのいる「風景」を見るのではなく、内村鑑三の聖書講解とユダ解釈とともに、救済論的な罪と愛の問題としてとらえてみたい。二〇〇〇年近くもの間、歴史のなかで繰り返し解釈が問われつづけてきたイスカリオテのユダ、〈私〉のなかのユダとは、どのような存在なのか。そして、エルサレム入城から最後の晩餐、ゲツセマネの祈り、ユダの裏切り（引き渡し）の接吻[5]、宗教権力による裁判、政治的権力者の判断、十字架の死への道をたどるイエスの孤独な姿を見つめたい。罪は、なぜ、愛のもっとも近くにあるのか、という問いとともに……。「ユダのいる風景」とは、「イエスのいる風景」とともにある。

『ユダのいる風景』は、四福音書、新約外典『ユダの福音書』などとともに、一五〇〇年頃のエイレナイオス『異端反駁』、アウグスティヌス『神の国』、ダンテ『神曲』など中世、さらに近現代まで、カトリック・プロテスタントを問わず、民衆、教会、神学者、画家から文学者まで繰り返し問題にし、時代のなかで変容するユダ像を描きだしている。

ユダのいる時代と社会の風景を巡り終えて、『ユダのいる風景』の終章「誰の内にもユダは棲む」を、著者は以下のように結んでいる。――イエスはユダに裏切られ、十字架の苦難を経験したとしても、「ユダを自らの愛の圏外に置いたとは到底思えない」（一二〇頁）、イエスを拒んだペテロ、見棄てて逃げ去った他のすべての弟子たちにも、「実はユダが棲んでいたのだ」（同前）。とすれば、誰のなかにもユダは棲み、そんな誰にも、イエスの愛、神の恵みは注がれているのである、と[6]。イエスにおいては、罪人にこそ、その愛が注がれたのではないか。

また、美術史の風景においても、ユダの図像はどれほどの変遷を経てきたことだろう。利倉隆『ユダ　イエスを裏切った男』（平凡社新書、二〇〇六年）や、石原綱成「ユダの図像学」（『ユダとは誰か』所収）の図像解説にも、そのことが表現されている。[7] それほどまでにユダの解釈の多様性、ヴァリエーションは、〈私〉たちの生きる時代の「ユダのいる風景」の影響とともにある。

利倉隆は、『ユダ　イエスを裏切った男』の「Ⅰユダの図像学」で、イタリア・ルネッサンス期の巨匠ジョット「キリストの生涯」「ユダの裏切り」、ニコラ・フロマン「キリストの足を香油で洗うマグダラのマリア」、レオナルド・ダ・ヴィンチ「最後の晩餐」、同じテーマのディーリック・バウツ、アルブレヒト・デューラー、バルナ・ダ・シエナ「ユダの接吻」、レンブラント「銀貨三〇枚を返すユダ」、ピエトロ・ロレンツェッティ「ユダの死」などのユダに関わる図像を解説し、最後に一七世紀を代表するオランダの画家レンブラントについて、次のように記している。

> レンブラントが描いた唯一のユダ像は、罪を後悔して裏切りの報酬を返そうとしたユダの姿だった。人間には暗い情念に支配される瞬間があり、そこに罪人が生まれる。罪人には罪を自覚しない人間もおり、己れの罪を欺瞞し通せる人間もあり、また神あるいは良心の前に罪を真に自覚する者もいる。そして罪人となる可能性は誰にも、当然自らのうちにもいくばくかは含まれていることをこの画家は知っている。この人間心理の優れた観察者がまだ二三歳であったことは驚嘆すべきことではないだろうか。[8]

悪魔は、人に入り、罪人が生まれる。堕罪以後、人に死がある以上――。一七世紀を代表するオランダの画家レンブラントは、自らの内なるユダにも気づきつつ、ユダの悔い改めの可能性とともに、若き感性でそのことを知っていたのであろう。

荒井献は、『ユダとは誰か——原始キリスト教と『ユダの福音書』の中のユダ』の「はじめに」にで、三共観福音書、ヨハネによる福音書、コプト語本文と英訳が二〇〇六年に新たに公表された『ユダの福音書』などにおいて、「ユダ像」の差異と「歴史のユダ」の復元可能性、ユダとは誰か、誰であったのか、この問いへの応答を試みたいと述べている。また、冒頭にはマタイ、マルコ、ルカ、それに関連したヨハネの「ユダの共観表」（二一—三二頁）が付されている。この共観表にもとづき、最初の福音書である「マルコによる福音書」（紀元七〇年頃成立）を軸に、マタイ、ルカ、使徒行伝（八〇—九〇年代と想定されている）、ヨハネなど、イエスとユダの記述の異同と関連を見ておきたい。

「ユダの共観表」は、イエスの「十二人の選び」からはじまっている。マルコでは、イエスは山にのぼり、一二人の弟子を、宣教と悪霊を追いだす権能をもった「遣わされた者」と名づける。シモンに「ペトロ」と名をつけ、ゼベダイの子ヤコブ、ヤコブの兄弟ヨハネ、アンドレアス、フィリッポス、バルトロマイオス、マタイ、トマス、アルファイオスの子ヤコブ、タダイオス、「熱心者」のシモン、そしてイスカリオトのユダの一二弟子を立てる。ユダはまた、「彼〔イエス〕を引き渡したのである」（補記・傍点引用者）。

マタイでは、群衆を見て山にのぼったイエスは、一二弟子を呼び寄せ、穢れた霊に対する権能を与え、弟子たちの名前をあげ、ユダについてはマルコと同様である。ルカでは、「この彼〔ユダ〕は、売り渡す者となった」（補記・傍点引用者）と記されている。

「塗香」では、イエスがベタニアでハンセン病を患うシモンの家にいたとき、一人の女が石膏の壺をもってイエスのもとにやってくる。女は、イエスの頭（マルコ）に香油を注ぐ。すると、幾人かが激しく怒る。何のために三〇〇デナリオン以上もする香油を無駄使いしたのか、売って乞食に与えることもできたのに、と。イエスは「私は、いつまでも〔あなたたちの〕もとにいるわけではない」（マタイ）、「埋葬に向けて、前もって私の体に香油を塗ってくれたのだ」（マルコ）、そして世界中で福音を宣べ伝えられるところではどこでも、この女の行ったことも語られるであろうという。この部分はマルコ、マタイ、ルカ、ほぼ同様である。だが、ヨハネでは香油の箇所で、「後でイエスを引き渡すことになる」イスカリオテのユダが、高価な香油が乞食たちに与えられなかったのかといい、こう記されている。「彼がこう言ったのは貧しい人たちのことを心にかけていたからではなく、盗人であり、金庫番でありながら、その中身をくすねていたからである」。ここでは、ユダは「金庫番」であり、しかも不正を行っている。

「ユダの裏切り」では、イスカリオテのユダが祭司長たちのところへ、「引き渡す」ために出かけていく。彼らは喜び、銀貨を与える約束をする。ユダは、イエスを引き渡す機会をねらうことになる。

「或る弟子の裏切りを予告」には、イエスとユダの関係が凝縮して表わされ、マルコにはこう記されている。除酵祭の第一日目、過越しの子羊を屠る日の食事の席で、イエスと弟子たちは横に並んで食事をしている。そのとき、イエスはあなたたちのうち一人が「私を引き渡すだろう」という。彼らは悲しみ、一人ずつ「まさか、この私では」と尋ねる。イエスは「十二人の一人で、私と共に鉢の中に〔自分の食物を手で〕浸す者〔がそれだ〕」、その人は生まれてこなかった方がましだったろうにという。

マタイもほぼ同様で、ルカでは「私を引き渡す者の手が、私と共に卓上にある」とイエスがいう。すると、それは誰かと議論になる。一方、ヨハネでは、シモン・ペトロは、イエスがいっているのは誰か問いただすようにと、イエスのそばの者に合図すると、イエスはこう答える。「私がパン切れを浸して、与えることになる人がそれだ」と。そして、次のようにつづく。「さて、パン切れを浸した後〔取って〕、イスカリオテのシモンの子ユダに与える。パン切れ〔を受け取って〕後、その時、サタンがこの者のなかに入った。……さてこの者はパン切れを受け取ると、ただちに出て行った。夜であった」（傍点引用者）。サタンはユダのなかにいるのではなく、このときユダに入ったのだ。

「最後の晩餐」では、イエスはパンを取り、神を祝して裂き、弟子たちに与え、「取れ、これは私の身《からだ》である」

（マルコ、以下同じ）という。また、杯を取り「これは契約の〔ための〕私の血であり、多くの人のゆえに流されるものだ」といい、こうつづける。「アーメン、〔私は〕あなたたちに言う、〔私は〕もはや葡萄の木からできたものを飲むことはない、神の王国においてそれを新たに飲む、かの日までは」と。イエスは、このときユダのなすであろう行為とその心の奥底を、愛ゆえにもっとも深く知り、ただ一人ゴルゴタの十字架への運命の道を歩みはじめる――。

イエスは、オリーブ山で弟子たちに「あなたたち全員が、今夜私に躓くことになるだろう」（マタイ）、「しかし〔私は〕自分が起こされた後《のち》、あなたたちより先にガリラヤへ行くだろう」（マルコ、マタイ）と、「躓き予告」をする。だが、ペトロは、私は躓きませんというと、イエスはこう答える。「鶏が二度啼《な》く前に、三度私を拒むだろう」（マルコ）。すると、私があなたとともに死なねばならないとしても、私は決してあなたを拒んだりしませんとペトロはいう。他の弟子たちも、同じようにいう。イエスは、これからただ一人孤独とともに、もっとも激しい祈りによって神と向き合うのだ。

彼らはオリーブ山のあと、「ゲッセマネ」という場所にでる。イエスは弟子たちに、私が祈っている間、ここで座って待つようにといい、ペトロ、ヤコブ、ヨハネを連れていく。イエスは、ひどく悲しみ、悩む。そして、イエスはこう告げる。「私の魂は死ぬほど悲しい」（マルコ、マタイ）「私の魂はかき乱されている」（ルカ）と。イエスは、ここに留まり目を覚ましているようにというと、少し先にいき、大地に伏して祈りはじめる。――父《アバ》よ、もし、できるならばこのときが去るように、この杯を私から取り除いてください、しかしあなたの望まれるように、と。

ゲッセマネの祈りから戻ると、眠っている弟子を見て、あなたたちはひとときも目を覚ましていられないのか、試みに陥らないために目を覚まして祈っていなさいという。再び、イエスは祈る。すると、また彼らは眠っている。三度目の祈りのあとも、やはり眠っている彼らに、イエスはいう。「なお眠っているのか、また休んでいるのか。事は決した。時は来た、見よ、《人の子》は罪人らの手に渡される。立て、行こう。見よ、私を引き渡す者が近づいた」（マルコ、傍点引用者）と。

このあと、すぐにイエスの「捕縛」がはじまる。「十二人の一人のユダが現われる」（マルコ）。彼とともに、祭司長たちと民の長老たちのもとからきた群衆が剣と棒をもってやってくる。ユダは、イエスに近づき「ラビ、喜びあれ」（マタイ）というと、合図に決めていた接吻をする。彼らはイエスを捕縛するのだ。イエスは、群衆にいう。――強盗にでも向かうように、剣や棒で取り押さえるのか、私は毎日神殿で座って教えていたが、私を捕えなかった、と。「そのとき、弟子たちの全員が彼を見棄てて逃げて行った」（マタイ、傍点引用者）。

「ユダの死」については、マルコは何も記していない。マタイには、次のように記述されている。

その後《のち》、彼を引き渡した者ユダは、〔彼が死刑を〕宣告されたと知り、後悔して銀貨三十枚を祭司長たちと長老たちとに返して言った、「〔俺は〕罪なき血を引き渡して、罪を犯した」。しかし彼らは言った、「そんなことはわれわれの知ったことか。お前が勝手に始末せよ」。

そこで〔彼は〕、銀貨を神殿に投げ入れ、立ち去った。そして行って、首をくくった。（第二七章三―五節）（傍点引用者[9]）

ユダは、イエスを引き渡したことを悔いて自殺する。使徒行伝では、ユダは不義の報酬で、ある地所を入手するが、そこへ真っ逆さまに落ちて、腹が引き裂け 腸《はらわた》がすべて流れでてしまう[10]。二福音書ともに、ユダの罪は死へと至るのである。

「ユダの共観表」の最後となる「女たちへの復活宣言」では、安息日が終わり、マグダラのマリヤ、ヤコブの母マリヤ、サロメは、イエスに塗油をほどこすために香料を買い、週のはじめの朝早く墓へと行く。墓の入口にあった大きな石は、すでに転がしてあり、墓に入ると白い長衣をまとった若者が右側に座っている。彼はあなたたちが探しているイエスは「起こされた、ここにはいない」「〔彼は〕あなたたちより先にガリラヤへ行く。そこでこそ、〔あなたたちは〕彼に出会うだろう」（マルコ）という。だが、彼女たちは墓から逃げだし、震え上がり正気を失ってしまう。マタイとルカでは、彼女たちはそのことを弟子たちに告げるのである。

荒井献『ユダとは誰か』の「ユダの共観表」では、マルコ、マタイ、ルカなど、共観福音書ではそれぞれ異同がありながらも、最後の晩餐の歴史的場面でユダに悪魔が入ることでユダはイエスを引き渡し、その罪により自殺する事実へといきつく。その事実の解釈は、以後二〇〇〇年の歴史に、ユダのいる社会の風景に、キリスト教の信仰の風景に大きな影をもたらしたのではなかったか。

また、『ユダのいる風景』の第一章「ユダは救いの内に」は、次のように結ばれている。

> マルコ福音書では元来、復活のイエスとの再会がユダにも約束されていたと思われるのである。／マルコによれば、ユダは救いの内にあった。（傍点引用者）[11]

イエスカリオテのユダは、イエスの救い、キリスト教の福音、その内にあったのだろうか。また、この愛と罪の物語の帰趨は、聖書の奥義はどこにあるのだろう。それは楽園を喪失した人の楽園の回復ともつながっていないだろうか。

最後の晩餐において、すべてを知ったイエスは、人の子を裏切るその人はわざわいである、生れなかったほうがよかったとまでいう。そのとき、ユダはいう。

「先生《せんせい》、まさか、わたしではないでしょう」。イエスは言《い》われた、「いや、あなただ」。（「マタイによる福音書」第二

六章二五節）（傍点引用者）

これは魂の底に届く、何と怖ろしい言葉であろう。イエスは、ユダ以上にユダの罪を知っていたのだ。

「ヨハネによる福音書」では、イエスはユダにいう。――「しようとしていることを、今《いま》すぐするがよい」（第一三章二七節、傍点引用者）。ときは夜、悪魔が入ったユダはすぐにでていくのである。

内村鑑三には、世界大戦争の終わったすぐあと、一九二〇年九月発行の『聖書之研究』二四二号に、「イスカリオテのユダ」という無署名の文章がある。ここには、内村のユダ解釈が集約されている。

彼はイエスに好く肖《〔に〕》た人であつたらう、十二使徒中唯一のユダヤ成育《そだち》の人であつたから殊《こと》に聖書に明《あか》るく世事に通じ、時には実際問題に就て其師に忠告する程であつた（約翰《〔ヨハネ〕》伝十二章四《〔四、五〕》節）、使徒等の内に在りて彼に対する彼らの信用の如何に厚かりしかは彼に彼等が使徒団共有の金嚢《〔きんのう〕》を託せしに由ても判明《わか》る、彼は温厚であつた、篤実であつた、同情心に厚くあつた、故に団中イエスを除いて彼が第一人者であつたに相違ない、後に至つてこそ彼等の内の一人は彼に就て「彼は貧者を顧《おも》ふに非ず窃者《ぬすびと》なり」と断言せしと雖《〔いえど〕》も、それは彼の叛逆の事実が現はれて後の事であつた（六節）、使徒等は最後まで彼れユダを信じた、イエスが「汝等の内一人我を売《わた》すなり」と言ひ給ひし時に彼等各自は「主よ我なる乎《〔か〕》」と問ふて、よもやユダがその人なりとは信じ得なかった、実《まこと》にイエスのみ惟《ひと》りユダの何者なるを知り給ふた（中略）ユダは終にイエスを其敵に売《わた》した、彼は実《まこと》に悪魔即ち淪亡《ほろび》の子であつた、イエスに最も好く肖たる彼はイエスの第一の敵であつた、イスカリオテのユダがアンチキリストであつた、偽《にせ》キリストであつた、キリストに肖て彼と相併《あひなら》んで其栄光を奪はんとした、ユダの叛逆は彼の失望に起つたものである、彼は弟子等を欺き得た、然れどもイエスを欺き得なかつた　而してイエスに己が本性を看破せられて、失望憤怒の極、かの怖《おそ》るべき行為に出たのである、而してユダの族《やから》は今も尚《〔なほ〕》絶えない、真《まこと》の信仰の在る所には必ずイスカリオテのユダが居る、而して彼を判別するの困難は今も昔と異ならない、ユダはイエスに最も好く肖た者である、……（傍点引用者）[12]

イスカリオテのユダは、一二弟子中で第一の信用があり、イエスにもっとも似た使徒であり、また真の信仰のあるところにはユダがいる。これが内村鑑三のユダ像である。イエスにもっとも近く、イエスに似た者、それが弟子・使徒ユダなのである。信仰と悪魔はもっとも近く、堕罪と救済は同時に進行する。まさに、罪は愛のもっとも近くにあるのだ。この信仰と存在のアポリアをどのように解いたらいいのだろうか。それはイエスの〈愛〉によって、〈ユダ〉を救いの内に包摂することでもあろう。生命の水の河が流れ、その両岸には生命の樹が一二種の実を結ぶ、そんな「ヨハネの黙示録」の新しい楽園に立つことではないか。その楽園は、一つの水源から四つの支流が生まれ、生命の樹と智慧の樹のある「創世記」の原初の楽園でもある。だが、そこにも〈蛇〉がいる――。

3　カール・バルトのユダ像――棄てられた／選ばれた使徒

内村鑑三は、一九二五年五月二〇日の日記（『内村鑑三全集』第三四巻）に、「倫敦《ロンドン》エキスポジトル雑誌に瑞西《スイス》神学者カール・バルトの基督教観の評論を読んだ。カルビン神学の最も徹底したる者であつて、大に共鳴せざるを得なかつた」（四四一頁）と書き、次のようにバルト神学について記している。「批評家は之を「危機の神学」と称するも、之を「再臨神学」と称して宜《よ》からうと思ふ。欧洲神学が大体に於てキリスト再臨の信仰に近づきつゝあるは著るしき事実である」（同前、傍点引用者）。

内村は、はじめて知ったであろうバルト神学を、日記とはいえ「再臨神学」と称したのである。バルト神学をこのように呼んだ人は、他にいただろうか。内村は、第一次世界大戦以後、再臨と再臨信仰に至り、それを旧新約聖書の奥義と解したのである。では、パウロのロマ書における罪と救いの問題を『ローマ書講解』において論じたカール・バルトは、内村のいう「再臨神学」として、ユダをどのように見ていたのだろうか。

カール・バルトは、『イスカリオテのユダ――神の恵みの選び』（川名勇編訳）の第二編「イスカリオテのユダ〈本論〉」第一部「使徒の一人としてのユダ、およびユダの罪について」において、「新約聖書がユダについて告げているのは、実に、本当の使徒たちのうちの一人であり、本当に選ばれた者のうちの一人である者がイエスを裏切る者として、同時にまた棄てられた者であったということである」（三九頁）と述べ、ユダ論をはじめている。

ユダは、あくまでもイエスのもっとも近くに存在し、一二弟子にして使徒の一人であり、また罪の最初の「鎖」の輪をつくった（石をころがしはじめた）結果、イエスは贖罪の十字架へ、自らは死へと「棄てられた者」となる。まさに、使徒／棄てられた者なのだ。この「使徒」と「棄てられた者」をつなぐもの、それが本来は結びつかない（あるいはもっとも深淵でつながる）罪であり、悪魔である。そのことにより、「彼（ユダ）こそ新約聖書の最大の罪人そのものである」（四四頁、補記引用者）とともに、イエスが洗う「汚れた足」（同前）の代表でもある。そのユダの「汚れ」とは――。「再臨神学」者・バルトは、ここから新約最大の罪人の神学的ユダ像を、「神的引き渡し《パラドゥーナイ》」という救済宇宙の福音（＝光）のなかで描いていくのである。

バルトは、第一部「使徒の一人としてのユダ、およびユダの罪について」の冒頭に置かれた「1イエス・キリストに最も近いユダ」を、次のようにはじめている。「新約聖書において、棄てられた者の問題が集中的に取り上げられ展開されているのは、イエスを「裏切った」弟子、使徒であるイスカリオテのユダという形体である」（三五頁）。新約聖書は、イエスのもっとも近くにユダの場所を置き、彼はダビデの出身支族に属する弟子・使徒であり、同時にイエスを裏切り・棄てられた者である。この事実のなかに、イスカリオテのユダの神学的位置がある。ユダは、イエスを祭司長に「引き渡し《パラドゥーナイ》」、祭司長は異邦人ピラトに、ピラトは十字架に、十字架から神へと引き渡されたのである。この引き渡しの連鎖こそ、「神的引き渡し《パラドゥーナイ》」なのだ。

銀貨三〇枚の対価を得た罪人ユダは、マタイでは自殺、使徒行伝では不義の報酬で得た地所に真っ逆さまに落ちて腹が真ん中から裂け、はらわた《スクランクナ》が流れだすという異様な死を遂げる。そんなユダに、イエスの死のもつ救いの意味はおよぶであろうか、とバルトは問う。福音書記者たちは、それに答えぬままに「未解決のコントラストの前に立ち続けるべきである」（九八頁）といい、次のように記している。

一方ではイエスがユダのために（für）も、いや疑いもなく実にユダのために、立っておられ、他方ではユダが同じように疑いもなくイエスに逆らって（gegen）立っている、実に、ユダのために存在し、彼のために御自分を全く投げ出され、彼の足を洗い、御自分の引き裂かれた体、流された血を彼に差し出し、御自身を彼のものとし給うイエスに逆らって立っている[13]。

イエスとユダは、「対向《フユール》と対立《ゲーゲン》」（一〇一頁）のなかにある。そして、ユダの後継にはパウロがいる。ベニヤミン人で罪人の頭サウロ（＝パウロ）は、「神の教会《ゲマインデ》」（一〇五頁）を迫害し、ダマスコへの途上でイエスの「サウロ、サウロ、なぜわたしを迫害《はくがい》するのか」（「使徒行伝」第九章四節）という愛の呼びかけによって回心＝悔い改めをし、「ユダの再生」（一〇六頁）という新たな光のなかに、「使徒そのもの」（一〇八頁）として生きるのである。ユダなしにはパウロはなく、パウロなくしてユダはない。そのユダとパウロの中央にイエスは立つ。それがバルトのユダ像である。

ここで罪人にできること、それは「神に呼び求める」（一三三頁）ことだけである。引き渡され、棄てられた者の救いなき「深き淵から（ex profundis）」（一三四頁）、信仰の「終末論的可能性」（一三七頁）として神を呼び求めるのである。人間的引き渡しによって、神的引き渡しが起り、死んだユダは使徒となったパウロの内に存在するのである。

福島揚『カール・バルト　破局のなかの希望』（ぷねうま舎、二〇一五年）は、「死と再生」をテーマにカール・バルトの『教会教義学』を論じている。その第二部「人間世界の自己破壊を超えて」第五章「自殺について――バルトと滝沢克己」においては、バルトの自殺論と関連してユダ論が考察されている。著者は、バルトは「神的な摂理がユダの策略に先行する、より根源的なものだという聖書の視点を強調する」（一五〇頁、以下同じ）といい、以下のように記している。「福音の光の下」では、一二使徒の一人で「選ばれた、棄却された者」であるユダにおいて、「選び」と「遺棄」は「同時に起きつつも、そこでは選びが棄却に先行し優越している」（傍点引用者）と。ユダの絶望的な死を、福音としての「選び」は優先しているのだ。

『イスカリオテのユダ』の最後には、「〈選ばれた者〉」としての「棄てられた者」」という、次のような結びがある。「神は、まさに彼が福音を聞き、そのことによって彼の選びの約束をも聞くことを望んでおられる。（中略）神は、棄てられた者が信ずること、また信仰者として、選ばれている「棄てられた者」となることを望んでおられる」（二〇七頁）。「棄てられた者」とは、自分自身を引き渡したイエス・キリストの選びを信じる「選ばれた者」なのだ。

ユダは、救済（＝再臨）宇宙において棄てられた／選ばれた使徒なのである。

4　さまざまなユダ証言――歴史のなかのユダ

キリスト教二〇〇〇年の歴史のなかで、イエスに棄てられた／選ばれた使徒、イエスのもっとも近くで、もっともよく似たイスカリオテのユダは、どのように証言されてきたのだろうか。新約学者・大貫隆には、二〇〇四年にコプト語の『ユダの福音書』の写本が公表されたのを契機に、歴史と文学のなかのユダ証言、伝承、伝説を集めた編著『イスカリオテのユダ』（日本キリスト教団出版局、二〇〇七年）がある。それは正典福音書、使徒言行録から新約外典、グノーシス文書、教父文書、中世の伝説、文学・心理学、組織神学・新約聖書学へと多岐におよんでいる。

それにしてもキリスト教の世界の歴史を舞台に、どれほどのユダ像が描かれ、信仰の光と影、救済と堕罪の交錯するドラマを演出してきたことか。人は、ユダの問題抜きには信仰に生きることができない。また、ユダの罪（＝死に至る病）を透過することなしには福音信仰、贖罪信仰に生きることもできないであろう。神と悪魔の跳梁する怖るべき・美しい文学宇宙を描きだしたドストエフスキーの信仰文学のように――。内村の臨りつつあるイエスという再臨信仰も、キリスト再臨による「大いなる日」の審判と救済も、このことと深く通底するのである。

大貫隆は、「はじめに」のなかで、『ユダの福音書』がイエスとユダの関係を転倒させて解釈したグノーシス主義であるといい、次のように記している。新約聖書の四福音書は、イエスの十字架の死後四〇―六〇年後に書かれ、その間には裏切り者ユダのイメージは増殖をつづけ、歴史的に確実なことはわからない。本書は新約と新約外典（一世紀から二、三世紀）、それにつづく二、三世紀から四世紀のグノーシス主義、それを異端とした教父たち、中世のユダ伝説から現代までの多様なユダ像を提出するアンソロジーである、と。

「I正典福音書と使徒言行録」では、マルコ、マタイ、ルカ、ヨハネなどの正典福音書と使徒行伝のなかのユダに関連する記事、場面を確認したあと、「II新約外典」では、『ペテロ行伝』（第八章）、『使徒ユダ・トマスの行伝』（第三二章）、『ピラト行伝（ニコデモ福音書）』（補遺一、二）、『（アラビア語）イエスの幼児物語』『バルトロマイ福音書』『アンドレとパウロの行伝』などから、多彩な行伝が取り上げられている。それほどまでに、信仰における〈影〉（罪）＝〈ユダ〉（裏切り者・悪魔像）は怖ろしいほどに関心が高いのだ。

荒井献編『新約聖書外典』に収められた『ペテロ伝』では、ローマへと向かうイエスを見て、「主よ、ここから何処へ行かれるので」（クオー・ヴァディス・ドミネ、第三五章、小河陽訳）というペテロの問いに「私は十字架に掛けられる為、ローマに入って行く」（同前）というイエスの答えを聞く。そして、ペテロもローマに戻り「頭を下にして、逆《さかさま》の姿勢」（第三七章）での殉教を望む箇所がある。『ペテロ行伝』の「マルケルスとローマ教会の再建」（第八章）では、ペテロは「シモンの主」「サタン」（小河陽解説）に悲しみとともに、以下のように呻く。

「おお、何と多彩な悪魔の手管《てくだ》と誘惑であることよ。審判《さばき》の日に備え、燃え尽くす火を養う者、永遠の命をさえ呑み亡ぼす狼め。お前は最初の人間を欲の罠にかけ、悪と肉の鎖に縛り付けたばかりか、私の弟子仲間ユダを唆《そそのか》し、主イエス・キリストを裏切らせた。いやいや、ユダだけじゃなくて、キリストに逆《さか》らった者は皆お前の差金《さしがね》だ。……(14)」

悪魔《サタン》の誘惑は、イエスを裏切る新約正典のユダばかりではなく、アダムとエバをはじめとした旧約の時代からどこにも存在し跳梁するのである。

『使徒ユダ・トマスの行伝』（『新約聖書外典』、荒井献訳）の「ユダの第三行伝――黒い蛇のこと」では、伝道でインドに入ったトマスが黒い蛇にその本性を語らせる。

「わたしは爬行動物で、爬行動物の子だ。わたしは害獣で、害獣の子である。わたしは、（全）被造物を支配する権力を与えられた者の子だ。（中略）わたしは、エバと語り彼女によってアダムを誘惑し神の掟を犯させた者の縁者だ。わたしは、カインを唆《そそのか》し自分の兄弟を殺させた者だ。（中略）わたしは、ユダがわたしに服従したとき、彼をして賄賂を取らしめ、キリストを死に渡させた者である。……(15)」

「わたし」＝〈蛇〉は、人間の罪と悪によって、すべての被造物を翻弄、支配する権力をもつ者の子にして、ユダに入った悪魔の象徴であり、サタン・ユダの像《イメージ》はかぎりなく増殖しつづけるのである。

『新約聖書外典』では、「ニコデモ福音書（ピラト行伝）」（田川建三訳）は、主に「ユダヤ人の訴え」「イエスの喚問」「イエスの出生」「イエスの尋問」「イエスの死刑判決」「イエスの処刑」（ここでは省略）「イエスの復活」などからなり、「その内容は正典福音書におけるピラトの面前でのイエスの裁判の場面を膨らませ、それにイエスの復活をめぐるユダヤ教当局による尋問の場面を加えて、キリスト教を弁明かつ宣伝するものである」（大貫隆編、前掲書、三八頁）。大貫はその補遺として、ユダに関わる次のような挿入記事を加えている。

（自分の行為を後悔したユダは受け取った金を祭司長と長老たちのところへ投げ返しに行く。）それから彼は自分の家に帰り、イグサで縄を編んで、それで首をつって死のうと思った。家に戻ると、妻が座っているのが見えた。彼女は平なべを竈にかけて一羽の鶏を食べるために焼いていた。（中略）ユダが彼女に言った、「本当のことを知っておけ、俺は自分の師であったイエスを不当にも悪漢どもの手に渡してしまったのだ。ピラトはイエスを殺してしまうだろう。しかし、イエスは三日の後に復活するだろう。そうなれば、俺たちには禍が下る。[16]」

竈で焼かれている鶏は、羽をふるわせて三度鳴く。それを見たユダは、イグサの縄で首をつり、息を引き取るのである。

『イスカリオテのユダ』に収められた『ピラト行伝（ニコデモ福音書）・補遺二』には、「アリマタヤのヨセフの物語」と呼ばれる補遺があり、そこにはイスカリオテのユダに関連した部分が抜粋され掲載されている。それはイエスの逮捕の口実、銀貨三〇枚の対価、イエスへの接吻、逮捕、「カイアファ」の喚問などの記述である。『（アラビア語）イエスの幼時物語』では、サタンに襲われた幼年期のユダとイエスの挿話、『バルトロマイ福音書』では、イエスを裏切らせたユダの妻などが、『アンドレとパウロの行伝』では、以下のようなユダ像が描かれている。パウロは陰府を訪ねてユダに会い、話を聞く。ユダは後悔して金を返し、イエスに赦しを請うている。イエスは、ユダを悔い改めのために荒野へと送る。すると、ユダのもとに「破壊の主《ぬし》」（四七頁）がきて脅かすと、ユダはそれを拝んでしまう。絶望したユダが再びイエスのもとへ行くが、イエスはすでにピラトのもとに連行され、そこにはいない。そこでユダは、首を吊って死ぬ……。ユダに罪は、最後は死へと帰結するのだ。

新約聖書の外典（アポクリファ）には、サタンとともにあるユダ像のめくるめくような増殖、変容、変質の数々がイエスとの関係のなかで証言され、数限りない悪魔的表情と言行を伴って、これらの新約外典にユダの存在は生きつづけている。それは原始キリスト教と同時期に異端と論駁された「グノーシス文書」や、古代末期から中世初期（一世紀末から八世紀頃）の正統的キリスト教の「教父文書」では、どのように記されているのだろうか。

『イスカリオテのユダ』の「Ⅲグノーシス文書」では、グノーシス主義の世界観は多くは「神話（救済神話）」（四八頁）で表現され、グノーシス主義者は多様な教派に分かれ、ここでは「プトレマイオス派」と「カイン派」の二つの「神話」が取り上げられている。なかでも、プトレマイオス派の神話が有名で、二世紀後半に活躍したエイレナイオスの『異端反駁』に間接的な報告として伝わっているという。また、『ユダの福音書』によって注目を集めるようになったカイン派（旧約聖書のカインの後裔）の神話「偽テルトゥリアヌスの報告」（著者名不詳）では、次のように記されている。「彼〔ユダ〕は彼が人類にもたらしたと言われる恩恵のゆえに賞賛すべき偉大な存在なのだと言う。（中略）彼ら〔カイン派〕が言うには、ユダはキリストが真理を覆すことを望んでいることを観察したから、彼を裏切ったのである」（五五頁、補記引用者）。ユダは、人類の救いのためにキリストを裏切ったのである、と。以下、「エピファニオスの報告」「フィラストリウスの報告」がつづき、そこではユダとその裏切りを正当化する異端説が述べられている。

「Ⅳ教父文書」では、アウグスティヌス（三五四―四三〇年）がラテン教父の代表的存在とされている。『ヨハネによる福音書講解説教』では、アウグスティヌスはイエスがユダに与えた食べ物は「毒」（八三頁）ではなく、受け取ったとき「敵」（同前）が彼に入ったのであると述べ、『神の国』ではこう書いている。「実際、わたしたちがユダのしたことを嫌悪するのは当然のことである。真理〔キリスト〕も、彼が首を吊ったとき、彼は自分の犯した罪を償ったというよりも、むしろあの裏切りの罪を増し加えたのだという判断を下しておられる。なぜなら、彼は神のあわれみに絶望したため、自暴自棄となって後悔したのであって、救われるための悔い改めに余地を残さなかったからである」（赤木善光・泉治典訳、八六頁）。

「V中世の伝説」では、キリスト教文化圏の『黄金伝説』と、ユダヤ教圏の『トーレドート・イェシュ（イエスの系図）』という二つの伝説が紹介されている。次の「VI文学・心理学」では、西欧・日本の文学に描かれたユダ像、その心理学的描写が個々の作品から引用されている。それはゲーテ、モーリヤック、太宰治、遠藤周作、ワルター・イェンスなどの作家から、笠原芳光、佐藤研、井上洋治など宗教思想、聖書学、司祭の著作にもおよんでいる。新約聖書上の裏切り者ユダは、どれほどまで作家、信仰者の想像力を、内面の心理劇を喚起したことだろう。「文学・心理学」は、そのことの一端を例示している。ここで、ユダをテーマとした主な日本文学を見ていきたい。

5　日本文学のなかのユダ——遠藤、太宰、芥川

カトリックの信仰者で作家の遠藤周作には、新約学の非神話化の成果も取り入れた信仰のドラマとして、ナザレでの歴史的誕生からゴルゴタの十字架の死、三日目の復活までを描いた『イエスの生涯』（新潮社、一九七三年）がある。遠藤周作のこの「イエスの生涯」、それはどこまでも「無力なるイエス」にして、心貧しき人、泣く人、苦しむ人の「永遠の同伴者」＝「苦難の僕」（イザヤ書）としての人間イエスなのである。その弟子たちも、遠藤によるとユダばかりではなく、ペテロはじめ彼らすべてがイエスを裏切ったにもかかわらず、イエスの十字架上の死、愛の叫び、復活という「事実」によって、根本的な価値転換が起こったのだ。

夕暮時、あのエマオの二人の旅人に現れた復活のイエスは、事実としての同伴者イエスなのである。『イエスの

生涯』において、その復活のイエス（＝キリスト）と出会うこと、それは弟子たちにとって「無力なるイエス」が「力あるイエス」（＝愛の人イエス）へと変わったことを意味する。

パウロは、小アジアのエペソから書き送った、福音書成立以前の「コリント人への第一の手紙」に、次のように認めている。

わたしが最《もっと》も大事《だいじ》なこととしてあなたがたに伝《つた》えたのは、わたし自身《じしん》も受《う》けたことであった。すなわちキリストが、聖書《せいしょ》に書《か》いてあるとおり、わたしたちの罪《つみ》のために死《し》んだこと、そして葬《ほうむ》られたこと、聖書《せいしょ》に書《か》いてあるとおり、三日目《かめ》によみがえったこと、ケパに現《あらわ》れ、次《つぎ》に、十二人《にん》に現《あらわ》れたことである。そののち、五百人《にん》以上《いじょう》の兄弟《きょうだい》たちに、同時《どうじ》に現《あらわ》れた。（中略）そののち、ヤコブに現《あらわ》れ、次《つぎ》に、すべての使徒《しと》たちに現《あらわ》れ、そして最後《さいご》に、いわば、月足《つきた》らずに生《う》れたようなわたしにも、現《あらわ》れたのである。（第一五章三—八節）

『イエスの生涯』では、ヨルダン川で「洗礼者（預言者）ヨハネ」から洗礼を受け、ユダの荒野やガリラヤ湖畔で弱者、病者などの同伴者として生き、「幸いなるかな　心貧しき人　天国は彼等のものなればなり／幸いなるかな　泣く人　彼等は慰めらるべければなり」（「新潮現代文学」四一『遠藤周作』、一七一頁）と弟子たちとともに布教し、エルサレム入城からの受難物語を生きる、愛の人・無力の人イエスを描いている。同時に、遠藤周作はユダの裏切り以後、十字架の死まで、師イエスを見捨てたペテロたち弟子は「はっきり言えば、ユダと同様に裏切ったのである」（三五二頁）といい、こう推測する。——弟子たちは、今後イエスとは関係しないという約束を大祭司で衆議会議長のカヤパと交わすことで逮捕を免れたのではなかったか、と。その罪が死へと帰着したユダについては、ユダの醜い死体を想い浮かべ、次のように述べている。「ユダもまたイエスによって救われたろうか。私はそう思う。なぜなら、ユダはイエスと自分の相似関係を感ずることで、イエスを信じたからである。イエスは彼の苦しみを知っておられた。自分を裏切った者にも自分の死で愛を注がれた……」（傍点引用者）[17]。イスカリオテのユダは、イエスによって救われているのである。

内村鑑三の無教会信仰にひかれた作家・太宰治[18]には、イスカリオテのユダを口述筆記で作品化した『駆込み訴え』（『中央公論』一九四〇年二月号）という短篇がある。太宰が描くユダは、イエスへの愛と憎しみに分裂した、哀しい一人の弟子である。それはまた、自己嫌悪と自己承認、愛憎に揺れる、「人間失格」を意識する太宰治でもあった。ユダは、一片の美しきもの、聖なるものを媒介に、だれとでも重なり合い増殖する――。

『駆込み訴え』の「私」は、「旦那さま」に訴える。「申しあげます。申しあげます。旦那さま。あの人は、ひどい。ひどい。はい。厭《いや》な奴です。悪い人です。ああ。我慢ならない。生かしておけねえ」（『日本文学全集』第七〇巻『太宰治』、三一三頁、以下同じ）。息せき切ってこういうと、「あの人」（＝イエス）は「世の中の仇《あだ》」で、「私の師」「主」で、「私」が二月《ふたつき》遅い同い年の三四歳、「居所《いどころ》」を知っているので案内するから殺してくださいとつづける。さらに、「貧しい商人」の「私」がいなかったら、「あの人」はペテロや、ヤコブ、アンデレ、トマスなど「無能でとんまの弟子」たちとともに、「どこかの野原でのたれ死《じに》していたに違いない」と。だが、「私」は心の奥底では「あの人」を、ユダはイエスをだれよりも愛している。「私はあの人の美しさを、純粋に愛している」（三一六頁、傍点引用者）。そのユダは、ドストエフスキー文学のニヒリストの系譜に連なる登場人物のように、ふとこう漏らす。「悪魔に魅《み》こまれたのかもしれませぬ」（三一八頁）と。怖るべき悪魔は、純粋なるものを餌食《えじき》にして人の魂深くに入り、跳梁するのだ。

ここでは、「私」は新約聖書の出来事を取り上げながら、自分の心情とイエスへの愛憎を繰り返し訴える。三百デナリの香油をイエスの頭に注いだ女のこと、受難に向かうエルサレム入城、神殿の境内での商売人の追放、最後の晩餐の前に弟子たちの足を洗い清めたことなど……。順番で「私」の足も静かに洗い、腰の手巾で拭ってくれた師イエスに、「私」はこう想う。「そうだ、私はあのとき、天国を見たのかもしれない」（三二二頁、傍点引用者）。

一方、「私」の心の内は変化する。「ええっ、だめだ。私は、だめだ。あの人に、心の底から、きらわれている。売ろう。売ろう。あの人を殺そう。そうして私もともに死ぬのだ、と前からの決意にふたたび目覚め、私はいまは完全に、復讐の鬼になりました」（三二三頁）。最後の晩餐では、イエスはいう。「おまえたちのうちの、一人が、私を売る」（三二三―三二四頁）、その人は生まれてこない方がよかったのだ、と。

旦那さま、あいつは私に、おまえのなすことを速《すみや》かになせと言いました。私はすぐに料亭から走りでて、夕闇の道をひた走りに走り、ただいまここに参りました。そうして急ぎ、このとおり訴え申しあげました。さあ、あの人を罰してください。[19]

『駆込み訴え』の「私」の直訴は、こう結ばれている。「はい、はい。申しおくれました。私の名は、商人のユダ。へっへ。イスカリオテのユダ」（三二五頁）。ここにも、ユダの文学的ヴァリエーションがある。

また、太宰治には旧約聖書のイサクの献供を扱った『父』（筑摩書房版『太宰治全集』第九巻）という短篇がある。この作品は、「創世記」の章句が冒頭に置かれ、以下のような一行からはじまっている。「イサク、父《ちち》アブラハムに語《かた》りて、／父《ちち》よ、と曰《い》ふ。／彼《かれ》、答《こた》えて、／子《こ》よ、われ此《ここ》にあり、／といひへれば、」（第二二章七節）。「義のために、わが子を犠牲にするといふ事は人類がはじまつて、すぐにその直後に起つた」（五七頁）と。エホバは、信仰の祖アブラハムを試して、愛する一人子のイサクを山の頂きに連れていき、燔祭として献げよ、と命ずる。山の麓で、イサクを驢馬から降ろし、燔祭の薪を背負わせ、アブラハムは手に火と刀を持ち二人は山を登っていく。イサクは、「父《ちち》よ」と呼びかけ、いけにえの子羊はどこに、と問う。神みずから子羊を備えてくださる、と父は答える。山の頂上で父は壇を築き、薪を並べ、子イサクを縛り、薪の上に置く。父は、子を殺そうとすると、天からアブラハムよ、アブラハムよというエホバの使者の声が聞こえ、神はアブラハムの信仰を知る。すると、一匹の雄羊が現われ、アブラハムはイサクではなく、それをいけにえとして献げるのである。

短編『父』は、アブラハムとは対照的に、全収入を浪費し、妻子を苦しめずにはいられない自堕落な作家の「父」が主人公である。彼は自らを省みる。――妻子との「爐邊の幸福」（六一頁）、それがどうして自分にはできないのか。物書きの収入は、子どもの着物、靴、玩具などを買わずに、一夜で紙屑のように使ってしまう。『父』は、こう終わっている。「その義とは、義とは、ああやりきれない男性の、哀しい弱點に似ている」（六九頁）。「義」とは、彼を堕落へと誘う弱点に似通っているのである。ここにも、『駆込み訴え』のユダの影を纏《まと》う「私」がいる。悪魔がもっとも好むのは、ドストエフスキー『地下生活者の手記』の主人公に萌した「美しくして高遠なるもの」、『父』では「天国」「義」なのである。悪魔は、まさにそこから入るのだ。

『イスカリオテのユダ』の「文学・心理学」では取り上げられてはいないが、太宰治と同様に、無教会信仰のキリスト者・室賀文武[20]の影響を受けた芥川龍之介には、『西方の人』『続西方の人』という遺稿がある。「わたしはやつとこの頃になつて四人の伝記作者のわたしたちに伝へたクリストと云ふ人を愛し出した」（「1この人を見よ」、筑摩書房版『芥川龍之介全集』第五巻、一九五頁）といい、「わたしのクリスト」を記したい、と死を前にした芥川は『西方の人』の冒頭に書いている。以下、『西方の人』は福音書にそって「マリア」「聖霊」から「悪魔」「奇蹟」「ジヤアナリスト」「エホバ」、受難へ向かう「イエルサレムへ」、十字架の立つ「ゴルゴタ」「復活」、「クリストの一生」「東方の人」まで、三七の断想で成り立っている。そこには若き最晩年の芥川が見た人間イエスが、そのイエスに片鱗をとどめる「永遠に超《こ》えんとするもの」（「3精霊」、一九六頁）のきらめきがある。

『西方の人』の「29」には、以下のような「ユダ」という断想がある。

> 後代《こうだい》はいつかユダの上にも悪の円光を輝かせてゐる。しかしユダは必《かならず》ずしも十二人の弟子《でし》たちの中でも特に悪かった訣《わけ》ではない。ペテロさへ庭鳥《にわとり》の声を挙げる前に三度《みたび》クリストを知らないと言つてゐる。（中略）後代は

クリストを「神の子」にした。それは又同時にユダ自身の中に悪魔を発見することになつたのである。しかしユダはクリストを売つた後《のち》、白楊《はくやう》の木に縊死《いし》してしまつた。(中略)ユダは誰よりも彼自身を憎んだ。(21)

芥川龍之介は、ユダ自身はだれよりも自分を憎み、「「お前のしたいことをはたすが善《よ》い。」かう云ふユダに対するクリストの言葉は軽蔑と憐憫《れんびん》とに溢《あふ》れてゐる」(二〇六頁)と記している。ここに芥川のユダ像を垣間見ることができる。『続西方の人』の最後の断想「22貧しい人たちに」は、一九二七年七月二四日未明の死の直前「昭和二年七月二十三日」と日付が付され、こう結ばれている。「——我々はエマヲの旅びとたちのやうに我々の心を燃え上《あが》らせるクリストを求めずにはゐられないであらう」(二一八頁)。芥川は、夕方に並んで歩く復活のイエスに気づかないエマオの旅人の一人であった。二四日午前二時、雨、彼の死の枕許には、一冊の聖書が置かれていた。それはエマオの旅人の箇所が開かれていたのではなかったか。罪人ユダも、そんなエマオの旅人の一人ではなかっただろうか。

それにしてもイスカリオテのユダの存在と、ユダとイエスをめぐる罪と愛の物語は、新約以後二〇〇〇年の歴史や文学のなかで、一人一人のなかに入る悪魔とともに、何と多様な陰影をもって繰り返し描かれてきたことか。そんなユダ証言とは、信仰を映す鏡なのだ。罪は、なぜ、愛のもっとも近くに胚胎するのか、あるいは、ユダはイエスの救いのうちにあるのか、という問いとともに……。

内村鑑三は、「イエスに好く肖《に》た人」(前掲「イスカリオテのユダ」)と呼んだユダを、どのように解釈したのであろうか。

6　内村鑑三のユダ講解——罪と救い

内村鑑三は、エルサレム入城から十字架までのイエスの受難週を講解した「十字架の道」の最後の第三〇回「罪の赦しと福音」に、キリスト伝研究の目的は、人類の罪と「私の罪の赦されんが為であつた」（『内村鑑三全集』第二九巻、二一七頁）といい、こう記している。「罪の赦しの無い所に基督教は無い」（同前、傍点引用者）と。内村は、ユダの罪の審きとともに、ユダを救済のうちに置いたのではなかったか。まさに、人類の罪と罪人である「私」の罪の赦しなきところには、キリスト教も、福音、信仰、再臨の希望もないのだ。

『聖書之研究』二八五号（一九二四年四月、『内村鑑三全集』第二八巻）には、四福音書のユダ記述を論じた「イスカリオテのユダ」（『十字架の道』の附録では、「ユダ対イエス」に解題）と「イエス対ユダ」いう文章がある。内村のユダとイエス、イエスとユダの関係と、ユダの裏切り、その罪に関する解釈は、以下の通りである。

「ユダ対イエス」（ユダから見たイエス）では、ガリラヤ人ではなく唯一ユダヤ人のユダは、イエスに愛されて弟子となるが、イエスを「絶大の政治家又愛国者又改革者として見た」（二〇三頁）ことにより失望する。「ユダは愛国者であつて、人類の友であり、イスラエルの復興に由て世界の平和統一を期した者であつたと思ふ」（二〇五頁）。そのユダの罪は、「彼が余りに強く自己を信ずる事に在つた」（二〇六頁）。そのユダの最後は、「ユダはイエスより直《ただち》に教を受けて終にコンボルシヨン（心の改造）の経験を有《も》たずして終つたのである。彼は信仰的流産の悲しむべき実例である」（二〇七頁）と解釈する。

一方、「イエス対ユダ」（イエスから見たユダ）においては、ユダを退けることは易かったが、「悔改は自分より起らねばならぬ」（二一〇頁）との信仰ゆえに、「イエスは終りまでユダを忍びて彼が神の独子《ひとりご》たるの途を完《まっと》うし給うたのである」（二一一頁）。また、ユダを憎むべきか憐れむべきかと問い、こういう。どちらとも「我は知らずと雖も、但《た》だ彼を憎んではならない。イエスは終りまで彼を愛し給うた」（二一二頁）。さらに、ユダの生涯で一つ憎むべきこととして、ユダの「最後の所置」（同前）において、自分の非を悟り祭司長、長老のもとに銀貨三〇枚を返し、自ら死を決することで、救済への最後の機会を失ったのであるといい、以下のように解釈している。

> 彼は此時祭司の所に往かずして、髑髏山上のイエスの十字架の下に走るべきであつた。そして彼に彼の罪の赦《ゆる》しを乞《こ》うべきであつた。其時イエスは如何ばかり喜び給うたであらう。彼は勿論直に彼を赦し給うたであらう。そしてユダの悔改を此世の最後の喜びとして彼の気息《いき》を引取り給うたであらう。そしてユダは悔改めて赦されし罪人の模範として再び十二使徒の仲間に入り、多分パウロの働きに異ならざる働きを為したであらう。（中略）悔改は傲慢の正反対である。ユダは傲慢の為に最後まで悔改め得なかったのである。（傍点引用者）[22]

ここにでは、ユダの罪への審判も、ユダ自身が救済のうちにあるかどうかも明らかには語られてはいない。ただ、ユダの悔い改めの、救済の希望が示されているのだ。

「十字架の道」第二一回「最後の晩餐」（『内村鑑三全集』第二九巻）で、内村はユダとイエスの罪と赦しの関係は、「たしかに矛盾である。然し愛の矛盾であつて、最も尊き矛盾である」（一七七頁）と書いている。だが、ユダは離反・裏切りによって、「彼は自己を欺き、友を偽はり、冷血的に彼の師を其敵に売つたのである」（一八四頁）。内村は、こうつづける。「キリストに接したことの無い者はユダの如《ごと》くに堕落しない。世に最悪最醜の者は堕落信者である。ユダは堕落信者の最も好《よ》き模型《タイプ》である。今日と雖《いえど》もイエスキリストを最も激烈に悪む者は日本の如き非基督教国に於て在らずして、英国米国の如き基督教国に於て在る。基督教国に於て、殊《こと》に基督教会に於て、夥多《あまた》のユダは偽はりの接吻を以つてキリストを其敵に売りつつある」（一八四―一八五頁）。

まさに、罪は愛のもっとも近くにある。内村のユダ講解は、罪と救いの愛の矛盾という、この怖るべき信仰の根本問題にいきつくのである。「極悪の人」＝「堕落信者」として死んだイスカリオテのユダは、永遠に審きの闇の底に葬られたままであろうか。救いのそとに置き去りにされつづけるのか。また、再臨とユダの関係とは、万人救済論とは……。キリストの「再臨は審判の時ではなく赦免の時であるであらう」（一四三頁、傍点引用者）とは、どのような意味だろうか。内村は、ユダの悔い改めによる救いの希望に信仰の力点・光点を置いていたのである。

内村鑑三の愛弟子である塚本虎二は、『イエス伝研究』「Ⅶ受難」（『塚本虎二著作集』第七巻）において、「イエスはユダに対して最後の愛の努力をされたのではあるまいか」（六二頁）、だが「氷のように冷たいユダの心はついに解けなかった」（同前）といい、次のように講じている。「ユダは悪魔の手先となって神の子を十字架につけたのである。わたし達はイエスとユダに神とサタンとの対立を見る」（六三頁）と。

塚本は、第一九一講「捕縛――ユダの接吻」の「付　ヘタイレ　エプ　ホ　パライ」の最後を、以下のように結んでいる。

ああ、ユダよ、ユダよ！　何故《なぜ》君は心を翻さなかったか。私は君に石を抛《ほう》りつける資格を有《も》たない。私もまた幾度か主に対して、君と同じ態度を取るからである。しかし何故君は、主の足下に伏して詫びなかったか。まだ遅くはなかったのである。否、いつまでも遅くはないのである。主はそれを君に促し求められたのである。（中略）君がこれをせずして、ついに自ら縊《くびく》ったことにおいて、君の罪は極まった。

しかし、ユダよ、友よ、まだ遅くはないであろう。主は今日もなお、君の帰還を待っておられるであろう。

ヘタイレ　エプ　ホ　パライ！　私には他人事《ひとごと》とは思えない。[23]

塚本虎二のユダ解釈は、「十字架の道」（『内村鑑三全集』第二九巻）の第二一回「最後の晩餐」における師内村鑑三の「噫《〔ああ〕》ユダよ、汝悔改めよ、今！　今！」（一七七頁、傍点引用者）と何と近いことか。ここに内村のユダ講解の、罪と救いの希望がある。だが、罪人が織りなすパウロの「ロマ書」の罪の目録《カタログ》のようなこの「地上の国」には、悔い改めなき罪と悪が、戦争と暴力が、裏切りと欺瞞が、嫉妬と詭計が満ち溢れている。――それでも「神の国」に裏づけられない「地上の国」はない。

内村鑑三は、第一次世界大戦勃発の翌年、「如何にして救はる丶乎」という無署名の短文に、次のように書いている。

自分で救はれんと欲して救はる丶のではない、努力奮闘して道徳的に完全なる者と成りて救はる丶のではない、既に救はれたる者である事を自覚して救はる丶のである[24]

それは万人に（すでに）あたえられた、神による罪と絶望からの回心《コンヴァージョン》＝悔い改め《メタノイア》の実験的希望、救済、信仰である。ユダもそのうちに含みつつ――。

次に、「神の国と地上の国」を「インマヌエルと再臨」の問題として、一八世紀フランスのヴォルテールの神の創造による世界の「最善説」を問う『カンディード』から、一九世紀から二〇世紀にかけて再臨信仰に立った、カール・バルトにも影響をあたえたドイツのブルームハルト父子、滝沢克己のインマヌエルの神学、内村鑑三の信仰詩の宇宙、日本近代の日清・日露の国家戦争と非戦論、戦争絶対廃止論と再臨信仰など、第二部のユダとイエスの罪と愛をめぐる物語を経て、人の罪と救い、楽園の喪失と回復について第三部で考察していきたい[25]。

第三部　神の国と地上の国――インマヌエルと再臨

基督再臨は単《たゞ》に基督信者に関はる問題ではない、世界万民に関はる問題である（中略）戦争絶対的廃止に関はる問題である、更に進んで人生のすべての悲哀、すべての苦痛、然り死其物の廃止に関はる問題である（「万民に関《かゝ》はる大なる福音」）

1　地上の国と最善説――ヴォルテール『カンディード』

人は、どこまでも、一回性の生涯をこの地上の国で生きる。同時に、神の国に裏づけられない地上の国はない。そこには再臨のキリストが臨りつつある（the Lord is Coming !）。ここに内村鑑三のキリスト教思想の本質がある。内村鑑三は、宗教、現世、非戦論の各篇からなる『宗教と現世』（警醒社書店、一九一四年）の「自序」（五月二六日付）に、以下のように記している。

宗教《しうけう》は此世《このよ》の事《こと》ではない、彼世《かのよ》の事《こと》である、肉《にく》の事《こと》ではない、霊《れい》の事《こと》である、人《ひと》の事《こと》ではない、神《かみ》の事《こと》である（中略）然《しか》れども此世《このよ》に何《なん》の負《お》ふ所《ところ》なく、又此世《またこのよ》より何《なん》の求《もと》むる所《ところ》なき宗教《しうけう》は此世《このよ》と何《なん》の関係《くわんけい》もない者《もの》ではない、宗教《しうけう》は此世《このよ》に拠《よつ》て立《た》つ者《もの》ではないが、然《しか》し此世《このよ》は宗教《しうけう》に依《よ》らずしては立《た》つことの可能《でき》る者《もの》でない（中略）宗教《しうけう》と現世《げんせ》と非戦《ひせん》、非戦《ひせん》は宗教《しうけう》の真偽《しんぎ》を試《た》めす為《ため》の唯一《ゆゐいつ》の試金石《しきんせき》である、戦争《せんさう》の廃止《はいし》を迫《せま》らざる宗教《しうけう》はすべて

虚偽《いつわり》の宗教《しうけう》である、真正《まこと》の宗教《しうけう》が此世《このよ》に臨《のぞ》んで非戦《ひせん》は其必然《そのひつぜん》の結果《けつくわ》である、……(1)

宗教は、この世において、非戦論として顕われるのである。戦争と非戦、それは神の国と地上の国の関係のもっとも傑出した、矛盾的問題である。地上の国は、どれほどの悪と罪が満ち溢れようと、そこには神の国の調和が蔽っているのだろうか。「すべては最善である」――それを諷刺とともに描きだした一八世紀フランスの啓蒙思想家・詩人のヴォルテール（一六九四―一七七八年）がいる。彼には懐疑的相対主義の立場から、一七五九年六五歳のときに、絶対王政のアンシャンレジームを時代背景にした『カンディード　あるは最善説』（Candide ou l'Optimisme）という作品がある。それは楽園喪失の物語でもある。

主人公の青年カンディード（純真の意）は、ドイツのウェストファリア地方の美しい城のなかで成長し、家庭教師パングロスの形而上学、神学、宇宙論を合わせもった世界の「大哲学」で教育される。パングロスの哲学の核心は、神の創造による世界は「必然的にすべては最善の目的のために存在する」（九頁）という思想である。カンディードは、城のなかで一七歳の美しいクネゴンデ姫に恋をし、クネゴンデもカンディードに惹かれるが、姫の父親のツンダー・テン・トロンク男爵はそれを許さず、カンディードを城から追いだすのである。「地上の楽園から追放されたカンディードは、涙目で空を見上げ、この世でもっとも美しい城、この世でもっとも美しい姫が閉じこめられているあの城の方角を何度もふりかえり、行くあてもないままひたすら歩きつづけた」（一一頁）。まさに、楽園追放である。

そのカンディードは、ブルガリア人の国では足に鎖をつけて連隊に引っ張られ、棒叩きの刑を受けるが、ブルガリア王の恩赦を得る。今度は、ブルガリア軍を脱走し、戦争による死者の山を踏み越えて焼きはらわれたアバリア人の村に着く。ここには銃弾を浴びた老人、死んだ母親の血まみれの乳を吸う赤ちゃん、凌辱され腹を裂かれた若い娘たちがいる。急いでブルガリア人の村へ逃げると、そこはアバリア人によって同じ目に遭っていた。カンディードは、ひたすらクネゴンデ姫を想った。

カンディードは、あるとき恩師で乞食となったパングロスと再会する。彼は落ちぶれて化物のようになり、性病を患っている。クネゴンデ姫の消息は、城に押し入ったブルガリア兵によって強姦され腹を切り裂かれたという。それでもパングロスは、コロンブスを例にあげ、性病さえも「この世界が最善の世界であるために不可欠のもの、必須の要素だった」（二六頁）という。

次に、カンディードとパングロスは、大嵐、難破、一七五五年一一月一日の歴史的リスボン大地震に遭遇する。カンディードは、「これが世界の終末だ」（三二頁）と叫ぶ。リスボン大地震は、都市の四分の三を破壊、何万人もの死者をだしたのである。大地震を鎮めるために、派手な火刑が行われ、パングロスとカンディードは捕縛されるが、カンディードはポルトガルで生きていたクネゴンデ姫と再会する。クネゴンデ姫はブルガリア兵の隊長に捕虜として助けられ、弄ばれたあとユダヤ人に売り渡されたのである。クネゴンデ姫は、こういう。「――どうしてこんなことになるの。あの愛すべきカンディードと賢人のパングロス先生が、なぜかリスボンにいる。宗教裁判長の命令で、ひとりは百叩きの刑にあい、もうひとりは絞首刑。そして、私はその宗教裁判長の愛人。パングロス先生は、私にひどい嘘を教えたのね。この世界ではすべてが最善だ、なんて」（四九頁、傍点引用者）。

以後、カンディードは再びクネゴンデ姫と別れ、パラグアイのイエズス会で歓迎され、南米の旧オランダ領スリナムへ旅をし、クネゴンデ姫はある総督の愛人となる。さらに、カンディードはボルドー行きの船に乗り、パリへと、クネゴンデ姫との再会を目的に旅をつづける。彼は、呻く。――ああ、パングロス、愛するクネゴンデ、いったいこの世界は何なんだ、と。カンディードは、コンスタンチノープルへと向かう。彼は、クネゴンデがプロポンティス海の岸辺で皿洗いをしていることを知る。カンディードは、徒刑囚が漕ぐガレー船で、奇跡的に生き延びて囚人となった哲学者パングロスと再会し上陸すると、クネゴンデ姫の姿がそこにあった。彼女は日焼けし、目は充血、豊かな胸は萎み、顔は皺だらけ、腕はうろこが剝がれたようにざらざらで赤くなっていた……。

物語は、以下のような結末となる。

さて、カンディードは幾多の災難にあいながら、最後には、恋人と結婚し、哲学者パングロス、哲人マルチン、切れ者カカンボ、そしてあの婆やといっしょに暮しているし、おまけに古代インカ族の土地から持ち帰ったダイヤモンドがたくさんある。であれば、カンディードはこの世でもっとも快適な暮らしを送っているはずだ。と、そのように想像するのはきわめて自然である。ところが、じっさいはどうか。財産はユダヤ人たちにたびたび盗まれ、カンディードに残っているのは小さな農地だけ。かれの妻は日ごとにますます醜くなり、いつもガミガミうるさく、耐えがたいほどになった。（中略）パングロスは、ドイツのどこかの大学で輝かしく活躍することも望めず、暗い気持ちでいた。マルチンはというと、かれは、人間なんてどこにいようとみんなそれぞれに不幸なのだ、と固く信じていたので、どんなことにも我慢ができた。カンディードとマルチンとパングロスは、ときおり哲学や道徳を論じあった[2]。

だが、イスラム教国トルコでも、これまで最悪の不幸の数々を被ってきたパングロスは、「すべては最善である」との説を唱えつづけながら、「そのじつ、少しも信じてはいなかった」（二二一―二二二頁、傍点引用者）のだ。最後に、パングロスとカンディードは、ある老農夫と出会う。彼は、こういう。――私はただ、自分の畑の果物をコンスタンチノープルへ売りに行く、「それだけで満足なんです」（二二五頁）と。ヴォルテールは、この『カンディード』で、神の創造による世界＝地上の国の最善説を痛烈に諷刺したのである。

ドストエフスキーは、信仰と懐疑の坩堝《るつぼ》である『カラマーゾフの兄弟』において、心美しい信仰者アリョーシャに、悪魔による自己懐疑の果てに破滅する、人間の自由をめぐる詩劇「大審問官」の作者イヴァンを対置し、淫蕩な父の前で二人は神の存在について論じ合う場面を描いた。イヴァンは、ぎりぎりのところ神を認めたとしても

「神の世界」は断じて承認できないと告げる。その理由は、虐げられた罪なき子どもが流す、永久に贖われることのない涙による、と。イヴァンは、神の国も、調和も、人間への愛ゆえに、この世界の苦しみ、悲しみを容認できないのだ。ヴォルテールの知性は、ニヒリストのイヴァン・カラマーゾフと何と近いことか（第一部、6、参照）。
『カンディード　あるは最善説』には、ヴォルテールの長詩「リスボン大震災に寄せる詩――あるいは「すべては善である」という公理の検討［一七五六年］」が収められている。詩は、次のようにはじまっている。

おお、不幸な人間たち、おお、呪われた地球
おお、死すべき者たちの恐ろしい群
永遠に味わわされる無用な苦しみ
「すべては善である」と唱える歪んだ哲学者よ
来い、すさまじい破壊のようすをよーく見るがいい
その残骸、その瓦礫、その灰を見よ
地面には、女たち、子どもたちの死体が重なる（中略）
死にゆく者の言葉にならない叫びを聞いて
あるいは、焼けた体からのぼる煙を見て
哲学者は「こうなるのが永遠の法則だ」とか
「法則は善なる神をも縛る」などと答えるのか
哲学者は、山をなす犠牲者を見て
「天罰だ、自分が犯した罪の報いだ」と答えるのか
圧死した母親の血だらけの乳房にすがりつく赤子は

この世でどんな罪、どんな過ちを犯したというのだ
壊滅したリスボンは、歓楽の都市パリやロンドンよりも
悪徳にまみれていたのか
リスボンは海に飲みこまれ、パリはひとびとが踊る(3)

リスボン大地震で、大地が裂け、人々は嘆き、泣き叫び、そこには死者、廃墟、地獄の風景が広がっている。「みんな苦しむために生まれ、生きるために殺しあう／あなたはこの悲惨な混沌を眺めて／個体の不幸の集積が全体の幸福をつくる、と言う／何という幸福、ああ、はかなくて、みじめな幸福／あなたは震え声で「すべては善である」と叫ぶ／宇宙があなたの言葉を否定し、あなた自身の心が／百回もあなたの知性の誤りを明らかにする……」（二四〇頁）。ヴォルテールは、こうつづける。――最高に整っているこの世界で、無秩序、混沌に蔽われ、罪なき者まで、どうして苦しまなければならないのか、私とは何であり、どこから来て、どこへ行くのか。運命に弄ばれ、死に飲み込まれる、すべてが善であるは幻想だ、と。また、人間の本性を「善」とし、堕落は社会の「罪」とする同時代の思想家ルソー（一七一二―一七七八年）は、ヴォルテールのこの詩への違和感を霊魂の不滅を信じる立場から、長文の「ヴォルテール氏への手紙」（『ルソー全集』第五巻）にしたためている。(4)

リスボン大地震、戦争、盗賊の襲撃、絞首刑、愛人として人身売買、旧約のヨブのような不幸の数々がつづく運命を生きたカンディード、パングロス、クネゴンデ、無数の戦争の死者――それでも、この世界は、地上の国は、「最善説」とともにあるのだろうか。地上の国は、そのまま神の国なのか。ヴォルテールの『カンディード』からすでに二六〇年を超える歴史が流れ、その間戦争と革命の世紀二〇世紀、二つの世界大戦、アウシュヴィッツ、ヒロシマ・ナガサキを経て、無数の無辜（＝受難）の死者とその涙を闇に葬ったまま、二一世紀という新たな戦争の世紀を迎えているのだ。

第二次世界大戦の独ソ戦を前線で戦った、ウクライナも含むソ連の女性（多くの少女を含む）兵士たちの「小さな声」＝「ユートピアの声」の文学がある。それは二〇一五年にノーベル文学賞を受賞した、ウクライナで生れベラルーシで育ったスヴェトラーナ・アレクシエーヴィチの『戦争は女の顔をしていない』（三浦みどり訳、岩波現代文庫、二〇一六年）である。そこには「大祖国戦争」と呼ばれた一九四一年から四五年の独ソ戦で、前線行きを希望した女性たちの「小さな声」が渦巻き響いている。

彼女たちは、前線のファシストとの戦闘地域を志願し、爆弾、銃弾によって飛び散る血、腕、脚、身体の片々、狂気の白兵戦、塹壕、戦車、地雷など、死と隣り合わせの日々を、その戦争のただなかを生きる。人は次々と死に、血と涙の海のなかでも、ときに花が咲き、風が吹き、空が覗き、恋も、キスもある。作家は、いう。戦争のなかで、人が生きるとは、死ぬとは何か、その真実の「声」を聞き書かなければならない、と。その声の渦は、以下のようになる。

狙撃兵。初めて塹壕から身を乗り出したドイツ兵を撃つ。前線から戻ったとき二一歳、すっかり白髪だった。／パルチザン。夫とパルチザンに入って戦っていたとき、沼地で干し草の山の上で産んだの。／軍曹（運転手）。春、射撃訓練が終わって戻るとき、スミレの花を摘んで銃剣につけて歩いた。戦闘が終わると、すぐに殺された人を拾い集めるんです。／衛生指導員。生まれ育ったのはウクライナのオデーサの近く、軍服はいつも血みどろ、戦火を潜って四八一人もの負傷者を救い出したわ。／狙撃手。戦争で一番怖ろしかったのは男物のパンツをはいていることよ。／戦車大隊衛生指導員。二〇歳の兵士が私にいう。夜中に殺されるかもしれない、女《バーバ》も愛するってことも知らないまま。／高射砲兵。長い行軍、柔らかい草を探してあれを拭きとるんです。脚が緑色になった。／軍医。戦闘前、朝、大地が、空気も、太陽も美しいの。／地下活動家。ゲシュタポによる尋問、拷問。ああ生きていたい。監房の穴のような小さな窓を傷ついた仲間たちが交互に身体を持ち上げて、外の自由の世界を見る。一人が叫ぶ。ねえ、お花が、タンポポが咲いている！／白樺が白かった。おかしいわね。／いくつなの？　一六歳よ。／戦争中背が伸びたわ。／二時間で白髪になったわ。／キスしてくれ。私は身体をかがめてキスしてあげる。その人は死んだの。／私を救ってくれたのは恋です。／戦争が終わって愛も終わり……。(5)

アレクシエーヴィチは、自分の声として、こう書いている。「道はただ一つ。人間を愛すること。愛をもって理解しようとすること」（二二四頁）。だが、ここに「最善説」があるのだろうか。この歴史と現実の地上の国を見るとき、人は原初《はじめ》の楽園エデンの園のように、神の呼び声を聞くであろう。その声に、言《ことば》に、どのように応答したらいいのか。(6)

2　あなたはどこにいるのか――神の呼び声と応答

カンディードやパングロス、クネゴンデに限らず、人はある時代と社会に、まぎれもなくこの地上の国に生まれ、生き、死する。その固有な人生において、アダムとエバのように、ときに神が呼びかける声を聞く――。

彼《かれ》らは、日《ひ》の涼《すず》しい風《かぜ》の吹《ふ》くころ、園《その》の中《なか》に主《しゅ》なる神《かみ》の歩《あゆ》まれる音《おと》を聞《き》いた。そこで、人《ひと》とその妻《つま》とは主《しゅ》なる神《かみ》の顔《かお》を避《さ》けて、園《その》の木《き》の間《あいだ》に身《み》を隠《かく》した。主《しゅ》なる神《かみ》は人《ひと》に呼《よ》びかけて言《い》われた、「あなたはどこにいるのか」。

（「創世記」第三章八―九節、傍点引用者）

だが、人はその神の呼び声に耳を塞《ふさ》ぎ、神の顔を避ける。それでも、そんな堕罪による楽園喪失《パラダイス・ロスト》から、ヴォルテール『カンディード』で諷刺されたこの地上の国において、人は神の言《ことば》による楽園回復《パラダイス・リゲインド》へと至ることができるのである。キリスト教受容とは、そのような「回心《コンヴァージョン》」を通して、存在の根源的救済、信仰の原福音に、内村鑑三のいう「実験的」に出会うことである。

神学者・滝沢克己は、人間の実在点にある全人生の支点を神学者カール・バルトに倣《なら》い、「インマヌエル」（神われらとともにあり、Gott mit uns）の原事実（der Urpunkt Immanuel）と呼び、生涯においてそれを証《あかし》した。その過程は、西田哲学からバルト神学へ、芥川、漱石、ドストエフスキーなどの文学へ、マルクス、仏教とキリスト教、聖書講解と神学、日本文化の問題、最晩年は晴明教の教義、純粋神人学までの広がりをもちつつ、生涯にわたり闇に覆われる人間の存在宇宙の光学《オプティックス》を精緻に顕わしたのである。「インマヌエルの神学」――それが滝沢克己のキリスト教受容の固有性なのである。それこそは唯一実在する、過去からあり、現在、未来にもある、人間と宇宙の原希望である。そのインマヌエルの神学は、これまで論じられてこなかったが、内村鑑三の万人救済論とも通じ合うのではないだろうか（第一部、注（16）、参照）。

滝沢克己の自由の原点・インマヌエルと、内村鑑三の万人救済論・キリスト再臨を重ね合わせるとき、そこに死の影に蔽われた地上の国を生きる希望と信仰がある。それはまた、「あなたはどこにいるのか」という神の呼び声への人間的な応答でもある。滝沢は、『あなたはどこにいるのか――実人生の基盤と宗教』（三一書房、一九八三年）の第一部「何を支えとして生きるか」のなかに、次のように記している。

> 永遠の生命＝創造の主なる神の原決定を受けている、その絶対に不可分・不可同・不可逆的な原関係＝原決定の必然的な結果としておのずから、この私と他の諸物諸人とのあいだの関係が、能動と受動、実践と認識、物質的生産と精神的創造、感覚と思考、記憶と想像等々、さまざまな極を成し形を取って生起する。(7)

人は、いかなる現実と精神の闇のなかに望みなく佇《たたず》もうと、またサタンの誘惑、脅威に晒されようとも、あなたはどこにいるのかという神の審判と救済の愛の声の外にでることも、神・人の原関係を離れることもできない。また、その問いへの実存として、「一表現点」として生きることが、人間の現実の生そのものに恵まれた人間的自由でもある。それが河の流れや植物の成長のように、時々刻々、瞬間々々と時代と社会、実存を形づくっていくのであろう。一キリスト者として地上の国に生きるとは、そのようなことではないだろうか。

　内村鑑三は、日露戦争の直前の『万朝報』（一九〇三年六月一五日）に、「余の人生観」と題して、「言論」欄に以下全文の短い文章を掲載している。

　余《よ》の人生観《じんせいくわん》と宇宙観《うちうくわん》とは一字《じ》にて足《た》る「愛」◎是《これ》なり、星《ほし》の輝《かゞや》くも愛《あい》なり、風《かぜ》の吹《ふ》くも愛《あい》なり、海《うみ》の鳴《な》るも愛《あい》なり、生《うまれ》しも愛《あい》なり、死《し》なざるを得《え》ざるも愛《あい》なり、愛《あい》は宇宙《うちう》を造《つく》り、且之《かつこれ》を支持《しぢ》す、此愛《このあい》の宇宙《うちう》に棲息《せいそく》して余《よ》は歓喜《くわんき》極《ゝはま》りなきなり。

　余《よ》は生《せい》を愛《あい》す、此世《このよ》に在《あつ》て愛《あい》の事業《じげふ》に従事《じうじ》し得《う》ればなり、余《よ》は死《し》を懼《おそ》れず、無限《むげん》の愛《あい》の余《よ》を繞囲《ぜうゐ》するを知《し》ればなり、愛《あい》より出《いで》て愛《あい》に帰《かへ》る、生死《せいし》の別《べつ》、余《よ》に於《おい》て何《なに》かあらん。

　哲学《てつがく》は世《よ》を厭《いと》はしめ、政治《せいぢ》は生《せい》を忌《い》ましむ、惟《ひと》り愛《あい》の福音《ふくいん》のみ吾人《ごじん》に新生命《しんせいめい》を供《きよう》す、諸人何《しよじんなん》ぞ速《すみやか》に来《きたつ》て生命《せいめい》の水《みづ》を此愛《このあい》の泉源《せんげん》に於《おい》て汲取《くみと》らざる。(8)

　滝沢克己の「永遠の生」、創造主なる神の「原決定」とは、内村鑑三にとって「愛《あい》」の一字であり、それが生命の「泉源《せんげん》」なのである。宇宙の星々も、自然界の木々を揺らす風も、海鳴りも、この世に人が生まれ死するのも、インマヌエルなる愛から生まれ愛に帰する。滝沢のインマヌエルの神学と、内村の再臨信仰は、ともに神からの「あなたはどこにいるのか」という人への問い（＝言《ことば》）からはじまり、究極的な答え（＝愛）に終始するのだ。

　一九三〇年、内村がこの世を去った年、二一歳の滝沢は生への深い懐疑のなかで、偶然にも九州帝国大学の図書館で、『思想』一〇〇号記念特集号に掲載された西田幾多郎の「場所の自己限定としての意識作用」（『西田幾多郎全集』第六巻）と運命的に出会う。そこでは、西田幾多郎は意識作用を無の場所の自己限定として、絶対の非連続の連続の弁証法的運動としてとらえるとともに、自己の消滅点・絶対零点（＝絶対無の場所）として見ていたのである。論文の最後は、こう結ばれている。「哲學は我々の自己の自己矛盾の事實より始まるのである。哲學の動機は「驚き」ではなくして深い人生の悲哀でなければならない」（一一六頁）。また、最後の論文「場所的論理と宗教的世界観」（同前、第一一巻）のなかでは、「言舊されたる如く、人世は苦惱の世界である」（四二七頁）とも述べている。

地上の国を生きることの「悲哀」「苦悩」こそ、有限の人として永遠の生命に非連続的に接している、もっとも深い実存的な感覚であろう。この論文に、昭和の一五年戦争への入り口を時代背景に、若き哲学徒・滝沢克己は、その叙述の難解さのなかに、真実の何かを感じ、以後コーヘン、フッサール、ハイデッガーなどの西洋哲学を離れ、西田哲学と悪戦苦闘の日々をつづけることになる。言葉と自己の消滅点から生まれる西田哲学をたどるにつれて、孤独地獄を生きる夏目漱石『行人』の主人公・一郎のように、滝沢にとって自己矛盾の峡谷は細く、険しくなっていく。そんな存在の峡谷を歩く人たちがいる――。

大きな石を背負うごとくに冬の旅（西川徹郎『幻想詩篇　天使の悪夢九千句』「青春地獄」、八六頁）

柩に窓がある水晶の夜空がある（同前、六六頁）

まつすぐな道でさみしい（山頭火『草木塔』、『山頭火全集』第一巻、七頁）

分け入つても分け入つても青い山（同前、四頁）

あさに思ひ夕に思ひ夜におもふ思ひにおもうふわが心かな（『西田幾多郎歌集』一九三四年、四六頁）
月影のまだ消え去らぬ山のはに名の知らぬ星一つまた、く（同前、一九三五年、五〇頁）

滝沢克己は、西田哲学の奥深い山に分け入り、夜空に遠い名も知らない星を見るように、自己成立の根底を見極めつつ、二年の歳月がすぎていく。そんなある日、家の前の原っぱをぐるぐる回りながら考えているとき、突然、晦渋な西田哲学の核心にふれたのだ。――「ああ、ここだ」（傍点引用者）、と。(9) それは一九三三年二月頃、二三歳の終わりの春浅い日の出来事であった。それは滝沢における回心という、存在宇宙における第二義のインマヌエルの生起である。

一方、内村鑑三は札幌農学校で「イエスを信ずる者の契約」に署名して洗礼を受け、キリストを信じ祈ったにもかかわらず、その苦悩の渦は激しさを増し、罪と律法の桎梏の虜《とりこ》と化し、一八八四年一一月六日、心の奥に「真空」をかかえて、アメリカに向けて出航する。フィラデルフィア、エルウィン、アマストと流竄《るざん》のような生活のなかで、後に「霊魂の父」というアマスト大学のシーリー総長と出会い、贖罪の回心を体験する。それはキリスト者・内村鑑三の信仰的生涯を決定づける霊的回心であり、以後、彼の目の前には、贖罪の「十字架」が立ち、「イエス・キリスト」を仰ぎ瞻《み》ることへとつながっていく。それは『余はいかにしてキリスト信徒となりしか』によると、滝沢の回心とほぼ同年齢の二四歳の終わりの一八八六年三月八日のことであった。

ここに明治中期と昭和初期、日本近代一五〇年のなかの二つの回心のドラマがある。ここから滝沢克己はバルト神学へ、聖書・教会の外における神認識の可能性の問題を経て、インマヌエルの神学へ、内村鑑三は十字架・復活から、無教会のエクレシア『聖書之研究』とともに、イエス・キリストの再臨、再臨信仰へと、そのキリスト教受容と信仰的生涯は、それぞれの独自性とともに広がっていく。

滝沢克己と内村鑑三、二人の生きた時代は異なるが、滝沢はキリスト教の先駆者・内村鑑三をどのように見ていたのだろうか。滝沢は内村について、そのキリスト教受容と信仰、再臨と再臨信仰に立ち入っては論述していないが、晩年の『日本人の精神構造――西田哲学の示唆するもの』（三一書房、一九八二年）の「序章西洋文明と明治の日本」において、西洋文明、経済の資本主義に遭遇する日本の明治時代の「先覚たち」として、内村鑑三、夏目漱石、西田幾多郎を挙げ、以下のように述べている。――彼らは宗教、文学、哲学とそれぞれ異なる分野であっても、この三人は明治以後の代表的日本人である、しかも三人が発見したのは、「闇からの脱出点＝新しい生への出立点」（＝人間の生の共通基盤、一二三頁）である、と。

その上で、内村については、その無教会主義にもかかわらず、西洋のキリスト教のもつ一般的な囚われから十分に自由ではなかったといい、その難点を以下のように指摘している。

> かれは世にいわゆる「正統のキリスト教徒」、西洋渡来の教団主義者とはまったくその類を異にしていた。ただしかし、そのかれにおいてもまた、まったく直接・無条件にすべての人の脚下に実在するこの根底・隠れたる基準として、永遠に到る処に現在する「神人キリスト」とその「肉における」（人間的主体的な）表現として、歴史の内部に生まれて死んだかぎりの「イエス」と、――「イエス・キリスト」という名に含まれているこの両面の区別・関係・順序を、それとして十分明らかに自覚するには至らなかった。(10)

だが、滝沢は内村が最後に立ち至った聖書の再臨と内村自身の再臨信仰に、また「イエス・キリスト」のペルソナに含まれている「区別・関係・順序」の具体的な不分明さについては詳細には論述していない。

滝沢は、人間存在の根源にある神と人とのいのちの原関係の純構造（＝希望の原理）を明らかにし、内村は、再臨のイエス・キリストの救済と審判に未来社会と宇宙の完成を見たのである。そこにはプロテスタントと無教会という二人のキリスト者の同時代に生きる可能性と、「ヨハネの黙示録」（第二二章一―二節）の神と羔《こひつじ》の座を源とした生命の水の河が流れているのだ。人は、インマヌエルなる神の「あなたはどこにいるのか」という呼び声の応答の姿としてここに生きている。それが滝沢のいう「客体的主体」たる人間の自由である。それはヴォルテールの描くカンディードも、パングロスも、クネゴンデ姫の生涯も変わりはない。

内村鑑三には、明治四十年代はじめの政治の風景を見つめた「政変と草花」（『聖書之研究』一〇一号、一九〇八年八月、『内村鑑三全集』第一六巻）という、次のような短文がある。「花は咲き花は散る、夏は去り、秋は来る、内閣は斃れ、内閣は興る、政党は結ばれ、政党は解かる、天然と人生との事にして何事か不変ならん乎〔や〕、神のみ、キリストのみ、而〔しか〕して彼の永久の言辞《ことば》のみ、是れのみ永久に変らざるなり、其他はすべて庭前の草花の如し、政権然り、栄位然り、此世のすべて貴きもの、すべて権《ちから》ある者にして然らざるはなし」（一〇頁）。

旧約一二小預言書の二番目に、「ヨエル書」がある。預言者ヨエルは、その人物については明らかではなく、預言書の成立時期も、紀元前四世紀前半頃と推定されている。この預言書は、いなごの害など、終末的、黙示文学的な短い記述からなっている。ここからは、旧約の切迫する時代のなかの黙示が審判の響きとともに伝わってくる。

関根正雄『旧約聖書　十二小預言書』では、審判と終末への「予兆」は、第一章に置かれている。――長老たち、この地に住むすべての者よ、聞け、かつてこのようなことが起こったか、語り伝えよ、子に、子は次の世代に。「大いなごの食い残しを群いなごが食べ、群いなごの食い残しを幼いなごが食べ、幼いなごの食い残しを若いなごが食べた」（四節）。祭司よ、悲しめ、畑、地は荒れ果て、穀物、葡萄、オリーブ、無花果、柘榴、すべての野の木々は枯れ、火は野を焼き、川底は乾く。それは、第二章へとつづいていく。暗闇、暗雲の日がくる、荒涼とした曠野、天は揺れ動き、日は暗くなり、星は輝きを失う、だれがこれに耐えうるだろう……。

しかし今でも遅くない、とヤハウェは言われる、
心をこめてわたしに帰れ、

断食して嘆き悲しめ。
衣でなく心を裂き
君たちの神ヤハウェに帰れよ。(11)（傍点引用者）

全四章からなる「ヨエル書」(12)には、旧約の時代に黙示的神の言《ことば》の片々が響きわたっている。イエス・キリストの歴史的な贖罪と愛の「十字架」から、三日目の「復活」を経て、「ヨエル書」から約二五〇〇年後の現代も、「あなたはどこにいるのか」という神の呼び声に応えて、人間共通の基盤へと立ち戻らなければならないであろう。

次に、滝沢克己のインマヌエルと内村鑑三の再臨の問題を、「神の国」と「地上の国」との関連のなかで、ブルームハルト父子の再臨信仰とともに見つめていきたい。

3　神の国と地上の国——ブルームハルト父子と再臨

内村鑑三には、パウロによるコリント後書の章節をもとにした、一九一三年六月二九日に柏木の今井館で行なわれた講演「来世獲得の必要」（『聖書之研究』一五八号、一九一三年九月、『内村鑑三全集』第二〇巻）の大要がある。その冒頭で、内村はパウロについて、こう語る。パウロの伝道を知る人は、パウロは「剛毅《がうき》の人」（八六頁）と想像するが、コリント後書を読むと、事実は正反対で、泣き、怒り、恨む、そんな「臆病者《おくびやうもの》」「神経過敏の人」（同前）であり、死の苦痛なく「神の国」に生まれることを切望した、と。「パウロはキリストに由て来世存在と其栄光を確かめられて怯懦《きようだ》を去つて剛毅《がうき》になつたのである」（八八頁）。彼は、以下のように述べる。

水の低きに就くが如くに人は地に就く者である、而して宗教は人を地より天に向つて引上《ひきあ》ぐるために必要である、宗教にして明白に来世的ならざらんには、世に来世を示す者は他に何者も無いのである、言ふまでもなく宗教の本領は来世である、……(13)

地（＝此世）にある人に、神の国（＝来世）で生きるとはどのようなことだろう。ヨブや伝道者コーヘレスのように、懐疑の果てにあるこの問いは、宗教の「本領」と通じている。それはこの世に、地上に「神の国」を映しだすことで実現しようとする、現在終末（救済）論的な滝沢克己のインマヌエルの神学とも踵《きびす》を接していないだろうか。晩年の滝沢は、井上良雄『神の国の証人ブルームハルト父子――待ちつつ急ぎつつ』（新教出版社、一九八二年）を論じた「神の国と地上の国――井上良雄著『神の国の証人ブルームハルト父子』を読んで」(14)のなかに、次のように記している。「地の国＝人の国と絶対に不可逆的に一である天の国＝神の国は、実存の人にとって、絶対無条件に始めにすでに来ているものとして今在るもの、終りには必ず来るものである」（『純粋神人学序説――物と人と』、一三四頁）。

神の国と地上の国、それはイエスが「ヨハネの黙示録」の最後に約束した再臨と再臨信仰と密接に関わっている。滝沢は、これまで再臨、再臨信仰については、ほとんど直接に論じてはいないが、『神の国の証人ブルームハルト父子』論では、集約的にそのことについて論及している。内村は「神の国」の存在を、滝沢はインマヌエルの神人の根源的関係をもとにした、神の国と地上の国の不可分・不可同・不可逆な原関係を重点的に着目したのではないだろうか。

内村鑑三の信仰宇宙の片鱗をあらわした「天地の花なる薔薇」と題され、『聖書之研究』一五四号の誌面の余白に記された、無署名のわずか四行の詩がある。

其花に伴ふて刺《とげ》あるは

其、地の産なるの証《あかし》なり、
其刺に伴ふて花あるは
天の之に宿るの徴《しるし》なり。[15]

薔薇の鋭い刺は「地の産」を、美しき花は「天の宿り」を証《あかし》する。薔薇は、天地の「徴《しるし》」なのである。人も、一瞬一瞬、天なる「神の国」をこの「地上の国」において形づくることを求められている。また、「此世」は「来世」と不可分・不可同・不可逆な関係にあり、そこにこそ宗教の、キリスト教の、さらには再臨信仰の「本領」がある。それはヴォルテールの諷刺した予定調和的な「最善説」とは、大きく異なっている。「最善説」には、神の国の救済も、地上の国の堕罪への審判もない。また、滝沢は「神の国と地上の国」において、次のようにいう。「地上の国＝人の国」は、そもそもの太初《はじめ》から「神の国である」」（『純粋神人学序説』、一二五頁）と。まさに、愛の矛盾である。

この「神の国」と「地上の国」との関連とは、また終末の果てのイエスの（地上への）再臨《セカンド・カミング》とは、どのようなことだろうか。滝沢の再臨論、あるいはインマヌエルと再臨のキリストについて、特に内村の再臨信仰と関連しては、これまでほとんど論じられてこなかった。この問題を、ここで滝沢の『神の国の証人ブルームハルト父子』論とともに考察していきたい。信者とイエスの応答である「〈マラナ・タ〉（来たれ）―〈然り、私はすぐ来る〉[16]」という原約束とは、一体どのようなことだろうか。井上良雄によると、ブルームハルトは、こう発言していたという。「われわれの前には、『然り、われ速やかに到らん』という主の永遠の御言葉が、いつも記されている。多くの人の中で、『来たり給え』という言葉が叫ばれるなら、車輪は次第に速く廻るだろう」（井上良雄、前掲書、一九五頁）と。「神の国」の到来を、「地上の国」で「再臨」をまさに待ちつつ急ぎつつ――。

内村鑑三は、第一次世界大戦の直後、「一九一八年のクリスマス」（『聖書之研究』二二一号、一九一八年一二月、

『内村鑑三全集』第二四巻）と題して文章を、こう結んでいる。「マランアタ（主臨らん）と我等は今猶《な》ほ叫ぶ、而《しか》して我等は彼れ臨《きた》り給ふ時まで此叫びを続《つゞ》ける（哥林多《コリント》前書十六章廿二節）」（三八三頁）。

井上良雄は、「第七章神の国の進展と人間の参与」の「2待ちつつ急ぎつつ」の冒頭に、以下のように記している。「神の国が地上の国を「襲撃」し、「震撼」し、地上において進展し、それに呼び覚まされた人間が、神の国の進展に参与し、神の国の到来の不可欠の要素となり、神の国を「推進」する――ブルームハルトにおけるそのような「彼岸」と「此岸」の動的な関係を、われわれは、「待ちつつ急ぎつつ」という彼が愛した言葉によって、今一度確認することができるだろう」（一九八頁）と。「再臨」の希望的事実とは、来世（彼岸）と此世（此岸）、天と地とのインマヌエルなる、不可分・不可同・不可逆な「動的な関係」（＝信仰）として生起し、存在するのだ。

一九世紀初頭から二〇世紀初めまで、約一世紀を神の国の証人として生きた、井上良雄の信仰的評伝『神の国の証人ブルームハルト父子』に描きだされた、カール・バルトもその泉から水を汲んだというブルームハルト父子がいる。父はヨーハン・クリストフ・ブルームハルト（一八〇五―一八八〇年）、子はクリストフ・ブルームハルト（一八四二―一九一九年）で、この二人のキリスト者の生涯は、この地上の国（人々、社会）に、「イエスは勝利者である」というインマヌエルの原福音と、切迫した時代への終末論とともに、神の国（再臨）の到来を告げる「希望の神学」（光の道）を、ヨーロッパ近代の信仰史上に、人と社会の闇に父子ともに一条《ひとすじ》鮮烈に刻んでいる。

第一部は、「聖」と「自然」が結合した「父ブルームハルト」七四年の生涯である。「彼は、人間を苦しめている暗黒の世界を、誰よりも深く覗き見た人であった」（一八〇頁、傍点引用者）。一八〇五年、彼はヴュルテンベルクのシュトゥットガルトで誕生し、戦争と飢餓の時代を、貧しい労働者の生活と敬虔主義的環境で成長し、牧師への道を歩む。初級神学校、シェーンタール神学校、テュービンゲン上級神学校を経て、牧師補、イプティンゲンの教会から、三三歳の若き牧師として山岳地帯にあるメットリンゲンの村の教会に招聘される。ここで彼の生涯を決するゴットリービン・ディトゥスという二三歳の娘の不思議な、奇蹟的な出来事に遭遇する。

ゴットリービンには、甚だしい憑依状態が現われ、その苦しみは姉カタリーナ、兄ゲオルクにもおよぶ。あるとき、ブルームハルトがその家の調査に行き、同伴の人々と讃美歌を歌い神に祈ると、原因不明な激しい音とともに窓が震え、天井から砂が落ちる。父ブルームハルトは、悪霊的な力と彼女たちとともに「肉迫戦」を行い、ついに一八四三年のクリスマス期間に、カタリーナが「イエスは勝利者だ。イエスは勝利者だ」（八五頁）と吼えるように叫ぶと、二年間にわたる「戦い」は終わるのである。「あの「戦い」の頂点において、活ける主イエスとの戦いに敗れた悪霊が、カタリーナの口を通してこの叫び声を発したとき、それはブルームハルトにとって、まったく新しい言葉であった」（九六頁）。

その出来事は、「信仰の覚醒」（一〇〇頁）の時期をもたらし、牧師ブルームハルトのもとには、苦しみを抱える人々が集まる。「人間を罪の赦しの光の中に見るというのが、彼の基本的な態度であった」（一〇六頁、傍点引用者）。また、「彼の牧会の出発点は、人間の暗黒ではなくて、主の勝利の輝きであった」（一〇七頁、傍点引用者）。それは地上の国を、「イエスは勝利者である」という光のなかで見ることであった。彼は二度の回心の必要性について、こう語った。――一度目は「自然的人間」から「霊的人間」へ、二度目は「霊的人間」から「自然的人間」へ、と。

やがてブルームハルトは、一四年間滞在したメットリンゲンの村を離れ、バート・ボルへと向かい、ここで二八年間牧会する。そこには、「人間の苦悩の中から身を伸ばすようにして、主の再臨の時を待望せざるを得なかった彼の（終末待望の）姿」（一五八頁、傍点・付記引用者）があった。バート・ボルには、再臨の日のためにいつも一台の馬車が用意されていたという伝説もあった。それほどまでに、彼は緊迫した思いで、遅延するイエスの「来臨」を、「（神の国を）待ちつつ（地上の国で）急ぎつつ」、この「中間時」のなかで待望したのである。それは内村の再臨論における、宇宙万物人生悉く可なり[17]という神の国の光のもとにある地上の国の救済世界、福音的光景と共鳴する。このキリスト再臨の約束は、永遠の現在《いま》までつづき、再臨のイエスは黙示的なときを臨《きた》りつつあるのだ。

一八八〇年二月二五日、子クリストフに、父は「私は、お前を、勝利のために祝福する」（二一六頁）と、彼の上に手を置き、夜一〇時、一匙の葡萄酒を飲み、二杯目を拒み、この世を去る。「イエスは勝利者である」という原事実は、父ブルームハルトから子ブルームハルトへと引き継がれていく。人は、地上の国の終末的苦悩のなかで、復活から再臨までの「中間時」を、神の国を約束する〈臨《きた》りつつあるイエス〉とともに生きるのである。

モーセである父ブルームハルトに対して、ヨシュアである子ブルームハルト（クリストフ）は、一八四二年のあの日、ゴットリービン家の調査をはじめた、その翌日六月一日に、まさに悪霊事件の渦中で誕生し、「イエスは勝利者である」という事実への感謝のなかで育つ。彼は一三歳頃から、父の日曜日ごとの説教を筆記し、聖書への信仰が理想として現われ成長していった。

彼は初級神学校、上級高等学校、ウーラッハ神学校、テュービンゲン神学校を経て、シュペック教会、ゲルンスバッハ教会の牧師補となり、一八六九年には、父のもとバート・ボルに帰るのである。その三年後、ゴットリービンの死、それは終末的待望の旋回点となり、父も後継者としての期待を息子に寄せる。その一〇年間、それは父と同様の「イエスは勝利者である」という神の国の泉の水を汲みつづけることであった。

一八八〇年二月二五日の父の死から約四〇年、子ブルームハルトの生涯は、井上良雄によって四期に分けられている。第一期は、八〇年から八八年、「神の国」の宣教者としての活動である。第二期は、八八年から九六年まで、宗教としてのキリスト教、教会批判へと向かう。「父の心を占めていた神の国の像に対比して、それを待ち望む教会の姿は、あまりに貧しいものであった」（二八〇頁）。父子が求めたのは、「宗教」ではなく「活ける神」であった。それは牧師としての説教を止め、ボルの「家」から教会的なものを取り除くことへとつながっていった。

一八九六年一〇月一六日を境に、クリストフは再び新しい言葉を語りはじめる。それが一九〇六年までの第三期で、ドイツ社会民主党の領邦議会の議員となる。「彼が冀求するのは、依然として神の国である。しかし、もはや彼は、神の国を、宗教的・教会的なものの中に求めないで、この世に求める」（三〇二頁、傍点引用者）。それは貧しい、排除された、悲惨な人々へ――。その運動は、神の審きの「徴」でもあった。だが、試行錯誤を経て、一九〇五年以後、彼は党活動から遠ざかっていく。

一九〇六年から死までの第四期は、自らを「「救い主は来たり給う」と語る「門番」として規定する」（三八四頁、傍点引用者）。第二期の教会批判にも新しい語調が生れ、それは信仰共同体《ゲマインデ》としての教会としてとらえ直すことになる。一九一四年に起こった、ヨーロッパ全体を巻き込んだ第一次世界大戦下、クリフトフはひたすら「御国は来る」（三九二頁）の信仰的確信を語りつづける。「大戦は、彼にとって、何よりも神の審きであった。積み重ねられて来た罰と不正に対する審きであった。それは、十字架を担うべき時であり、苦難の時であった」（三九三頁）。だが、神はその審きにおいても神であり、それは地獄であるが、神のときでもある、と。ほぼ同時期、一九一八年一月から内村鑑三の再臨運動も高まりを見せるのである（第五部、3、参照）。

最後は、二度の卒中を経て、一九一九年大戦終結後の八月二日、この地上の国を去る。バート・ボルのブルームハルト一族の墓地には、「見よ、彼は来たり給う」（四〇四頁）と記された十字架を中心にして、「イエス・キリストは昨日も今日もとこしえまでも変わり給うことなし」（同前）と刻まれた父ブルームハルトの墓がある。井上良雄は、この神の国の証人として生きた父子の評伝の最後に、この墓に眠る彼らを称して、こう記している。「地上における神の国の前進に仕え、そのために戦った人々である」（四〇五頁）と。また、子ブルームハルトの墓には、父がつくった讃美歌の冒頭の一節が刻まれているという。「イエスの勝利は／とこしえに変わることなし／全世界は彼のもの」（同前）。

インマヌエルなる「活ける神」を泉とした、「神の国」と「地上の国」の原関係から流れる生命の水を汲むこと、それが神の国に生きることではないか。

4 滝沢克己の『神の国の証人ブルームハルト父子』論
――キリスト再来、終末の日、イエスの時

滝沢克己は、死の二年前、「絶対に人の所産・所有でない確かな支点を堅く踏まえて、現実の人の生活・歴史・思想を、虚心に、綿密に、どこまでも厳しくかつ温かく見きわめてゆく」(『純粋神人学序説』、七五頁)井上良雄『神の国の証人ブルームハルト父子』に感銘を受け、論文「神の国と地上の国」を書いた。ここでは、最後の章で、「終末《おわり》の日」とイエスの時についても論じられている。それはヨハネ黙示録など聖書に記されたイエスの再来、再臨の日、大いなる日とも関連している。

内村鑑三が聖書の奥義とした再臨、再臨信仰について、滝沢は、絶対矛盾的自己同一とインマヌエルなる神人の原関係のもと、西田哲学とバルト神学が融合し、聖書の、教会の壁の外における神認識の可能性の問題へと踏み込んだ『カール・バルト研究――イエス・キリストのペルソナの問題』(江刀書院、一九四一年)以後、約半世紀にわたる厖大な宗教、神学の著作のなかで、イエスの再臨問題を中心に論じた論文はなく、叙述においても、ほとんどなかったのではないか。その問題を滝沢晩年のこの『神の国の証人ブルームハルト父子』論とともに考えていきたい。

それは積極的には、宇宙万物人生の根源的生命であるインマヌエルの原事実＝活きた神であり、カール・バルトが指し示した「イエス・キリスト」そのものに由来している。滝沢にとっては、イエスの再臨、再臨のキリスト、総じて再臨信仰は、「勝利者」イエスに、「インマヌエル」という宇宙的生命に、すべてが原理的に包摂されることだったのであろう。だが、ドイツのブルームハルト父子も、日本の内村鑑三も、再臨(信仰)をこの地上の国への最後のよりどころとしたのではなかったか。キリスト教信仰の問題と旧新約聖書において、再臨の原約束・再臨の

キリストは、神の国（天）の地上の国（地）における実現（＝御国の到来）、その待望と未来社会への希望、地の国とそこに生きる人の救済と、もっとも密接な関連のなかにあるのではないか。

一九三三年八月から一九三五年一〇月まで、「処女受胎」の講義からはじまったバルトのもとで聖書、神学を学び、その集大成となる『カール・バルト研究』（『滝沢克己著作集』第二巻）には、ドイツ留学中の最後の頃に暫定的に書いた、それまで未発表であった「Über die Einheit der Person Jesu Christi」（邦訳「イエス・キリストのペルソナの統一について」）という論文がある。執筆時期は、一九三五年七月から八月初めで、滝沢は二六歳、日本への帰国の帰途、ナチズムの時代の嵐のなかでドイツを追われたバルトを、八月一三日にスイスのチューリッヒ湖畔に訪ねる一カ月ほど前からであった。

「イエス・キリストのペルソナの統一について」の「神の言と肉との統一」の冒頭には、以下のように記されている。「御言《みことば》の受肉（「神の言が肉と成った」）とは、聖霊によってその時その処に古今東西のために唯《ただ》一度起ったところの、神の永遠の御言《みことば》が徹頭徹尾その主体そのペルソナである・一つの現実的な・「アダムの堕罪後」の・肉（一人の現実に生きている人間）の生成である」（一八三頁）と。それは「イエス・キリスト」のペルソナそのものの生成である。

以降の論述において、受肉と聖霊、奇跡と受難、十字架と復活、昇天までをそのインマヌエルなる一点から論じ、「Eイエス・キリストが神の右に座し給うこと及びキリストの再来」において、次のように述べている。――使徒信条を読む者には、現在形の「座する」（sedet）という言葉は、完了形の「昇った」（ascendit）と未来形の「来らんとしている」（venturus）の間に、真ん中に位置していることに気づくであろう。地上の国で、待望する大いなる永遠の現在《いま》という緊張のなかに、再臨のキリストは臨《きた》らんとしている。信じる者には救い主、信じない者には審き主として……（二〇七―二〇九頁）。だが、と滝沢はいう。人はキリスト再来のときに「神の子」となるのではなく、いまここに、すでに「神の子」である、と。ここに、滝沢克己の再臨の意義の核心を見ることができるであろう。

若き日の論文の最後は、以下のように結ばれている。

啓示より神の言そのものへの時間的・根源的な上昇の道（……ゲッセマネの祈り↓ゴルゴタの十字架↓復活↓昇天↓〔弟子たちに降る〕聖霊・終末《おわり》の言・父なる神）は、神の言そのものより啓示への根源的・時間的な下降の路（父なる神・太初《はじめ》の言・聖霊〔マリヤに臨む〕↓受胎告知↓誕生↓ヨルダンの洗礼↓荒野の試み……）と、厳密に相照応する。太初の言は即ち終末の言として、啓示の過程は完全に閉じられた環を成す。しかしながらそれはまた、刻々に到る処に創造する永遠の神の言の徴として、絶対に開かれた歴史的世界へ到る完全な門なのである。[18]

ここには、新約における永遠の神の言《ことば》の啓示と実現、その円環が「イエス・キリスト」において見事に描きだされているであろう。だが、再臨については、明確には記述されていない。それはイエスの受胎告知から昇天までの救済の円環構造のなかに含まれるからであろうか。上昇の路は、下降の路であり、堕罪と救済が同時に進行するように、二つのベクトルは歴史のなかで併行して進む。戦争と罪悪にまみれた、この終末的な地上の国に、神の右に座する再臨を約束した復活のキリストは、〈臨《きた》りつつあるイエス〉として、地上の国へと到る永遠のときの途上にある。それが未来社会への究極的な希望の臨在でなくして、何であろう。人は、その時代のなかで審かれつつ、この現実の社会を救済とともに生きるのだ。

この論文から約半世紀、七〇歳を過ぎた滝沢は、「神の国と地上の国――井上良雄著『神の国の証人ブルームハルト父子』を読んで」を発表する。論文は、ブルームハルト父子とカール・バルトに共通する「主調音」から、両者の「齟齬」、その「私見」へと進み、こう述べる。――私たちは、「主イエスの再来」に関する父ブルームハルトの確信と期待を、恥ずべき弱みとして嘲《あざわら》うことも、軽く見過ごすこともできない、と。何と、滝沢は父ブルームハルトの再臨信仰を重要視していたのだ。

「五、「神の国」と「地上の国」の区別と関係について」では、「神の国と地上の国」の区別・関連、諸性格を論じ、「3「終末《おわり》の日」とイエスの時」で、この論文は閉じられる。滝沢は、「終末の日」「来たるべき神の国」について、次のようにいう。

地上におけるその反映、歴史の内部におけるその実現としての「神の国」ではない第一義の神の国は、世の太初《はじめ》の日からすでに来ている。「神のものでない人はなく、人のものでない神はない」。そうしてその神と人、神の国と人の国とは、絶対に不可逆的な区別において直ちに一である。[19]

「太初《はじめ》の日」は「終末《おわり》の日」であり、神の国はそれを映すべく第二義の神の国である地上の国と、不可分・不可同・不可逆な関係にある。それはインマヌエルなる神・人の原関係そのものである。また、それは人間イエスにおいてもそうであったように、「神・人の絶対的な限界即接点のことである」（一三五頁）。「イエスの時」（一三七頁、以下同じ）とは、「永遠の今」であり、「三十年の時」である。「じつにイエス自身が、世の太初《はじめ》の日と終末《おわり》の日の「中間時」に生きていたのだ」。さらに、滝沢はいう。「真実の世の終末《おわり》は、世の太初《はじめ》からすでにここに来て、私たち一人一人に、全身全霊を尽くしてその言《ことば》＝その決定に応答することを待っているのに、私たちはどうして、「人の子の来臨の遅延」を嘆いて一喜一憂する暇があろう」（一三九頁）と。それは五〇年前の論文「イエス・キリストのペルソナの統一について」と基本的に変わってはいない。これが滝沢克己の再臨論のすべてである。同時に、滝沢克己のインマヌエルの神学では、それでいいつくしているのであろう。最後に、インマヌエルと再臨のキリストについて、内村鑑三の再臨論とともに、地の国に生きる人の救済、希望の問題として考えてみたい。「大いなる日」に、愛する人との再会は……、受難の人、不条理な戦争による無辜の死者は救われないのだろうか。それは「神の国」とその到来の問題でもある。

一方、内村鑑三は半世紀にわたる無教会キリスト教信仰の最後に、再臨信仰へと至るのである。彼が愛娘ルツの若き死と第一次世界大戦の厖大な死者を前に「絶望の深淵」に陥っていたとき、アメリカの友人のD・C・ベルから『日曜学校時報』(The Sunday School Times, June 24) が届く。その遥々海を越えて傷んだ状態の『日曜学校時報』を見ると、ベルがマークした冒頭にC・G・トランブルの「キリストの再臨は果して実際的問題ならざる乎」(Is the Truth of Our Lord's Return a Practical Matter for To-Day?) が掲載されていた。それを繰り返し読むことで、再臨が聖書の中心の真理、奥義であることを改めて知り、再臨信仰が新たに蘇るのだ(第四部、3、参照)。

大正期半ばの再臨運動の高まりの契機となる「聖書研究者の立場より見たる基督の再来」(『聖書之研究』二一一号、一九一八年二月、『内村鑑三全集』第二四巻)には、こう書かれている。

> 斯てこそ世界問題も余が内心の問題も悉く説明し得るのである、愚かなりし哉《かな》久しき間此身を献げ自己の小さな力を以て世の改善を計らんとせし事、こは余の事業《ビジネス》ではなかつたのである、キリスト来りて此事を完成し給ふのである、平和は彼の再来に由て始めて実現するのである。(20)

内村は、「聖書の中心的真理は即ち之れである」(六〇頁)、キリスト再臨によって、聖書はマタイ伝から黙示録まで「首尾貫徹せる書《コンシステント》」(同前)となり、「聖書研究の生命は無限に延びるのである」(六〇―六一頁)という。彼は講演の最後を聖書のいくつかの章節あげて、こう結んでいる。「キリストの再臨を信ぜずして其の美《うる》はしき語は悉《ことごと》く無意味に帰するのである、之に反して再臨の光に由て照されん乎、言々句々皆躍動し聖書中また矛盾を存せざるに至るであらう」(六一頁)と。

また、内村は「基督信者と其希望」（『聖書之研究』二二二号、一九一八年三月、同前）という文章をこう結んでいる。「真に父を信ずる子に取ては寧ろ待たせらるゝを以て喜びとなす、十年可なり百年可なり五百年可なり、否千年を一日の如く見給ふ神の約束を信じて我等は墳墓の中に待ち望む事一万年と雖ども敢て長しとしないのである」（一〇四頁）。再臨のときのなかで、「而して基督再来は人類救拯《きゅうじょう》の時であると同時に又天然解放の時である」（「天然的現象として見たる基督の再来」、二一七頁）。内村にとって、再臨は歴史の問題であり、宇宙の問題であり、人生と宇宙の関する最大の問題なのである。それはまた、人類の救拯、天然解放の時にして、「大いなる日」は、宇宙完成の日でもある。

内村には、「其日其時を知る者は唯《ただ》我父のみ、天の使者も誰も知る者なし。馬太伝《マタイ》廿四章卅六節」を冒頭に置いた「『其日其時』」（『聖書之研究』一四三号、一九一二年六月、『内村鑑三全集』第一九巻）という詩がある。「其日其時を我は知らず、／然れども知る必ず或る時、／我は面《かお》と面を合《あは》して彼を見、／我が知らるゝ如く彼を知らん事を。（中略）我は再たび我が愛する者と会《あ》ひ、／而《しか》して復《ま》た死あらず哀哭《なげき》悲痛《かなしみ》あらざる事を。（中略）我が希望《のぞみ》は悉《ことごと》く充たされ、／我が涙《なみだ》は尽《ことごと》く拭《ぬぐ》はれんことを。／／其日其時を我は知らず、／我は又之を知らんと欲せず、／我は聖父《ちち》の約束を信ず、／我は安静《しづか》に其日の到るを待つ」（一五五―一五六頁）。

内村鑑三にとって、「其日其時」とは、キリスト再臨の「大いなる日」であり、娘ルツとの再会という「希望の日」でもある。滝沢克己にとっては、「終末《おわり》の日」は「太初《はじめ》の日」であり、「神の国」は「地上の国」とともに、〈インマヌエルなる希望〉として事実いまここに、永遠のときのなかに存在する。人は、その日を、時を、待ちつつ急ぎつつ生きるのだ。

旧約のペトエルの子、預言者ヨエルに臨んだ主《しゅ》の言《ことば》は、こうはじまる。

老人《ろうじん》たちよ、これを聞《き》け。

すべてこの地《ち》に住《す》む者《もの》よ、
耳《みみ》を傾《かたむ》けよ。
あなたがたの世《よ》、またはあなたがたの先祖《せんぞ》の世《よ》に
このような事《こと》があったのか。
これをあなたがたの子《こ》たちに語《かた》り、
子《こ》たちはまたその子《こ》たちに語《かた》り、
その子《こ》たちはまたこれを後《のち》の代《よ》に語《かた》り伝《つた》えよ。（「ヨエル書」第一章二―三節）

旧約の預言書「ヨエル書」では、葡萄の木は枯れ、無花果の木も、野のすべての木々も萎《しぼ》み、種は土の下で朽ち、穀物は尽き、穀倉は壊され、家畜も、牛も、羊の群れも、滅び去る。主は、いう。心を尽くし、断食し、嘆き、悲しみをもって、主に帰れ、と。生命と地球の夕暮も迫っている。風の吹き去る籾殻のように。そのことを語り継がなければならない。来るべき神の国のために――。

旧約の奥深き森は、無数の戦争の死者を葬りながら未来へとつづいていく。これが地上の国でもある。だが、いかなる終末的様相のなかでも、ブルームハルト父子、カール・バルト、内村鑑三、滝沢克己が生涯の信仰を懸けて告げる「神の国」（＝再臨のキリスト）は、この「地上の国」（＝臨《きた》りつつあるイエス）と、不可分・不可同・不可逆な関係にある。そのことを悔い改めによって知り（＝第二義のインマヌエル）、福音に満ちた、宇宙万物人生悉く可なり（＝マルケールの告げた「楽園」）ともいうべき世界に心を留め、意と思いを尽くし、未来社会（＝後世）への希望とともに、「新しい物語」「大いなる日」に責任をもって参与すること、それが再臨信仰ではないか。それこそがインマヌエルの神学であり、現在的な終末論でもある。

子クリストフ・ブルームハルトには、死の翌年の一九二〇年に刊行された『ゆうべの祈り』に、「イザヤ書」（第

一四章三二節）をもとにした一一月一七日付の祈りがある。

主よ、われらの神よ、あなたはわれらの確信です。われらはあなたを待ちこがれます。（中略）われらは悲しみを経験する時にも悲しもうとは思いません。あなたの時が来るまで、希望を持ち、信じ、耐え忍びたいと思います。み国は来るのです。……（傍点引用者）(21)

それは地上の楽園で、再臨を証《あかし》する〈臨《きた》りつつあるイエス〉を待ちつつ急ぎつつ、この神の国に生きることである。そこには、神の愛による終末の審判と永遠の救済という愛の、生命の矛盾がある。

滝沢克己は、「五、1イエスの出現と「神の国の開始」」のなかで、「神の国」ではない「地上の＝人の国」など、どこにも存在しないという部分に対して、ドストエフスキー『カラマーゾフの兄弟』の大主教ゾシマ長老の兄で、一七歳の若さでこの世（地の国）を去ったマルケールの言葉を、「わずかこの数行の言葉のなかに、私が以下、「第一義の神の国」・「第二義の神の国」という硬い用語で言おうとしたすべてのことが含まれている」（一四五頁）と付記して引用している。

死を前にしたある日、マルケールは嘆き悲しむ母に、こう告げる――。

『お母さん』と兄は答えた。『泣くのはおやめなさい。人生は楽園です。ぼくたちはみんな楽園にいるのです。ただぼくたちがそれを知ろうとしないだけなんです。もしそれを知る気にさえなったら、明日にもこの地上に楽園が現出するのです』(22)

さらに、彼は「『（略）ぼくたちはだれでもすべての人にたいして、すべてのことについて罪があるのです。そのうちでもぼくが一ばん罪が深いのです』」（『ドストエーフスキイ全集』第一二巻、三四一頁）というと、庭の古木にやって来る小鳥たちにも、うれしさで泣きながら罪の赦しを請いはじめる。――神の小鳥、喜びの小鳥、どうぞわたしを赦してくれ、ああ、小鳥、木立、草場、青空、わたしの周囲《まわり》にはこんなにも神の栄光が満ちていたのに、わたし一人が汚辱のなかに住んでいた、美にも栄光にもまるで気づかなかったのだ、と。

人は、地上の回復された楽園《パラダイス・リゲインド》で神の国に生きる。

5　天然詩と地上の国――内村鑑三の信仰詩の宇宙《コスモス》

内村鑑三は、信仰の生涯において二〇編ほどの詩を公表している。その信仰詩には、神の言《ことば》や天然のきらめきを映す、霊的言語の片々が響き合い、相互に奏でる交響楽の世界がある。それは内村の聖書講解や注解、福音的著述とも共鳴する、キリスト教の信仰宇宙《コスモス》を形成しつつ、相互に影響し合い、移ろい変化している。それは神の国を映す、地上の国における宇宙、万物、人生、悉《ことごと》く可なり、あるいは歓喜と希望の木霊《こだま》する世界でもある。

内村の死の四年前、一九二六年一一月三〇日の日記には、題名もなく、詩の形式もとらない「〈秋は秋として善し〉」（『聖書之研究』三一八号、一九二七年一月）という、次のような「詩」がある。

秋は秋として善し、冬は冬として善し。春は春として善し、夏は夏として善し。貧は貧として善し、富は富として善し。老は老として善し、若《にやく》は若として善し。神に依り頼みて如何《〔いか〕》なる時期も如何なる境遇も善からざるはなし。多分死は生丈《〔だ〕》け善く、或《〔あるい〕》は生以上に善くあらん。(23)

秋は秋として、冬は冬、春は春、夏は夏として、この天然宇宙はすべて「善し」、また、この世にある人生は、貧は貧として、富は富、老は老、若は若としてすべて「善し」、まさに悉く可なりの世界である。それはイギリスの詩人ロバート・ブラウニングの訳詩「万物悉く可なり」にもあらわれている。畢竟、死は生と同じだけ、あるいは生以上に「善く」、神に依り頼む、あらゆる人生の時期も境遇も、すべて「善からざるはなし」。

内村は、詩「楽しき生涯（韻なき紀律なき一片の真情）」（『国民之友』二七七号、一八九六年一月四日、『内村鑑三全集』第三巻）では、こう謳う。「我の諂《へつら》ふべき人なし／我の組すべき党派なし／我の戴くべき僧侶なし／我の維持すべき爵位なし（中略）／／感謝して日光を迎へ／感謝して麁膳《そぜん》に対し／感謝して天職を執り／感謝して眠に就く／／生を得る何ぞ楽しき／讃歌絶ゆる間なし」（二〇五―二〇七頁）。これが内村鑑三の信仰詩の魂の宇宙なのである。

『聖書之研究』一六〇号（一九一三年一一月）には、「人生」（『内村鑑三全集』第二〇巻）と題した、以下のような短い文章がある。「人生は楽しくある、甚《はなは》だ楽しくある、然り、然れども人生は短《みじ》かくある、甚だ短かくある、而《しか》して短かき此人生は死を以て終る、而して其中に死《し》に類したる、而して死よりも更らに苦しき多くの苦痛がある。／斯《か》くも短《みじ》かき且つ苦るしき人生の後に楽しくして窮《かぎ》りなく生命《いのち》が獲られないならば楽しき人生は決して楽しきものではない、永生に終らざる人生は実に享《う》くるの価値《ねうち》なきものである」（一七二頁）。

人生は楽しく、だが人生は短く、死に類する、それ以上の多くの苦がある。その短く、悲嘆に満ちた人生に、永遠の生命が得られないとするならば、永生に終らない人生は、「享《う》くるの価値《ねうち》なきものである」。旧約で喩えられた風の吹き去る籾殻《もみがら》のような人生とは、コーヘレスのいうように「みな空《くう》であって風《かぜ》を捕《と》えるようである」（「伝道の書」第一章一四節）のだろうか。「人《ひと》は一生《いっしょう》、暗《くら》やみと、悲《かな》しみと、多《おお》くの悩《なや》みと、病《やまい》と、憤《いきどお》りの中《なか》にある」（第五章一七節）のか。

だが、人生には慰めがある。春夏秋冬にたくした「寒中の木の芽」という詩がある。

一、春の枝に花あり

夏の枝に葉あり
秋の枝に果あり
冬の枝に慰《なぐさ》めあり

二、花散りて後に
葉落ちて後に
果失せて後に
芽は枝に顕はる

三、嗚呼《ああ》憂に沈むものよ
嗚呼不幸をかこつものよ
嗚呼冀望の失せしものよ
春陽の期近し

四、春の枝に花あり
夏の枝に葉あり
秋の枝に果あり
冬の枝に慰めあり[24]

また、内村は、山上の垂訓の「祝福の辞」（第五章三、四節）を、次のように訳している。「（一）福《さいはひ》なり心の貧《まづし》き者は、天国は即ち其人の有《もの》なれば也。／（二）福なり哀《かなし》む者は、其人は安慰《なぐさめ》を得べければ也。……[25]」と。「慰め」＝「安慰《なぐさめ》」は、福音から、愛から生まれている。

内村の生涯を概観するとき、明治という日本近代の歴史の転換点と困難のなかで、最初の若き結婚の破綻、流竄のような渡米、帰国後の宣教師との軋轢、教会への不信、不敬事件、二度目の結婚による妻の死、一八歳の愛娘ルツの死……、時代は日清・日露、世界大戦争と呼ばれた第一次世界大戦へ、昭和初期の動揺する社会へと、「苦しき多くの苦痛」とともにあったのである。

もし、この人生が、その一回性の生が、それだけで終わるならは「楽しき人生」とは果敢《はか》ない夢物語にすぎないであろう。だが、人の「後世への最大遺物[26]」としての固有の人生は、「来世」へ、「永生」へとつづくのである。「宗教の本領は来世である」（「来世獲得の必要」、『内村鑑三全集』第二〇巻、八九頁）。旧約の「創世記」の楽園喪失《パラダイス・ロスト》は、そのまま新約とイエスの誕生と贖罪の十字架による楽園回復《パラダイス・リゲインド》への途であり、それは「ヨハネの黙示録」の楽園完成への希望、イエスの再臨の約束と信者の待望へ、永遠の現在《いま》を臨《きた》りつつあるイエスへとつながっていくのだ。そこでは、死は再会への入口にして、再臨《セカンド・カミング》は、未来社会の希望、未来的終末論となる。

生涯、二つの「J」（Jesus と Japan）に生きた内村には、いつもイエスがいた。「イエスを思ふて」（『聖書之研究』一四九号、一九一二年一二月、『内村鑑三全集』第一九巻）は、次のような詩である。「イエスを思ふて我は」、その貧しきを悲しまず、富めるを羨まず、感謝溢れるのみ……「イエスを思ふて我は／身の患難《わづらひ》も苦《くる》しからず／其の幸福《さいはひ》も慕《した》はしからず／イエスを思ふて我に／唯平康《やすき》と満足《まんぞく》とのみ有り。／／イエスを思ふて我は／事《こと》の失敗《しっぱい》に失望《しつぼう》せず／其の成功《せいこう》に雀躍《じゃくやく》せず／イエスを思ふて我は／永久《えいきう》の勝利者《しょうりしゃ》たるなり」（二九二頁）。イエスを信仰において思う人、それは「永久《えいきう》の勝利者《しょうりしゃ》たるなり」。ブルームハルト父子のように――。

内村の信仰詩篇は、以下のようにまとめることができる。万物悉く可なりの世界を表現した「楽しき生涯」「新詠」「天地の花なる薔薇」、慰めと愛の存在を告げる「寒中の木の芽」「春は来たりつゝある」「春の到来」「秋酣なり」「二月中旬」「秋の夕《ゆう》べ」、社会への義憤となる「寡婦の除夜」、神とイエスを讃える「陸中花巻の十二月廿日」「イエスを思ふて」「今年のクリスマス」、再臨信仰をあらわす「我等は四人である」「『某日某時』」「建碑」、天職を詠んだ「桶職」、希望を謳う「海」「エスペランザ」等、と。[27]

それらは神の言《ことば》の交響楽として、旧約一〇〇〇年の歴史へ、預言者たちへ、イエスとその時代の人々とユダヤの地へ、時と所を超えて地上の国に響くとともに、神とともにある希望・福音を伝えている。だが、神の国に裏づけられながらも、この地上の国には、大鎌で多くの命を刈り取るように、悪と罪の戦争は絶えることがない。ウクライナ、パレスチナで……。

「義人《ぎじん》はいない、ひとりもいない。
悟《さと》りのある人《ひと》はいない、
神《かみ》を求《もと》める人《ひと》はいない。
すべての人《ひと》は迷《まよ》い出《で》て、
ことごとく無益《むえき》なものになっている。
善《ぜん》を行《おこな》う者《もの》はいない、
ひとりもいない。
彼《かれ》らののどは、開《ひら》いた墓《はか》であり、
彼《かれ》らは、その舌《した》で人《ひと》を欺《あざむ》き、
彼《かれ》らのくちびるには、まむしの毒《どく》があり、
彼《かれ》らの口《くち》は、のろいと苦《にが》い言葉《ことば》とで満《み》ちている。
彼《かれ》らの足《あし》は、血《ち》を流《なが》すのに速《はや》く、

彼《かれ》らの道《みち》には、破壊《はかい》と悲惨《ひさん》とがある。
そして、彼《かれ》らは平和《へいわ》の道《みち》を知《し》らない。
彼《かれ》らの目《め》の前《まえ》には、神《かみ》に対《たい》する恐《おそ》れがない。」（「ローマ人への手紙」第三章一〇―一八節）

義人も、悟りのある人も、神を求める人も、一人もなく、喉は開いた墓、舌は人を欺き、口は呪いと苦い言葉で満ち、その道には破壊と悲惨があり、平和の道をだれも知らない。「如斯《〔かくのごと〕》くにして罪は罪を攻め、血は血を洗ふ、而《〔しか〕》して地は依然として修羅《しゅら》の巷《ちまた》たる也、依て知る、文明も憲法も地を化して天となすこと能《〔あた〕》はざるを」（「修羅《しゅら》の巷《ちまた》」、『内村鑑三全集』第一一巻、一八〇頁）。

そんな地上の国にこそ、再臨のイエスは臨りつつある――。

6　内村鑑三の非戦論と再臨信仰――塵戦《じんせん》又た塵戦《じんせん》、……

内村鑑三の非戦論には、再臨信仰がある。

日清戦争は義戦論を唱え、日露戦争で戦争反対の非戦論に転じ、第一次世界大戦では再臨信仰による戦争絶対廃止論、キリスト教的絶対平和主義という独自な非戦論へと至る。山本泰次郎は、『内村鑑三の根本問題』において「内村鑑三の非戦論の完成」（六九―七三頁）と呼んでいる[28]。それはキリスト再臨による戦争廃止の非戦論としての「完成」なのである。

明治維新の一八六八年に生まれ、十代半ばで自由民権運動に挫折し、数寄屋橋教会での受洗、キリスト者ミナとの結婚以後、『楚囚之詩』から文学を志し、二五歳五カ月で「我が事終われり」と筆を擱き、晩春の未明に自ら死を選んだ平和主義者・北村透谷（一八六八―一八九四年）という、内村が同時代の文学者で唯一評価した詩人が

いる。(29)

近代の闇夜に、「一點星」（『透谷全集』刊行の言葉）のように輝く透谷は、「「平和」發行之辭《ことば》」（『平和』第一号、一八九二年三月、『透谷全集』第一巻）に、戦争は「人類の正心《せいしん》の曇れるに因《よ》つてなることを記憶せられよ」（二八二頁）といい、こう記している。「塵戰《ぢんせん》又た塵戰《ぢんせん》、都市を荒野に變ずるまでは止《や》まじと某政治家は云へり。……」（二八一頁）と。

『平和』誌発行から一三〇年、人類は二つの世界大戦、二〇世紀末の紛争、新世紀のウクライナ、パレスチナ戦争へと至っている。いまだに、塵戦、また塵戦と、都市を荒野に変ずるまで戦争はつづき止むことはない。それは人類にとって黙示的終末の風景ではないか。

一八九二年二三歳の透谷は、「想斷々（1）」に、日清戦争へと向かう時代のなかで、次のように記している。

戰争に對する偉人の理想は、勞苦を以て敢て喪敗せざるなり。高潔崇高なる詩人哲學者は悉く、戰争の邪念を惡《にく》む、而して英雄中の英雄なる基督に至りては堅く萬民の相戰ふを禁じたり。凡て人を詛《のろ》ふの念を誡しめ、己れを詛《のろ》ふ者を愛するをもて天國の極意とせり。是れを、極《きは》めて簡にして而して極《きは》めて大なる理想と言はざらめや。人若し我が右の頬を摳《う》たば、左の頬をも向けて摳《う》たしめよとは、豈天地を圓《まろ》うする最大秘訣にあらずや。(30)

政治へのアンビションに挫折した透谷には、孤独とともに日本近代への深い悲哀があったことだろう。ここには、日露戦争以後の内村鑑三の非戦論にも通ずるキリスト教平和主義が流れている。だが、武士の子として生まれ、異教のキリスト教に回心した内村には、近代最初の国家戦争である日清戦争は、非キリスト教国日本にとって「義の戦争」に見えたのである。

内村には、「日清戦争の義」（『国民之友』第二三四号、一八九四年九月三日、『内村鑑三全集』第三巻）と、「日清戦争

の目的如何」（『国民之友』第二三七号、一八九四年一〇月三日、同前）がある。「日清戦争の義」（訳文）では、内村は「此物質的時代」において、「慾に依らざる戦争」「義の為めの戦争」（一〇四頁）を信じるものはいないが、「吾人は信ず日清戦争は吾人に取りては実に義戦なりと」（一〇五頁）といい、こうつづけている。

其義たる法律的にのみ義たるに非らず、倫理的に亦《ま》た然り、義戦たるものは此種の義に因らざるべからず、如《かくの》此《ごとき》の戦争は吾人の知らざりし戦争に非らず、是れ吾人固有の教義に則《のっと》るものにして吾人の屢〻《しばしば》戦ひし所なり、基督教国已《すで》に義戦を忘却する今日に当たり非基督教国たる日本の之に従事するを怪むものあらん、然れども非基督教国若し無智ならば彼等は未《いま》だ誠実なり、基督教国が其迷信と同時に忘却せし熱心は吾人の未だ棄てざる所、吾人に一種の義侠あり、死を知らざりし希臘の豪強を挫《くじ》きし羅馬《ローマ》の勇は今尚ほ吾人の有する所、西洋已にその熱心時代を過ぎしとするも東洋は尚ほ未だその中に在り、義戦は未だ吾人の忘却せざる所なり。(31)

内村にとって「義」による戦争とは、野心や慾による戦争ではなく、非キリスト教国日本における法的、倫理的にして、キリスト教国がすでに忘却した「義戦」であった。だが、「脱亜入欧」という文明国への転換期の日本近代社会を背景に、朝鮮という他国への出兵、内政改革要求、王宮占領などは、ほんとうに義のための戦争といえるだろうか。

内村は、日本は平和を望み、隣国との衝突を避けてきたにもかかわらず、明治一五年以降、清国はその「平和的政略」（一〇六頁）を妨げ、凌辱を加える以上は、世界の文明的進歩に合わせて朝鮮を開かれた国にすることを望むという。「支那は社交律の破壊者なり、人情の害敵なり、野蛮主義の保護者なり、支那は正罰を免かるゝ能はず」（同前）と。また、法律論者の日本の朝鮮干渉は清と同様に「譴責」（一〇七頁）すべきであり、日本も平和の破壊者であるという批判には、次のように答えている。

一は、「干渉其物は悪事に非らず」（一〇七頁）。隣人が餓死に瀕するとき、滅亡に向かうときには、放任主義を捨て干渉せざるをえない、その例はクロムウェルのイタリア政治への干渉などがある。二は、「朝鮮出兵は明治十八年の天津条約の明文に依れり」（一〇八頁）。それゆえに、朝鮮出兵に「過失」はない。三は、開戦の発端となった豊島《ブンド》近海における最初の発砲は、日清どちらが先かは判明がつかないが、「孰れが戦争を促がし孰れが戦争を避けんとせしや、是れ最要問題なり」（一〇九頁）といい、こう書いている。「孔子を世界に供せし支那は今や聖人の道を知らず文明国が此不実不信の国民に対する道は唯一途あるのみ、鉄血の途なり、鉄血を以て正義を求むるの途なり」（同前）。さらに、日本は東洋の「進歩主義の戦士」（一一一頁、以下同じ）にして、「支那帝国」を取り除くのは当然であり、日本の勝利を望まないのは「宇内万邦あるべきに非らず」とつづけている。

内村は、「日清戦争の義」を「吾人の目的は支那を警醒するに在り、其天職を知らしむるにあり、彼をして吾人と協力して東洋の改革に従事せしむるにあり、吾人は永久の平和を目的として戦ふものなり」（一一二頁）と記している。彼は日清戦争を非キリスト教国日本の「義戦」にして、清国を文明国として世界に、西欧に開く、覚醒のための戦いであると意味づけていたのである。最後には、天よ、義戦で斃れる同胞の士を憐れめよ、国民は高尚なる目的に燃え、我らは一団となって「讐敵」（一一二頁）に当たらんと欲すといい、次のように文章を結んでいる。「たとへ絞台の上にするも、／たとへ戦陣の頭にするも、／死するに高尚なる場所は、／世を救はんが為め死する場所なり」（同前）と。

「日清戦争の義」の一カ月後に発表された「日清戦争の目的如何」でも、内村はほぼ同様の義戦の論理を繰り返している。日清戦争の目的は、「朝鮮の独立を確定する」「支那を懲誡し之をして再び頭を擡《もた》げ得ざらしむる」「文化を東洋に施《し》き、永くその平和を計る」（一四〇頁）こと、この三項目に集約している。そして、日本は「救主」として戦場に臨んで「朝鮮」を救い、「満洲支那」を救い、その理想はアジアに独立と文化をもたらすところにあるという。内村の信仰は、日清戦争という社会と時代の荒野で試されたのである。

日清戦争は日本の勝利で終わり、多額の賠償金、台湾、澎湖諸島、遼東半島を得るが、ロシア、ドイツ、フランスによる「三国干渉」により、遼東半島を返還することになる。その慾による戦争は、内村が「日清戦争の義」「日清戦争の目的如何」で論じたような「義戦」ではなかったのである。

二年後、内村鑑三は「寡婦の除夜」という詩を『福音新報』七八号（一八九六年一二月二五日）に発表する。

月清《つきゝよ》し、星白《ほしゝろ》し、
霜深《しもふか》し、夜寒《よるさむ》し、
家貧《いへまづ》し、友尠《ともすくな》し、
歳尽《としつき》て人帰《ひとかへ》らず、

思《おもひ》は走《はし》る西《にし》の海《うみ》
涙《なんだ》は凍《こほ》る威海湾《ゐかいわん》
南《みなみ》の島《しま》に船出《ふなで》せし
恋《こひ》しき人の迹《あと》ゆかし

人には春《はる》の晴衣《はれごろも》、
軍功《いくさいさほ》の祝酒《いはひざけ》
我には仮《か》りの侘住《わびすまひ》
独り手向《たむく》る閼伽《あか》の水《みづ》

我空《われむなし》ふして人《ひと》は充《み》つ
我衰《おとろ》へて国栄《くにさか》ふ
貞《てい》を冥土《めいど》の夫《つま》に尽《つく》し
節《せつ》を戦後《せんご》の国《くに》に全《まった》ふす

月清《つききよ》し、星白《ほししろ》し、
霜深《しもふか》し、夜寒《よるさむ》し、
家貧《いえまず》し、友尠《ともすくな》し、
歳尽《としつ》きて人帰《ひとかへ》らず。(32)

この詩は、『小憤慨録』(下巻)に再録するにあたり、字句を一部改め「明治廿九年の歳末、軍人が戦勝に誇るを憤りて詠める」(解題、三〇一頁)の言葉を加えている。やがて、内村は日清戦争の虚偽に気づき、「時勢の観察」(『国民之友』第三〇九号、一八九六年八月一五日、『内村鑑三全集』第三巻)では、新聞記者、文学者、学生、実業家、国民、それぞれが「面《めん》を被る役者」「愛国者の人形」(二三〇頁)のような「偽善者」(同前)であるといい、「寡婦の涙に動かず」(二三二頁)に、「風と共に飛び、/草と共に靡《なび》き、/偽善者の偽善者、/奴隷の奴隷」(同前)とまで憤りを表わしている。(33)日清戦争に義を見た内村は、歳末の除夜の寒き夜、夫を戦争で喪った「寡婦《やもめ》」の涙を知り、自らの愚と不信仰を恥じ、日露戦争へと傾く日本社会で「非戦論」「戦争廃止論」へと向かうのだ。

「時勢の観察」には、新聞記者や政治家が朝鮮を救い、その独立は日本の利益となり、清国を撃つに勝算があり、日清戦争は義戦であると唱えてきて、「而して余輩のごとき馬鹿者ありて彼等の宣言を真面目に受け、余輩の廻らぬ欧文を綴り、「日清戦争の義」を世界に訴ふるあれば、日本の政治家と新聞記者とは心密《ひそ》かに笑ひて曰ふ

「善哉《よいかな》彼れ正直者よ」……」（二三三頁）と、すでに義戦論を唱えたことを後悔した文章を記している。また、内村はその七年後、「戦争廃止論」（『万朝報』一九〇三年六月三〇日、『内村鑑三全集』第一一巻）のなかに、日清戦争を顧みて、二億の富と一万の生命を消費して、この戦争から得たものは何かと問い、次のように書いている。「其《その》目的《もくてき》たりし朝鮮《てうせん》の独立《どくりつ》は之《これ》がために強《つよ》められずして却《かへつ》て弱《よわ》められ、支那《しな》分割《ぶんかつ》の端緒《たんしよ》は開《ひら》かれ、日本国民《にほんこくみん》の分担《ぶんたん》は非常《ひじやう》に増加《ぞうか》され、其道徳《そのだうとく》は非常《ひじやう》に堕落《だらく》し、東洋全体《とうやうぜんたい》を危殆《きたい》の地位《ちゐ》にまで持《も》ち来《きた》つたではない乎《か》」（二九七頁）。

内村は、「時勢の観察」を発表した翌一八九七年一月、黒岩周六（涙香）の懇請によって、『万朝報』（朝報社）の英文欄主筆に就き、一年三カ月間ジャーナリストとして政治・社会批判を展開した。それ以後も、彼は『東京日日新聞』とともに非戦論・自重論の立場をとった『万朝報』に論説を書き、一九〇三年六月三〇日、ついに「戦争廃止論」を発表するが、一〇月には『万朝報』が主戦論に転じたことで、幸徳秋水、堺利彦らとともに朝報社を退社する。「戦争廃止論」は、次のような文章ではじまっている。「余《よ》は日露《にちろ》非開戦論者《ひかいせんろんしや》である許《ばか》りでない、戦争《せんそう》絶対的廃止論者《ぜつたいてきはいしろんしや》である、戦争《せんさう》は人《ひと》を殺《ころ》すことである、爾《さ》うして人《ひと》を殺《ころ》すことは大罪悪《だいざいあく》である、爾《さ》うして大罪悪《だいざいあく》を犯《をか》して個人《こじん》も国家《こくか》も永久《えいきう》に利益《りえき》を収《をさ》め得《え》やう筈《はず》はない」（二九六頁、以下同じ）。

これにつづけて、内村は自分も説いた戦争の「利益《りえき》」は「愚《ぐ》の極《きよく》」であり、その利益は「強盗《がうたう》の利益《りえき》」であり、「若《も》し世《よ》に大愚《たいぐ》の極《きよく》と称《しよう》すべきものがあれば、それは剣《けん》を以《もつ》て国運《こくうん》の進歩《しんぽ》を計《はか》らんとすることである」といい、最後に「戦争廃止論」の声のあがらない国こそ「未開国《みかいこく》」「野蛮国《やばんこく》」（二九七頁）であり、「世《よ》の正義《せいぎ》と人道《じんだう》と国家《こくか》とを愛《あい》する者《もの》よ、来《きたつ》て大胆《だいたん》に此主義《このしゆぎ》に賛成《さんせい》せよ」（同前）と書く。それは日清戦争から日露戦争へ、義戦論から非戦論、戦争廃止論への転換であった。

日露戦争後の一九〇八年八月、内村は「非戦論の原理」（『聖書之研究』一〇一号、『内村鑑三全集』第一六巻）を発表する。彼は「より大なる真理」（一九頁）として非戦論を採るといい、人類の罪悪を一括した「戦争の悪事なること」（同前）、天然界の愛と正義を論じた「戦争と天然」（二一頁）、ユダヤの民に無抵抗主義を見る「歴史に於ける戦争」（二二頁）から、「戦争は廃《や》まります、必ず廃まります、之は私共非戦論者が非戦論を唱ふるからではありません、神が之を命じ天然が之を要求します故に終《つい》に必ず廃《や》まります」（二七頁）と結論づけている。

だが、一九一四年七月三一日、愛娘ルツの死の二年後、五年間にわたり世界を二分して二〇〇〇万人近い死者をだした悪辣な第一次世界大戦が勃発し、日露戦争以後の非戦論は、さらに終末的時代の試練に直面する。その翌年、内村は『聖書之研究』一七四号（一九一五年一月）に、「剣《つるぎ》を鋤《すき》に打ちかへ、その槍《やり》を鎌に打ちかへん」（一七三頁）など「イザヤ書」第二章一―五節を掲げ、「戦争の止む時」（『内村鑑三全集』第二一巻）を書くのである。内村は、こう述べる。――預言者イザヤの唱えた戦争廃止は民主政治でも、社会主義でもなく、福音主義によってもたらされる。「戦争の廃止、其事を実現するための手段はイエスキリストの福音の宣伝である」（一七九頁）と。このとき、世界平和に絶望した内村にとっては、世界戦争から人類を救うのは、あくまでも「福音」だったのだ。

二年後、一九一七年四月六日には、内村が最後の望みとしたキリスト教国アメリカまで参戦する。その前年に、内村のもとにアメリカの友人のD・C・ベルから『日曜学校時報』が届いたのである。そこに掲載されたC・G・トランブルの再臨論を契機に、キリスト再臨、再臨信仰の教義を、聖書の奥義を確信する（第三部、4、参照）[34]。その事実を決定づけ、大正期に一年半つづく特異な「再臨運動」の発端となったのは、一九一八年一月六日午後二時より神田の東京基督教青年会館において、中田重治、木村清松らと行った聖書講演「聖書の預言的研究演説会」であり、藤井武が演説を筆記した「聖書研究者の立場より見たる基督の再来」（『聖書之研究』二一一号、『内村鑑三全集』第二四巻、『基督再臨問題講演集』では「再来」を「再臨」に改めた）である。

『日曜学校時報』から聖書講演までの一年半（あるいはルツの死から見ると六年間）、内村にとってそれはこれまでの約四〇年の信仰の人生のなかで、もっとも重要な年月であった。内村の信仰の底を流れていた、贖罪の十字架から復活、再臨の福音の水脈が世界戦争の荒野に「再臨信仰」という希望の泉として一挙に湧出し、旧新約聖書が統一的に連関したコンシステントな六六書として、新たな生命の響きを伴って蘇るとともに、非戦論の完成でもあった。

それはヴォルテール『カンディード』で諷刺された大哲学者パングロスの「最善説」とは似て非なるものである。「残酷な哲学者よ、私の心の痛みを憤りに変えたいのか……それとも、神はわれわれに試練をあたえ／この世での生は、永遠の世界への経路なのか……罪のないものがどうして罪人と並んで、いやおうなしに／苦しまなければならないのか……」（ヴォルテール「リスボン大震災に寄せる詩」）。罪と悪、絶望は、人と社会の堕落に帰せられるであろう。

はっきり言おう、悪はこの地上にある[35]

塵戦《ちんせん》、また塵戦《ちんせん》と戦争の絶えることのない地上の国に、罪悪と苦悩に満ち溢れた修羅の巷に、そんな黙示的社会に希望を証《あかし》する、生きた象徴こそが臨りつつあるイエスではないだろうか。同時に、いまここに生きるすべての人（万人）に、あなたはどこにいるのか、そんな「微《ちい》さき細き声」[36]が聞こえてくる――。

次に、第四部では再臨信仰への途を、第五部では再臨信仰の考察を通して、この世の苦しみの痛みとともに、内村鑑三の再臨論、再臨信仰を万人救済論として見つめつつ天然宇宙の生命《いのち》の風景を臨《のぞ》み見たい。

第四部　内村鑑三における再臨信仰への途――信仰の階段と同時代

十字架《じゅうじか》は歴史《れきし》の中枢《ちゅうすう》なり、人生《じんせい》の依《よっ》て立《た》つ磐石《ばんじゃく》なり、之《これ》に依《よ》るにあらざれば鞏固《きょうこ》あるなし、永生《えいせい》あるなし、余《よ》は皆《み》な悉《ことぐ》く蜉蝣《ふゆう》あり、之《こ》れのみが窮《きわま》りなく存《たも》つ者《もの》なり。（「歴史《れきし》の中枢《ちゅうすう》」）

1　キリスト教受容と信仰の三大時機《モメント》――第一時機

内村鑑三の信仰的生涯には、最後の再臨信仰へと至る信仰の三大階段がある。

再臨信仰を決定づけた「聖書研究者の立場より見たる基督の再来」と同じ『聖書之研究』二一一号（一九一八年二月）に掲載された「THREE GREAT MOMENTS. 信仰の三大時機」という文章がある。

余の生涯に信仰の三大時機があつた、其第一は自己を発見せし時であつた、寧《むし》ろ神に発見せられし時であつた、自己が罪人たることを発見せられし時であつた、其の後当分の間余の最上の努力は自己をして神の前に清且《か》つ聖なる者たらしめん為に向けられた。其第二は余が余の義を発見せし時であつた、而《し》かも余自身に於てにあらず余の罪の為に十字架に釘《つ》けられ給ひし彼に於て之を発見せし時であつた、余は其の後当分の間イエスキリストと彼の十字架の福音を自他に於て実現せんと務めた。其第三にして多分最後の時機は余が余の救拯《すくひ》は未《いま》だ完成《まつとう》せられたるに非ず、キリスト再び顕はれ給はん時に、其時に至て始めて、余は彼に肖《に》たる者と成る事を示されし時であつた。罪の自覚、信仰に由て救はるゝ事、キリスト再臨の希望……以上は余の霊魂が天国瞻望《せんぼう》の歓喜と自由とに達するまでの三大階段であつた。[1]

第一時機は、クラークの遺したキリスト教と出会う北の地札幌農学校、第二は渡米中のアマスト大学での贖罪の回心、最後の第三はD・C・ベルによって海を越えて届けられた『日曜学校時報』を契機とした再臨信仰である。それはキリスト教の受容、十字架の福音、再臨のキリスト――この三大時機《モメント》である。聖書の奥義である再臨によって、キリスト教信仰も、旧新約聖書も統一的な教義、万人救済論として完成するのである。その本質は贖罪と再臨ではないだろうか。罪人が罪人のまま一人の例外もなく、万人が天然宇宙の救済の風景(=再臨宇宙)に、神の国に裏づけられた地上の国(=愛の国)に、福音とともに生き死することではないか。「創世記」の堕罪の楽園から発した、名づけられない生命の水の河は、ヨハネ黙示録の新たな天地、都の大路の真中へと流れていく。この聖なるいのちの水に癒されない絶望も、罪も、空虚もないであろう。「夜《よる》は、もはやない。あかりも太陽《たいよう》の光《ひかり》も、いらない。主《しゅ》なる神《かみ》が彼《かれ》らを照《て》らし、そして、彼《かれ》らは世々《よよ》限《かぎ》りなく支配《しはい》する」(第二二章五節)。

内村鑑三には、四七歳のときの「秋酣なり」という信仰所感がある。「コスモス開き、茶梅《さゝんか》咲き、木犀《もくせい》匂ひ、菊花薫る、燈前夜静かにして筆勢急なり、知る天啓豊かにして秋酣《たけなわ》なるを」(『聖書之研究』一〇四号、一九〇八年一一月、『内村鑑三全集』第一六巻、一二〇頁)。「秋酣なり」は、そのままこの天然宇宙の愛の風景である。

ここから、信仰階段の「三大時機」について抄伝的にたどってみたい。[2]その第一の時機である「自己」を「罪人」として発見した(=神に発見された)時とは、また「神の前に清且《か》つ聖なる者」であろうとしたとは、どのような信仰であろうか。それは札幌農学校への入学、キリスト教の受容から札幌県での漁業調査、農商務省の官吏、浅田タケとの結婚、破綻、絶望の果ての渡米まで、一八七七年七月から一八八四年一一月まで、内村が一六歳から二三歳までの約七年間である。それは罪と律法に囚われた苦難の年月であった。

一八七七年、西南戦争の年に、マサチューセッツ農科大学学長W・S・クラークを迎えて前年に開校した、開拓使附属札幌農学校に二期生として入学する。そこでクラークの残した「イエスを信ずる者の契約」（Covenant of Believers in Jesus）に署名し、半強制的に運命のキリスト教と出会い、一八七八年六月二日、函館在住のメソジスト監督教会の宣教師M・C・ハリスによるキリスト教の洗礼を受ける。同期には、太田（新渡戸）稲造、宮部金吾ら一八名がいた。

当時の「蝦夷地」は、明治二年に「北海道」と名づけられ、人口は一〇万人程であった。南にエニワ岳、東に石狩川、北に日本海、西にテイネ山、そこに渡り鳥、春の花、秋の実と天然に溢れた北海道の大自然のなかで、内村はクラークが全生徒に与えた英訳聖書によるキリスト教倫理教育とともに、専門の農学、英語、植物学をはじめ自然科学を、多くは英語で学ぶのである。また、彼は生物進化のプロセスを実証した、一八五九年にイギリスで出版されたダーウィン『種の起源』を三、四回と反読する。彼は聖書は「精神的生命」（「米国人に訴う」、石原兵永訳『英文雑誌による内村鑑三の思想と信仰』、一七一頁）、進化論は「宇宙的成長」（同前）の事実として受け取り、それは科学とキリスト教、再臨信仰と宇宙の完成として生涯変わることがなかった。内村のキリスト教思想は、科学と信仰が相互に影響し合い、一体となりつつ再臨信仰へといきつくのである。[3] 渡米時、その『種の起源』を売って渡航費用の一部にあてるのである。

一八八一年七月、二期生は札幌農学校を卒業することになり、内村は「漁業モ亦学術ノ一ナリ」と題して演説し、卒業生を代表して告別の辞を述べる。七月二一日には、開拓使御用係准判任の辞令を受ける。この間、「水産学者とならんと欲した」（「目的の進歩」、『内村鑑三全集』第二〇巻、八五頁）内村は、札幌県勧業課員として「千歳《ちとせ》川は源《げん》を胆振《いぶり》国千歳湖に発《はっ》し九里余にして長都《おさつ》沼に入りそれより十数里を流《なが》れ石狩本流に達す」（『内村鑑三全集』一巻、九頁）と、際立つ詩的な文章ではじまる「千歳川鮭魚減少の源因」などの調査報告書を『大日本水産会報告』一号（一八八二年三月）に発表する。

一八八三年四月、内村は病気療養を理由に、札幌県に辞表を提出し、六月に受理され「依願免官」（鈴木範久『内村鑑三日録』1）となる。その後、八月には伊香保への療養旅行中に、海老名弾正が牧師を務める日本組合基督教会安中教会で講演し、最初にして不幸な結婚の相手となるキリスト者浅田タケを知る。八月二一日付宮部金吾宛書簡で、内村は安中教会のあたたかさとともに、将来の進路について、生物学者、漁業・水産学者、伝道者など三つの選択肢で迷っていると告げる。この年の一二月一四日、農商務省農務局水産課に職を得ると、水産慣行調べを担当し、日本産魚類目録の作成などに従事する。

一方、キリスト者となった若き内村には、苦悩の渦とともに、その魂の奥には満たすことも隠蔽することもできない「真空」(4)があった。浅田タケとの間は、秋頃には結婚へと向かっていく。宮部、太田宛書簡では、タケはキリストのために働こうとする精神に満ちているが、母が結婚には彼女は教養があり過ぎる等、不自然な理由で強く反対するなど、紆余曲折、膠着化していく様子が伝えられている。一二月三〇日付太田宛書簡（英文）には、「年ハ涙ト悔恨ト共ニ暮レツ、アリ、然シ、途ハ見エザル所ニアリト雖モ、我ハ信ズ『謙ル者ヲ導ク星』ノアルコトヲ……」（鈴木俊郎『内村鑑三伝』、三六七頁）という言葉とともに、古いノート（Literary Notes）に書き留めた、希望が舞い落ち色褪せていくという、以下のような一篇の詩「暮れ行く年」（The Closing Year）を引用している。二人が出会ってから、わずか四カ月後のことであった。

（　暮れ行く年

風ある日に花びらの
頽《くずお》れし薔薇より落つるより速く
希望は希望についで舞い落ちて

年暮るる先に朽つるなり、（中略）
古き葉のなお残る枯枝に
新しき葉の現れることなし、
希望の色あせて懸る心に
新しき努力は湧き出でず[5]、

だが、翌一八八四年、二人の結婚問題は一挙に好転し、二月一五日結納、三月二八日には、ハリスの司式により上野池之端長酡亭で結婚式が執り行われる。結婚後、内村は農商務省の官吏として、札幌や、北海道の鰊の卵を放流するために新潟へ調査出張し、七月には妻タケを伴って榛名湖に水産調査に行く。だが、このとき二人の夫婦関係は破綻へと向かいつつあった。タケは、翌年四月に誕生する長女を身ごもったまま、安中の実家へと帰り、二人の余りにも短い結婚生活は終わりを告げる。それは将来ある二人のキリスト者にとって、どれほどの悲嘆であったことか。そのとき同志社女学校、横浜共立女学校で学んだ、信仰と向学心に富んだ浅田タケにも、キリスト者としての夢があったことだろう。ところが、一〇月二七日付宮部宛の内村の書簡には、何とこうしたためられていた。――過去八カ月、神の外には知ることのない悩みのもとにあり、彼女は「a rascal」（『内村鑑三全集』第三六巻、一一四頁）、「a wolf in sheep's skin」（同前）なり、と。

この間、「顧みれば余の生涯にも亦重大なる危機があつた、其時何かの助けが来らざりしならば狂か自殺か余は到底起《た》つ事が出来なかつたのである、其一日或《あるい》いは一時間は余の生涯中最も重大なる時であつた」（「聖書全部神言論」、『内村鑑三全集』第二四巻、三七八頁）と顧みるほど、「ホセア書」によって救われた、懸崖の一端に立つような、そんな危機の一日、一時間もあった。「ホセア書」とともに、そのことは生涯にわたって内村の内奥に残ったであろう。

二三歳の内村は、この愛のもたらす罪と罰の実験と傷痕を胸に、一一月六日、客船シティ・オブ・トウキョウ号で、キリスト教大国アメリカへ、荒野へ、流竄《るざん》のような航海へと旅立つ。父宜之は、「聞《きき》しのみまだ見ぬ国に神しあれば　行《ゆけ》よ我が子よなに懼《おそ》るべき」（『流竄録』、『内村鑑三全集』第三巻、五二頁）という自作の和歌を息子鑑三への餞《はなむけ》に贈るのである。

2　十字架と贖罪の回心――第二時機

第二時機は、アマスト大学での贖罪の回心である。

一八八四年一一月二四日、内村は感涙とともにサンフランシスコ港に着く。だが、そのアメリカは「金」が全能、正義であり、異教観的人種差別がまかり通るのを目の当たりにし、すぐに失望する。「ああ天よ、私は破滅した！　欺かれたのだ！　私は平和でないものを手に入れるため本当の平和を捨ててしまった！」（『余はいかにしてキリスト信徒となりしか』、大内三郎訳、一一七頁、以下、同書は章と頁数に略）。彼はユタ州オグデン、シカゴを経て、七〇〇人の「狂人」のコロニー「白痴院」を運営するペンシルヴァニアの博愛主義の院長I・N・カーリンに会い、翌年一月からエルウィンの養護施設の看護人となり、二一名の衣食寝浴の世話をすることになる。このとき、「慈善家とならんと欲した」（「目的の進歩」、同前）内村は、ここで「エレミヤ書」を読み、祖国を想う涙の預言者にして詩人エレミヤに感動する。「私は祖国の地図を見つめ、その上に伏せて泣いて祈った」（第七章、一四三頁）。遠く離れた明治の祖国日本を、あの懸崖の一日、若き結婚の破綻、我が子を身ごもったタケを、キリスト者となり「行《ゆけ》よ我が子よ」と餞の歌を詠んだ父、結婚に反対した母、彼を包んだ札幌農学校の友人たち、北の大地札幌の大自然を想ったであろう。内村は、一人罪と孤独のなかにあった。

内村は、八カ月近くこの知的障がい者施設で働くうちに、心中の「疑惑」（第七章、一四四頁）は耐えられないほどの苦痛となっていく。「悲しみに沈んだ心」（同前）のまま、エルウィンに別れを告げて、秋風の吹く頃、ニュー・イングランドのアマスト大学へと移る。ここで「人類の友」「霊魂の父」と呼んだシーリー総長と出会い、二年間は学費無料で寄宿舎の一室を与えられ、選科生として三年への編入が認められる。彼はギリシャ語・ラテン文学、生物学、地質学、鉱物学とともに、モース教授の歴史学、リチャードソン教授のゲーテ文学、フィールド教授の聖書文学などを学ぶのである。だが、キリスト教国への流竄の人・内村鑑三と、その魂はついに苦悩と悲嘆のただなかに沈んだ。「私は苦しい基督信者であつた」（「クリスマス夜話＝私の信仰の先生」、『内村鑑三全集』第二九巻、三四三頁）。

一八八六年三月八日、シーリー総長は、内村にこう告げる。――君は君の衷《うち》のみを見るのではなく、なぜ、十字架の上で君の罪を贖い給いしイエスを仰ぎ瞻《み》ないのか、君は小児が植木を鉢に植えて、その成長を確かめようと毎日根を抜いて見ようとするのと同じ、何故神と日光に委ね、安心して君の成長を待たないのか、と（同前）。この言葉によって、二五歳を前にした内村は、決定的な回心（Conversion）、贖罪による霊的な回心を体験するのだ。その信仰の「実験」は、内部の「疑惑」「真空」を閉ざしてきた律法からの、罪からの自由でもあった。これが第二の時機《モメント》である。彼にはニュー・イングランドの風景も、アマストの自然も、この地上の国は、ドストエフスキー描く死を前にしたマルケールのように、大きく変わって見えたであろう。「五月二十六日　この世界には悪より善の方がはるかに多いのだという思いに、深く感動する。鳥、花、太陽、大気、――何と美しく、輝やかしく、かぐわしいことか！」（第八章、一五七頁）。札幌農学校でのキリスト教との出会いを第一の回心とするならば、アマスト大学では第二の回心、最後は再臨信仰という第三の回心へと至るのである。

その二〇年後、『聖書之研究』七七号（一九〇六年七月、『内村鑑三全集』第一四巻）に、内村は「十字架の仰瞻」と題して、次のように記している。「汝等我を仰ぎ瞻よ然らば救はれん（以賽亜《イザヤ》書四十五章廿二節）、十字架上のキリストを仰ぎ瞻《〔み〕》よ、然らば救はれん、其流せる血は汝の罪のためなるを認めよ、然らば救はれん、其言ひ尽されぬ苦痛《くるしみ》は汝の罪に対する神の忿怒《いかり》の表顕《ひやうげん》なるを認めよ、然らば救はれん、キリストの死に汝の死を認めよ、然らば救はれん、……」（一七四―一七五頁）と。十字架のキリストの仰瞻、それは内村鑑三の信仰の核心でもある。

一八八七年六月二九日、アマスト大学を卒業した内村は、九月に「自分は決して教職者免許を受けない」（第九章、一七八頁）という決心のもとにハートフォード神学校に入学する。「余は救《すくひ》を得んが為めに神学校に入れり、而して永遠絶望《えいゑんぜつばう》の域《ゐき》に堕落《だらく》する門戸《もんこ》を神学校内に発見《はつけん》せり、――危険《きけん》、危険《きけん》」（『求安録』、『内村鑑三全集』第二巻、一七〇頁）。内村は、そこでの教育に絶望してすぐに退学し、アマストでの回心による福音と、二つの「J」（Jesus とJapan）を胸に、翌年三月、新キリスト教国日本への夢を抱いて帰国の途につくのである。渡米中に愛用した聖書の見返し部分には、彼はこう記した。「I for Japan; Japan for the World; The World for Christ; And All for God.（自分は日本の為《ため》に　日本は世界の為に　世界はキリストの為に　凡《すべ》ては神の為に）」（鈴木範久『道をひらく――内村鑑三のことば』、口絵）。それはそのまま墓石の銅板にも刻まれることになる。

「帰国の途上、私は五十日間海の上にいた。私は南十字星の下を航海し、真の十字架が立って偽りの十字架が倒れるのを見た」（第一〇章、二二七頁）。陸と海を二万マイル以上も彷徨い、手には一枚の卒業証書もなく、所持金はわずか七五セントを残して、神と十字架を知ることで満たされた内村は、一八八八年五月一六日の夜遅く、杉の生垣に囲まれた懐かしい家に三年半ぶりに帰り着く。もう、その心の奥に真空はない。

内村鑑三には、この信仰の第二時機を経て、「真の十字架」（the True Cross）が立っていたのだ。「余は其の後当分の間イエスキリストと彼の十字架の福音を自他に於て実現せんと務めた」（「信仰の三大時機」、同前、四四頁）。異教国日本での無教会信仰のキリスト教伝道の三〇年間、それこそが贖罪の十字架からキリストの再臨信仰へ、信仰の第三時機へと向かう途なのである。

「遠大の事業」（『聖書之研究』七七号、一九〇六年七月）という、次のような三行の文章がある。

余輩は今の人をのみ救はんと欲せず、亦後の人をも救はんと欲す、余輩は日本人をのみ救はんと欲せず、全人類を救はんと欲す、余輩の事業は小なりと雖《いえど》も永久的にして又宇宙的なり、余輩は今人今時をのみ目的として働く者に非ず。(6)

贖罪の十字架を知った第二時機は、内村において、やがては再臨信仰、万人救済論へとつながっていく。

3　再臨信仰への途——伝道の三〇年と第三時機

帰国後、二つの「J」＝「キリスト愛国」に生きるとは、内村鑑三にとってどれほど困難であったことか。「教育家とならんと欲した」(「目的の進歩」、同前) 内村は、一八八八年九月に新潟の北越学館に「仮教頭」として赴任するが、教育上の理由や宣教師との軋轢から、一二月に四カ月で辞職する。宣教師が教派から伝道費を受け、無給であることに反対し、また「エレミヤ書」の講義の他に、『代表的日本人』(Representative Men of Japan) にもつながる儒教や仏教も教えたのである。彼は『求安録』に、こう記した。「嗚呼《あゝ》若し神余に命《めい》じて伝道師たれと言はゞ余は如何すべき」(『内村鑑三全集』第二巻、一六五頁)。

この後、一八八九年に東洋英和学校、水産伝習所の動植物学科の教師となる。五月一四日には、妻タケと正式に離婚し、七月三一日に高崎の横浜かずと二度目の結婚をする。この年の二月、大日本帝国憲法、教育勅語が相次いで公布され、世相は森有礼文相の刺殺、大隈重信外相が襲われて負傷するなどの社会的事件で動揺していた。一八九〇年九月、キリスト者内村の命運を左右する第一高等中学校嘱託教員の職に就くのである。これが翌年一月一九日、第一高等中学校教育勅語奉読式での「不敬事件」へとつながっていく。一八九一年三月六・一四日付D・C・ベル宛書簡には、不敬事件について、以下のように記されている (鈴木範久、前掲書による)。

一月九日、高等中学校で教育勅語を受け取る儀式に際し、校長の講話と奉読のあと、教授と生徒たちは、一人ずつ檀上に上がって、教育勅語に記された天皇の署名に頭を下げる（bow）よう求められる。キリスト教徒の内村は、心の準備がないまま三番目に壇上に上がる。六〇人の教授、一〇〇〇人以上の生徒が列席するなかで、キリスト教的良心をもって低頭にあたるように頭を下げなかったのである。内村への非難は、生徒、教員から起こり、新聞、雑誌などへと急速に広がり、「不敬漢」「国賊」とまで呼ばれ、経験したことのない社会的、個人的な攻撃を受ける。この直後に、内村は流行性感冒で倒れ、病気中の内村に代わって辞表が提出される（以上、第一回「迷いと慰め」）。問題となった「儀式」（「奉拝《ほうはい》」）については、内村は校長の収拾策に応じ、宗教的礼拝ではなく尊敬をあらわす行為として「再拝」を決めるが、本人が病気のために代拝が行われた。この不敬事件によって、内村は五カ月ほどで、第一高等中学校教員を依願解嘱となるのである。

一方、不敬事件で疲労困憊した妻かずは病気になり、回復することなく、四月一九日に死去し、一年九カ月の短い結婚生活は終りを告げる。死の五日前に洗礼を受けたかずに、内村は「妻の柩を送りて詠める」（『基督教新聞』四〇五号、一八九一年五月一日）と題して、次のような短歌を詠んだ。「春の日に栄の花の衣きて　心うれしく帰る故郷」（『内村鑑三全集』第一巻、一九五頁）。不敬事件とかずの死は、内村の最初の宗教書『基督信徒の慰』（警醒社書店、一八九三年）や『求安録』（同前）へとつながっていく。大日本帝国憲法下、日本がナショナリズムとともに近代天皇制国家へと向かうなかで、第一高等中学校不敬事件はジャーナリズムで喧伝され、二つの「J」はともに打ち砕かれるのだ。

翌一八九二年一二月、京都の判事岡田透の娘しづと三度目の結婚をする。京都へ転居しての三年間のきわめて貧しい生活のなかで、『伝道之精神』（警醒社書店、一八九四年）、『地理学考』（同前、一八九七年『地人論』と改題）を刊行するとともに、徳富蘇峰を主筆とする『国民之友』（民友社）に渡米記『流竄録』（二三三―二五一号、一八九四年八月二三日―一八九五年四月二三日）を連載するほか、「何故に大文学は出ざる乎」（二五六号、一八九五年七月一三日）「如何にして大文学を得ん乎」（二六五—二六六号、一八九五年一〇月一二、一九日）、および数篇の時勢に関する詩を掲載する。

正義は口にあり、
攻略は腹にあり、
義は名の為に求め、
名は利の為に貴ぶ。

身は党則に縛られて自由を唱へ、
心は利慾に駆られて愛国を叫ぶ、
衆愚の声に震へ、
寡婦の涙に動かず。

野の獣に断あり、
彼に断なし、
空の鳥に情あり、
彼に情なし。

風と共に飛び、
草と共に靡《なび》き、

偽善者の偽善者、
奴隷の奴隷。[(7)]

一八九七年には、朝報社に入社し、『万朝報』英文欄主筆となることで、内村は「社会改良家とならんと欲した」(「目的の進歩」、同前)のである。『万朝報』では、ジャーナリストとして、薩長政府批判や、田中正造によって民衆運動となった足尾銅山鉱毒事件など、政治・社会批評を展開する。そこに「鉱毒地巡遊記」(一九〇一年四月二五―三〇日、『内村鑑三全集』第九巻)を掲載する。「足尾銅山鉱毒事件は大日本帝国の大汚点なり、之を拭はずして十三師団の陸兵と二十六万噸の軍艦を有するも帝国の栄光は那辺にある、之を是れ一地方問題と做す勿れ、是れ実に国家問題なり、然り人類問題なり」(二五九頁)。だが、一九〇三年一〇月、非戦論者の内村は、『万朝報』が日露戦争の主戦論に転じたことで朝報社を退社するのである(第三部、6、参照)。

朝報社を退社後、主筆となる『東京独立雑誌』(一―七二号、一八九八年六月―一九〇〇年七月)を経て、一九〇〇年九月、内村の信仰と伝道の生涯がすべてこめられた、自らが主幹となる『聖書之研究』を創刊する。それは三〇年間、全三五七号、日本キリスト教史に残る「紙上の教会」(赤江達也『「紙上の教会」と日本近代――無教会キリスト教の歴史社会学』)であった。

『聖書之研究』一号の表紙には、「THE BIBLICAL STUDY. Pro Christo et Patria. 基督の為め國の為め」と記され、本文はパウロによる「ローマ人への手紙」の言葉ではじまっている。「我は福音を耻とせず、此福音はユダヤ人を始め、ギリシヤ人、總て信ずる者を救はんとの神の大能なればなり」。

冒頭の「宣言」に、内村はこう記した。

聖書に曰く生命の水の河あり、其水澄《す》〔き〕く徹りて水晶の如し、神と羔《こひつじ》の宝坐《くらい》より出づ、河の左右に生命の樹あり、其樹の葉は万国の民を医《いや》すべしと、（黙示録廿三〔廿二〕章一二〔一、二〕節）、余輩は天上天下此福音《ふくいん》を除いて国民を医す者の他にあるを知らず、此誌豈《あに》今日に於て出でざるべけんや。（8）

そこには「神」と「羔《こひつじ》」を水源とした生命の水の河が流れ、その水は水晶のように透明に澄み、両岸には生命の樹が繁り、木々の葉は、すべての人を癒すのである。

また、彼は『聖書之研究』四二号には、「神は愛なり」（『内村鑑三全集』第一一巻）と題して、こう書いた。――我等は、一度は死ぬと定まっている、しかし神は愛である、我等の愛する日本も亡びることがあるかもしれない、しかし神は愛である、天は灼け崩れみな焚け尽きるであろう、だが神は愛である、神は愛であるから我等は何が来ても怖くはない、我等はただ知る、すべてのことは神を愛する者のために働いて益をなすことを、と（三〇二頁）。それは内村の生涯をつらぬく「信仰」であり、『聖書之研究』という教会なき者が集う無教会のエクレシアであり、その宇宙《コスモス》には、生命の水の河の潺《せせらぎ》が聞こえ、神の愛が、言《ことば》が交響楽のように木霊《こだま》し、この天然宇宙と響き合う。

内村はここに、旧新約聖書の厖大な聖書講解と注解、聖書研究、講演、談話、信仰的エッセイ、詩、日録を掲載した。『聖書之研究』の創刊からルツの死までは、彼は「聖書学者とならんと欲した」（「目的の進歩」、同前）のである。「謎《なぞ》の聖書」（『聖書之研究』一六二号、『内村鑑三全集』第二〇巻）という文章がある。「聖書は最も普通なる書である、路端《みちばた》の雑艸《ざつそう》の如くに又河端《かはばた》の礫《こいし》の如くに普通である、然し乍《なが》ら、雑艸と礫とを解する者の尠《すくな》いやうに、聖書を解する者は尠い」（二一七頁）。この道端の雑草、人知れず咲き枯れる野の花、水しぶきをあびる河端の小石、そんな天然宇宙の福音を信仰の実験とともに解する、それが聖書学者となろうとした内村の聖書研究であった。

『聖書之研究』の主な内容となる内村の聖書講解・注解は、「創世記」からモーセ五書、歴史書、預言書、詩篇、ヨブ記、伝道の書、雅歌などの諸書等旧約聖書三七書、四福音書、使徒行伝からロマ書などパウロ書簡、牧会書簡、合同書簡などの書簡類、再臨の約束で終る「ヨハネの黙示録」までの新約二九書、旧新約聖書六六書のほとんどが対象となっている。なかでも、『聖書之研究』(二四七—二六八号)に二二回連載されたパウロのロマ書講義「東京講演=羅馬書の研究」(『羅馬書の研究』として刊行、『内村鑑三全集』第二六—二七巻)は、六十代はじめの内村の傑出した聖書講演であった。

第一講「ロマ書の大意」のなかで、ロマ書の性格、主題、骨子を述べ、こう語った。わずか一六章一万六〇〇〇字の書簡は、世界の歴史を改造した奇跡の書で、その福音の中心は十字架、贖罪の問題である。それを開示した小さな大著がロマ書である、と。以後、講演はパウロの自己紹介、ローマ訪問計画、異邦人、ユダヤ人、人類の罪、神の義、アダムとキリスト、潔《きよ》められること、救いの完成、キリスト教道徳等を経て、「終結=頌栄の辞」へと至る。ここには、パウロがいう「義人あるなし一人もあるなし/悟れる者なし神を求むる者なし」(第一四講、第二六巻、一四三頁)、そんなアダム、カインの末裔である人の、人類の罪と、すべての人の救済がある。

「羅馬書の研究」を連載中の『聖書之研究』二五九号に、内村は「信仰の告白」と題して、こう書いた。人が義とされるのは信仰による、潔められるのは信仰による、最後に救われるのは信仰による、義人、聖者、天国の民となり信ずるのではない、神の約束を信じ、不義の身このままで、ただ信じることによって救われる、と(第二七巻、一一九頁)。人は、贖罪の十字架への悔い改めによる「信仰」によって、「罪人」のまま救われ、回復されたこの楽園を生きる。それは福音のはたらきであり、信仰による義、聖、栄はここにある。

『聖書之研究』は、信仰共同体とともに多くの無教会信仰の峰々をなす独立伝道者を生んだ。それは藤井武(伝道誌『旧約と新約』、以下同じ)、塚本虎二(『聖書知識』『キリスト教常識』)、畔上賢造(『日本聖書雑誌』)、黒崎幸吉(『永遠の生命』『復活の生命』)、矢内原忠雄(『嘉信』)、石原兵永(『聖書の言』)へ、さらに関根正雄(『預言と福音』)、前田護郎(『聖書愛読』)、高橋三郎(『十字架の言』)へとつづき、多数の独立伝道者と伝道誌が受け継がれている。

一方、『聖書之研究』には、読者、参加者の感想録や実験録が内村の感想とともに掲載された。一九〇一年の一

○日間の第二回夏期講談会には、参加者は東京、大阪だけではなく、美作津山、鹿児島市、千葉県大和村、信州小諸、備前岡山、岩代福島など全国から集まり、職業も学生、洋反物商、住友別子鉱業所傭員、時計職、桶職人などきわめて多様であった。『聖書之研究』四二号には、「驚くべき恩恵」として、長野県小沼村で農業に従事する三一歳の青年の実験録がある。――浅間山の辺部に住み、日々鍬鎌をもって仕事をし、農業を「賤しき人」の業と心得ていたので、父までそのような人と思い、鍬鎌をとるのが恥ずかしく、自分の代になったら遊んで暮らそうと思っていた。ところが本誌を読むようになってから、我身の罪の大きさを知り、神のために働き、神によって罪を赦されんと祈ると、鍬鎌をとる手も軽くなり我業も尊く、父も敬うようになった、と。『聖書之研究』は、この青年の見る浅間山麓の折々の風景も、心象風景も、福音の光景へと変えたのである。

　ここにも一条《ひとすじ》の生命《いのち》の水の河が流れている。

　内村を再臨信仰へと導いた背景には、愛するルツの死と、二〇〇〇万人近い無残（＝無辜）な死者をもたらした第一次世界大戦があった。一人娘ルツは、一九一二年一月一二日に一八歳で病名不明のまま、高熱、衰弱の果てにこの世を去る。臨終の三時間前、彼女は両親とともにはじめて聖餐式に臨み、歓喜の表情とともに「感謝、感謝」（「祝すべき哉疾病《やまひ》」、『内村鑑三全集』第一九巻、三〇頁）と繰り返し、脈拍がなくなったあと、「モー往きます」（「最後の一言」、同前）と発して、息が途絶えた。父鑑三は、告別式で、こう述べた。――ルツは、この世でなすべきことをなし終えて、父の国に帰りました、私たちはこの式を葬式とはみなしません、結婚式です、天国への嫁入りです、晴れの祝いの日です、と。[9]

「聖書学者とならんと欲した」（「目的の進歩」、同前）内村は、ルツの死後、神への懐疑の果てに、次のようにいう。「余は今は何者にもならんと欲しない、又何事をも為《(な)》さんと欲しない、唯《(ただ)》神の遺はし給ひし其独子《ひとりご》を信ぜんと欲する、余が今日為さんと欲する事はイエスが人の為すべき事として示し給ひし業《わざ》である」（『内村鑑三全集』第二〇巻、八五頁）と。

その二年後の一九一四年七月、第一次世界大戦の勃発により、非戦論者の内村は、有史以来もっとも無意味、悪辣、悲惨な、人類社会の根底を壊すような大戦争は何故始まったのか、という問いとともに時代の大きな試練を受ける。その絶望の淵に立つ五十代半ばの内村に、アメリカの友人D・C・ベルから『日曜学校時報』（The Sunday School Times, June 24）が届くのだ（第三部、4、参照）。それにより内村の信仰は、キリスト教との出会いによる罪の自覚（第一時機）から、贖罪の十字架による救済（第二時機）を経て、キリストの再臨（第三時機）へ、完成期へと至るのだ。

内村は、八月二四日付ベル宛返信に、以下のように書いた。その論文は、「長い間私の心から消えていた古い信仰を、新しくよみがえらせてくれました。そして今や私は *παρουσία*《パルージャ》（再臨）こそ聖書の鍵であり、これを欠いては、聖書は初めから終わりまで、一つの大きな謎であることが分かりました」（山本泰次郎『内村鑑三　信仰・生涯・友情』、五〇五頁）と。

それは内村の再臨詩「我等は四人である」にも通じている。

我等は四人であつた、
而《しか》して今尚《な》ほ四人である、
戸籍帳簿に一人の名は消え、
四角の食台の一方は空《むな》しく、
四部合奏《しぶがつそう》の一部は欠けて、
讃美の調子は乱されしと雖《いえど》も、
而かも我等は今尚ほ四人である。

我等は今尚ほ四人である、
地の帳簿に一人の名は消えて、
天の記録に一人の名は殖《ふ》えた、
三度の食時に空席《くうせき》は出来《でき》たが、
残る三人はより親しく成つた、
彼女は今は我等の衷《うち》に居る、
一人は三人を縛る愛の絆《きづな》となつた。

然し我等は何時《いつ》までも斯《〔か〕》くあるのではない、
我等は後に又前の如く四人に成るのである、
神の菰《らつぱ》の鳴《な》り響《ひゞ》く時、
寝《ねぶ》れる者が皆起《お》き上《あが》る時、
主が再たび此地に臨《きた》り給ふ時、
新らしきヱルサレムが天より降る時、
我等は再たび四人に成るのである。(10)

これは内村鑑三の信仰の生涯がいきつく「再臨信仰」の生まれくる水源地となる詩である。ここには、キリスト再臨＝臨《きた》りつつあるイエス――再臨信仰の原響が木霊《こだま》している。楽園喪失《パラダイス・ロスト》後に、「新らしきヱルサレムが天より降る時」（楽園回復《パラダイス・リゲインド》）＝再臨《セカンド・カミング》は、再会の希望となる。ルツの「建碑」には、「再《ま》た會《あ》ふ日まで」と刻まれたのである。

「建碑」と題された詩がある。

武蔵野《むさしの》の真中《まなか》、
女郎花《をみなへし》の咲《さ》く所《ところ》、
雑司ケ谷《ぞうしがや》の森《もり》に、
我《わ》がルツ子《こ》は眠《ねむ》る。

大理石《だいりせき》の三塊《みかたまり》、
長門秋吉《ながとあきよし》の産《さん》、
友人《とも》の愛《あい》に刻《きざ》まる、
再《ま》た会《あ》ふ日《ひ》までの碑《ひ》。

日《ひ》は富士《ふじ》の嶺《いたゞき》に入《い》り、
月《つき》は欅《けやき》の枝《えだ》に懸《かゝ》る、
椋鳥《むくどり》は鳥栖《ねぐら》に帰《かへ》りて、
夕暮《ゆうぐれ》の霞《かすみ》低《ひく》し。

残《のこ》るは父母《ふたおや》と弟《をとうと》、
静《しづ》かに眠《ねむ》る地下《ちか》の彼女《かのぢよ》、
祈《いの》る天上《てんじやう》の祝福《しゆくふく》、

望《のぞ》む再会《さいくわい》の歓喜《よろこび》。(11)

一九一七年四月には、第一次世界大戦へのキリスト教国アメリカの参戦、一九一八年一月、内村は再臨論を内容とする「聖書研究者の立場より見たる基督の再来」について講演し、それは一年半ほどの間、高まる再臨運動の開始を告げる。三月以降、大阪、京都、神戸、横浜、札幌、箱根などで再臨について講演し、それは大正期の大きな宗教、社会運動として、第一次世界大戦の終結までつづいていく。

内村の生涯をかけた聖書研究は、旧約の楽園の喪失から、新約の楽園の回復を経て、最後は黙示録の楽園の完成と再臨信仰へと至る。「再臨あり復活ありて始めて個人の永遠の生命あり愛する者との再会あり宇宙万物の救拯《すくい》がある」(「パウロの復活論」、『内村鑑三全集』第二四巻、五八一頁)。

而して基督再来は人類救拯《きゆうじよう》の時であると同時に又天然解放の時である。(12)

それは一二年後、内村鑑三の最期の時のメッセージへとつながっていく。(13)人類の救済、天然の解放、宇宙の完成――それは再臨のキリストによって可能となるのである。内村の信仰の階段の「第三時機」にあたる再臨信仰への途、それはキリスト教、無教会信仰の伝道の三〇年にしてついに至りついたのだ。

ここに内村のキリスト教受容と信仰の三大時機《モメント》を評伝的に辿ったうえで、再臨信仰と再臨運動に見る大正社会と再臨待望について見ていきたい。

4　再臨信仰と再臨運動――大正社会と再臨待望

内村鑑三にとって信仰の完成期となる第三時機、再臨信仰とそれに伴う再臨運動の高まった一九一八―一九年を含み、世界では日本も参戦する、厖大な死者を生んだ世界大戦争、国内では一〇万人以上が犠牲となった一九二三年の関東大震災など、終末的な出来事が重なる大正期（時代）は、一九一二年一月一二日、愛娘ルツの死とともにはじまった。

内村は『聖書之研究』一四七号（一九一二年一〇月）に、無署名で「明治と大正」（『内村鑑三全集』第一九巻）と題し、「明治の後に大正が来た、是れ当然の順序である」（二六〇頁、以下同じ）という書きだしで、以下のような内容の短文を掲載している。明治は「文明の治世」で、日本は「泰西の文明」による物質的欧化の時代であったが、大正期には「ルーテルのやうなる大信仰家、カントのやうなる大なる倫理学者」が求められ、明治の「開明時代」の後には、大正という「大義時代」がくるべきである、と。それは再臨信仰という聖書の奥義へ、大正期特異な再臨運動へと通じていく。

一方では、大正期の社会は都市モダン文化への変貌とともに、グローバル世界を背景に労働運動など社会矛盾も露呈し、「大正デモクラシー」と呼ばれる憲政擁護運動、普通選挙運動が起こるとともに、吉野作造の民本主義や美濃部達吉の天皇機関説も現れ、民衆による社会運動も活発化した。また、大正期の社会現象としては、「生命主義」や「宗教小説」の流行も見ることができる。(14) そんな時代状況のなかで、内村を中心人物の一人としたキリスト教の再臨運動は、第一次世界大戦の渦中に一挙に高まり、賛否両論の渦のなかで二年に満たない期間で社会の表層から消えた。それはキリスト教界以外にも波及した特異なキリスト教運動となった。内村にとっては、「再臨狂」まで生みだした再臨運動の沈静化は、「大義時代」を背景に、晩年の一〇余年の再臨信仰、再臨思想に伴う聖書講解、宇宙歴史観の深化へとつながっていくのである。

内村鑑三の研究者ゾンターク・ミラは、大正期の日本社会の合理主義（性）と救済の観点から、「内村鑑三と大正期の再臨運動」（『キリスト教学』第四三号、二〇〇一年一二月）、「キリスト再臨運動――近代日本における合理性と救済をめぐる言説」（『内村鑑三研究』第三八号、二〇〇五年八月）などで、キリスト再臨運動のもつ宗教思想史的な意義を考察している。論文「キリスト再臨運動」では、政府が合理化に邁進していた一九一〇年代、「いっそう霊的な（spiritual）生活を探求する新たな（alternative）運動が始まっていた」（五四頁）として、教派の異なる内村鑑三、中田重治[15]、木村清松[16]などのキリスト再臨をめぐる言説から再臨運動をとらえ、「彼ら伝道者が、何故、また何のために、自らの信仰を宣べ伝えることになったのかという点に注目したいと思う」（同前）と述べ、以下のように論じている。

キリスト再臨運動は、内村ら三人のキリスト者によって「預言的研究演説会」としてはじめられ、第一回は一九一八年一月六日午後二時、神田の東京基督教青年会館で開催される。内村は「聖書研究者の立場より見たる基督の再来」（『内村鑑三全集』第二四巻）と題して講演した。それは世界大戦争という時代の未曾有の困難を背景に、「今や平和の出現を期待すべき所は地上何処にも見当たらないのである」（六〇頁）という「絶望の深淵」（同前）のなかから、内村の実験的再臨信仰を告げる画期的な講演であった。以後一年半、キリスト教各教派を超えて全国で一〇〇回以上開かれ、聴衆も一〇〇〇人を超えることもあり、「短命ではあったが、このキリスト再臨運動は、日本史上最も影響力のあったキリスト教運動のひとつであった」（『内村鑑三研究』第三八号、五六頁）。この論文では、ゾンターク・ミラは研究の方法として第一に内村の信仰の一貫性、第二は転換点としての再臨運動、第三は指導者たちの個人的事情以上のものがあることなど三点の文脈から再臨運動をとらえていくのである。

「5キリスト再臨運動の分析」では、内村の第一回講演について、こう述べている。第一回講演では、内村はこれまでの科学的思考による「進化論」とキリスト教信仰の「調和」の誤りに気づき、近代社会、教会の基礎をなす

「合理性原理」（五八頁）に疑義を呈し、教会指導者の非難を受ける。だが、内村は個人的、人類史的な「行き詰まり」のなかで、聖書の真理としてのキリスト再臨へといきついたといい、キリスト再臨の教義こそ「歴史の原理の原型」（六〇頁）であり、それは内村にとってより「科学的になった」（同前）ともいえる、と。ゾンターク・ミラは、内村の再臨運動は、それまでの自らの価値体系を根本的に変え、生涯の信仰活動における「転換点」として見るべきであると結論づけている。

内村にとって、信仰の第三時機である再臨信仰は、これまでの進化論的思考すべてから、キリスト再臨という聖書・天然・歴史観の飛躍的転換であり、これまでの一貫した福音的信仰の希望の水脈が一挙に湧出する、決定的な出来事でもあった。同時に、内村の旧新約聖書の理解・講解は、再臨信仰によって統一的《コンシステント》な完成形を迎える。再臨のキリスト・臨りつつあるイエスは、未来・現在的終末論とともにある再臨信仰であり、万人救済思想なのだ。

内村は、再臨運動が収束した翌一九二〇年四月、摂津西之宮における講演「基督再臨の二方向」（『聖書之研究』二三九号、六月）の最後に、「ヨハネの黙示録」第二一章三―四節を取り上げて、こう述べている。

> 即ち完全なる社会ありて神の恩恵完全に現はれ凡ての涙が拭はる、と云ふのである、人は己一人救はるとも其救は殆《ほとん》ど無価値である、凡ての兄弟と共に救はれてこそ救は初て救たるのである、神は聖められし霊魂を以て最後に全く聖き社会を造り給ひ、以て個人並に人類に対して最大最終の恩恵を施し給ふ、これ真正の救である、之を離れては個人の救もないのである、再臨は万物完成の時である、喜ぶべき事、讃美すべき事、感謝すべき事である。(17)

黙示録では、光と闇の交錯・乱舞のあと、新しい天と地、聖なる都、新しいエルサレムが神のもとをでて天から下り、御座から大きな声がする。――見よ、神の幕屋は人とともにあり、人は神の民となり、神は人の目から涙をぬぐい、死も、悲しみも、叫びも、痛みもない、と。まさに、キリスト再臨は万物救済と宇宙完成のときである。

日本社会における一〇〇〇年に一度といわれた終末的な大災害となった東日本大震災と、文明史的な原発事故が重なった「3・11」、その翌年に出版された黒川知文『内村鑑三と再臨運動――救い・終末論・ユダヤ人観』（新教出版社、二〇一二年）という再臨運動の研究がある。「はじめに」のなかで、著者は「紀元三〇年頃イエスが語った、歴史の終末に起きることに関する以下の預言が、今日、実現しつつあるのを否定できない」（四頁）と記し、「マタイによる福音書」第二四章四―一四節が引用され、同様な歴史的な状況として、第一次世界大戦時の欧米の再臨運動、内村を中心とした日本の再臨運動に言及する。

本書は、内村鑑三の渡米時の救済体験から信仰形成、再臨運動の経緯、思想的背景、ユダヤ人観についてなど、時代、人物、社会、運動を包括的に考察している。特に第二章「大正期再臨運動」では、再臨運動の準備期（一九一七年五月―一二月）、開始・高揚期（一九一八年一月一五日）、対抗・充実期（一九一八年六月―一一月）、対抗・沈静期（一九一八年一一月―一九一九年五月）、衰退・転換期（一九一九年六月―）と分けて再臨運動が分析され、第三章「再臨運動の思想的背景」においては、内村の再臨論、批判者（カトリック、日本ハリスト正教会も含む）、批判論の比較について、大正期の再臨運動が詳細に論じられている。

大正社会においては、個人・自由・教養主義の文化的動向のなかで、明治期とは異なったキリスト教各派の積極的な運動が展開される。なかでも、「民衆に影響を与えた宣教運動には、無教会運動、救世軍運動、全国協同伝道、再臨運動、神の国運動などが挙げられる」（一〇〇頁）。黒川は、ルツの死、世界大戦へのアメリカの参戦、『日曜学校時報』などが再臨運動と再臨信仰の「遠因」と推定できるが、「聖書研究によって再臨の教義の重要性を知るに至ったことがより直接的な要因であったと考えられる」（一〇八頁）と記している。それはゾンターク・ミラのいう内村の信仰の一貫性という視点と通じている。再臨運動そのものではなく、旧新約聖書研究の奥義による再臨信仰なのである。再臨運動が沈静化することにより、それとは対照的に内村自身の再臨信仰は深化しつつ、これまでの贖罪の十字架信仰、生命のコスモスは、大きく広がるのである。
内村は、再臨運動の「対抗・沈静期」の一九一九年三月、『聖書之研究』二二四号の巻頭に、「余の信仰」と題して、次のような文章を掲載している。

余の信仰は素々《もと〱》日本流の敬神愛国を以て始つた者である、それが余をイエスキリストの御父なる真の神に導いたのである、其神に事《つか》へんとして余に贖罪《しよくざい》の信仰が起つたのである、而《しか》して贖罪の信仰が余に基督再臨の信仰を喚起《よびおこ》したのである、斯《か》くて余の信仰は素々《もと〱》日本的であつて猶太《ユダヤ》的であつて預言的であるのである（中略）余は日本人として率直を愛して廻り遠い議論を嫌ふ　余は猶太の預言者の流を汲んでパリサイの儀礼とサドカイの智略とを嫌ふ、余は単純を愛して複雑に耐へない、基督の十字架に余の義と聖と贖とを認め、彼の再臨の時に其実現を期待する、十字架の信、再臨の望、而して此の信と望とより生ずる愛、是が余の信仰である。(18)

キリスト再臨は義・聖・贖の十字架信仰を実現するとともに、その十字架の信、再臨の望、それによる愛――それが再臨運動の結果、内村にもたらした（再臨）信仰なのである。
一方、再臨運動の高揚のなかで、「再臨狂」を生む事態もあった。内村は、再臨運動がすでに衰退・転換期となった一九二〇年の日記（一二月二三日）に、次のように記した。「余の伝道の結果として尠《すくな》からざる宗教狂を生じたと云ふ事は実に歎かはしき事である、余の聖書研究の奨励が聖書狂を生じ、キリスト再臨の唱道が再臨狂を産んだ、之を思ふて伝道が全く厭《いや》になる、実《まこと》に一人の真の信者を作らんが為には百人の偽信者を産せざるを得ない、是れ今日に限つた事でない、伝道の困難は実に此辺に在るのである」（『内村鑑三全集』第三三巻、三二八―三二九頁）。その三日後の日記（一二月二六日）には、「余」のキリスト教はもともと「十字架教」（三三〇頁、以下同じ）、「贖罪《しよくざい》的十字架教」であり、「余を解せざる者は此教を解しないからである」。聖書の奥義である再臨信仰は、キリスト教の中心である贖罪の十字架と密接に関連している。

小説家で牧師の沖野岩三郎[19]には、再臨運動の高揚期にキリスト教総合雑誌『六合雑誌《りくごう》』（一九一八年五月）[20]に発表した『再臨』（『地に物書く人』所収）という作品がある。この短篇は、日露戦争時の一九〇四年八月下旬から九月初めの激戦で、両軍四万人以上が犠牲となった遼陽会戦で負傷した守《まもる》という、売薬の行商をする青年キリスト者が主人公である。彼の負傷は、戦友も軍医も右腕一カ所の貫通傷であると証言するが、自分では三カ所以上の傷に相違ないと思い込んでいる。戦友の大西は高粱畑のなかで、守にこう告げる。――今度激戦があったらみんな死んでしまうかもしれないが、君だけは生き残るぞ、君は耶蘇《やそ》教を信じているから、ロシアの神様は信じる者を殺さないだろう、と。守も自分は神を信じているから、どんな大負傷をしても死の境から呼び戻される、「自分は既う救はれて潔められてゐる人間だから、此まゝ聖化されて天に携へ舉げられる身體なんだ」（二〇四頁、以下同じ）と思う。そして「耶蘇《エス》さま」が「橄欖《オリヴ》の山へお出でなさる」（再来する）と、潔められた者は天へと挙げられ、世の民の「呻吟《うめき》」のなかで、栄光の位に坐することができる。彼は「おう主よ！　あなたは今宵お出でになるかも知れない。準備は出來てゐます、私の罪の根は聖靈の火で燒盡されてゐます。主よ！　主よ！」と祈る。

守青年は下宿へ帰ると、「婆ァさん」に、売薬は罪なのでもう止めるというと、自分の頭の小さな白い禿や、口のなかの抜けた奥歯などを見せて、それも戦争の傷痕であると話す。そんな銃弾でも、『僕は死な、かつたのだ。僕は潔められてゐるんだ！　ハレルヤ』（二一〇頁）と独り言までいうと、人のいないところへ行こうとする。外では白粉を塗った一七、八の若い女、派手な立縞の着物を着た女と行き交い、稲の穂波が揺れる田圃にでる。『刈入時は近し！　あゝ主よ願はくば御再臨の時私を携へ舉げて下さい。さうして御榮光の中に置いてください。』／彼は田の畦《くろ》に打倒れて祈つた。涙が止所なくポロ〳〵と流れた」（二一二頁）。彼はひたすらキリストの再臨を待望する。すると、黙示録のように「最終《いやはて》の喇叭が鳴つた」（二一三頁）。

天の一方に榮光が輝いて雲の中から金光燦然たる王冠を戴いたキリストが静に現はれた。段々と地上に近くなつた。山も川も海も未だ嘗て聞いた事のない不思議な響を立てゝ鳴り動搖《どよ》めいた。美しい雲が地上に廣がつてキリストの姿は見えなくなつた。しかし暫くして又た瀏喨たる樂の音が響いて來た。地中から復活して來た人達であらう、何百何萬何千萬とも知れない群衆は一齊に聲を合せて『主は來ませり……主は來ませり……』と歌ひながら段々と高く上つて行く。

守は聲をあげて叫んだ。

『主よ、お、主よ、私は此所に居ます、救はれ潔められた私は此所に居ます、私は惠みの坐に出て幾度か祈りました、卽座に潔められた證《あかし》をもつてゐます、主よ私を携へ擧げて下さい。私はもう此上此世に居て罪人の有様を見るに忍びません。主よ私を艱難時代に殘し置かないで携へあげて下さい。(21)』

キリスト再臨を待望した群衆は天へ、守は地に残ったまま、戦争による銃の傷が痛む。彼は田の畦を転がりながら叫び、泣く。そこに巡査が現れると、何故泣いているのかと問う。守は、自分を迫害するのかという。彼は再び大道へでて東の空を眺めると、空がいくつにも裂け、星が雨のように降り、月が血の色で落ちると、地上一面は火の海となる。下宿へ帰ると、巡査は教会の牧師を呼ぶ。再臨説を信じない牧師・音無に、守はこう告げる。ここは新天新地、再臨後の新しい地です、と。牧師の音無は、守を抱き『信仰を捨てゝ恐ろしい堕落の淵に沈んで行く人と、信じられないものを強いて信じて此様に狂つて行くものと、何れが更に悲惨か。』(二二四頁)と考えると、悲しみとともに熱い涙が守の頬に落ちる。この守は、大正期の再臨運動が生んだ一人の「再臨狂」なのだ。

内村の再臨運動については、大正期の同時代のキリスト教界、主な指導者たちは、再臨信仰の理解を含めて、どのように見ていたのだろうか。

5　再臨信仰の理解——同時代のなかで

黒川知文『内村鑑三と再臨運動』の第三章「再臨運動の思想的背景」には、内村の再臨論から、再臨批判者と批判論、再臨批判論文の比較などが三節にわたって論じられている。第三章の叙述をもとに、同時代史のなかの再臨運動・信仰の理解を概観してみたい。黒川は、最初に内村の再臨論を取り上げ、その「有形的再臨」（肉体を伴う再臨）、「前千年王国論」（終末から千年王国に至る）、「聖書無謬説」（再臨は聖書論による）について、以下のように考察している。

内村の再臨論の特徴は、キリスト再臨は肉体をもつ有形的再臨で、霊的再臨と肉的再臨、霊と肉による救済の完成にあり、それを第一の特徴とする。第二としては、キリスト再臨により千年王国に至る前千年王国論で、「内村は中田〔重治〕と同じく、イエスの再臨の時に、死んだ信者は復活し、生きている信者は空中に引き上げられて再臨のイエスに会うという携挙を論じている」（一四六頁、補記引用者）。ただし、この「千年」とは文字通りの年数ではなく、内村はまた徹底した聖書無謬論者の立場であったという。黒川によると、内村の再臨論は、有形的、前千年王国論、聖書無謬信仰を特徴とし、「聖書の言葉を神の言葉だと信じて、ほぼ聖書の字句通りに解釈して形成されたものである」（一五一頁）と。

また、黒川は第二節で再臨運動の衰退・転換期となる一九一八年八月までの再臨批判論を分析し、その共通点を探っている。再臨批判論の主なキリスト教界の掲載誌は、『六合雑誌』（東京青年会、小崎弘道・田村直臣・植村正久）、『基督教世界』（警醒社書店、主筆は浮田和民・小崎弘道）、『福音新報』（植村正久）、『上毛教界月報』（柏木義円）、『新人』（日本組合本郷教会、主筆は海老名弾正）、『神学之研究』（聖公会、杉浦貞二郎主幹）、『神学評論』（東京青山学院と神戸関西学院の神学科教授会）などである。

以下、黒川は霊的再臨論の原田長治、聖書の時代的制約と再臨は聖書を偶像視する「迷信」であるとする内ケ崎作三郎（一八七七―一九四七年）から、再臨をユダヤ教の終末論とし霊的再臨論を主張した相原一郎介（一八八三―一九六三年）、聖書の十全霊感説、有形的再臨を否定した杉浦貞二郎（一八七〇―一九四七年）、自由主義神学の立場から再臨論批判を展開した安中教会などの牧師を務めた神学者・海老名弾正（一八五六―一九三七年）、再臨論を非科学的、聖書無謬説は迷信と批判した白石喜之助（一八七〇―一九四二年）、ユニテリアン主義の牧師・作家の沖野岩三郎（一八七六―一九五六年）、再臨論、聖書無謬説を否定した帆足理一郎（一八八一―一九六三年）、有形的再臨を否定し後千年王国論に立った今井三郎（一八八五―一九四二年）、内村の再臨論を批判したユニテリアンの宣教師クレー・マッコーレー（一八四三―一九二五年）と『基督再臨説を排す』の富永徳磨（一八七五―一九三〇年）、再臨はイエスの弟子たちの信仰であるとする三並良《はじめ》（一八六五―一九四〇年）、霊的再臨を支持した日高沈聲、再臨を空想とみなす浄土真宗大谷派住職・井上右近までの再臨論批判者と、その論点を詳述している。

一方、有形的再臨論と後千年王国論を展開したS・H・ウェンライト（一八六三―一九五〇年）、福音主義神学から内村と同じ立場に立った柏木義円（一八六〇―一九三八年）、再臨運動を全面的に支持した内村義堅、仏教界から賞賛した小林正盛（一八七六―一九三七年）など再臨論を評価した宗教者についても同様に論じている。黒川は、当時のキリスト教雑誌に掲載された再臨論の批判・評価など、一八名の論者とその論述の主要点を列挙し、第一次世界大戦を背景に高まり、戦争終結とともに衰退した再臨運動のあたえた特異な時代的、社会的、宗教的意義を浮き彫りにしている。

内村は、再臨運動の転換期となった一九一八年八月から一九年の日記（『内村鑑三全集』第三三巻「日記」一）のなかで、再臨運動の高揚、批判論等について、批判者の名前を挙げて数多く言及している。日記によると、東京基督教青年会館、大日本私学衛生会会堂、三崎町バプチスト教会、京都・横浜・神戸などの基督教青年同盟会館、大阪天満教会、札幌独立基督教会等を会場に開催された再臨研究大会、聖書講演会には、五〇〇人から一〇〇〇人を超えて、最大で二三〇〇人もの聴講者が集まっている。

再臨・再臨運動について、内村は日記のなかに、以下のように記している。「独立と贖罪と再臨と聖書全部神言説、是等を主張し得ることは何等の恩恵ぞ」（一九一八年一〇月二日、一六頁）、「再臨の信仰は宗派を根本的に合同する者であつて新たに宗派を作る者ではない、殊に又此信仰なくして基督教はないのである、再臨除外の微弱なる基督教は終《つい》におのづから消滅するに至るは明らかである」（一一月一日、二六頁）、ルツの誕生日には、「殊にキリストに在りて寝れる者として彼れ再び臨《きた》り給ふ時に甦《よみが》へらされて我等と再び会ふ事の出来る者である、信者の誕生日は永遠に生くる生命の第一日である」（一九一九年三月一九日、八五頁）、「再臨信仰の鍵《キー》を以て聖書の宝庫《ほうこ》に臨む時に新しき物と旧き物とを其庫《くら》より取出すを得て愉快極まりなしである」（八月八日、一四三頁）、「乍然再臨は単独問題ではない、之は罪並に贖罪に最も緻密なる関係を有する問題である、罪の罪たるを知つて終《つい》に再臨の信仰に達せざるを得ないと思ふ」（九月一七日、一五七頁）と。

また、再臨運動開始の一年半後、第一次世界大戦終結の一年後の日記には、次のように記している。「基督再臨の信仰を懐くを得て聖書の意味が判明せし以来、多くの神学書を読むの必要なきに至り、金と時間と精力との余裕《よゆう》を生じたれば、再び青年時代の科学熱を復興し、時々天然の研究に没頭し得るに至りしは感謝の極である、聖書と天然、世に確実《たしか》なる者は此の二つである」（一一月一日、一七三頁）。内村にとって、再臨信仰は聖書の奥義にして、聖書における永遠の生命なのである。

再臨批判者・論については、一九一九年二月二日の日記に、『神学評論』（一九一九年一月号）に掲載された富永徳磨の論文「基督再臨説と基督教」に、「是れ蓋《けだ》し日本文を以て書かれし最も痛烈なる、最も徹底せる、而して最も思ひ切つたる再臨反対論であらう」（七三頁）といい、反対論者について、次のように述べている。

余が再臨信仰を発表せし以来、余に対して明白に反対を表せられし基督教界の名士の中に海老名弾正君あり、三並良君あり、内ケ崎作三郎君あり、今岡信一良君あり、杉浦貞二郎君あり、クレー・マッコレー君あり、E・H・ザウグ君あり帆足理一郎君あり、而して今又富永徳磨君あり、其他の諸君にしても若し其意見を発表せらる、ならば其大多数は同じく反対側に立たる、であらう、斯くて余の基督再臨の信仰は基督教界名士の多数決を以て否決せられたのである、乍併何ぞ恐れんである（中略）余の雑誌の発行部数は激増し、余の聖書研究会来聴者は再臨唱道以前に比べて或ひは三倍し或ひは六倍し、余の同志の信仰は復興し、其愛は燃え、其結合は益々鞏固《きょうこ》となつた、……(22)

再臨信仰は、多くのキリスト教界の「名士」から拒絶されたのである。だが、それは再臨の神学的解釈論よりも、キリスト者・非キリスト者を問わず、世界大戦争に揺れる大正期という時代の転換期のなかで、人生と社会の懐疑の淵に漂う人に、救済を求める人に、未来社会の可能性と永遠のいのちの響きを伝えたのではなかったか。そこには有形的再臨も、前千年王国論も、聖書無謬説もなく、ただ臨りつつあるイエスという旧新約聖書をつらぬく希望こそがあったのであろう。「キリストの再臨は教義上の議題ではない、実際上の問題である。キリストは生きて在《いま》し給ふ。彼は宇宙の主宰である」（「十字架の道」、『内村鑑三全集』第二九巻、一四八頁）。

痛烈なる反対論者・富永徳磨は、『神学評論』に「基督再臨説と基督教」を発表した半年後に稿を改め、「基督教は基督の有形的再臨を主張する人々の説くが如きものにあらざることを明白にせんと欲して私は此小冊子を公にする」（二頁）ことを目的に、『基督再臨説を排す』（警醒社書店、一九一九年七月）を再臨運動が衰退へと向かう大正期後半の転換期に刊行している。「序言」のなかで、公刊の意義については、以下のように述べている。「此小冊子が再臨説に由つて誤られたる基督教の眞面目を披明し、世間の人々の惑を解き、基督信徒の危疑を去り、又再臨信者の迷を開き、人を信仰に入らせるの一助ともなり、基督教の發展と感化に些少の用をもなさは、私は其を此上もなき幸福と感ずる」（二頁）。『基督再臨説を排す』は、「時代思想」としての再臨信仰と、再臨運動を主導する再臨論者の「迷」を解き開き、キリスト信徒を「危疑」から救い、キリスト教の「眞面目」を明らかにするために公刊された。それはキリスト教界の名士で牧師・富永徳磨のキリスト教信仰による再臨信仰の全面否定でもある。「一緒言」のなかで、彼はキリスト再臨説について、次のように述べている。

> 基督再臨とは何を意味するか。基督信徒が救主と崇め神の獨子と信ずる耶蘇基督が、やがて再び天より降り來るといふ信仰である。耶蘇は曾て一たび此世に降つた。猶太のベツレヘムに生れて人間の一生を送り、人類の救のために苦勞し、終に十字架にかけられて殺されたが、三日目に復活し、四十日目に天に昇り給ふた。然し天に昇つて其より永劫基督信徒と離れて仕舞ふ者でない。再び來つて基督信徒と共に在るべきものである。といふものが此れ卽ち基督再臨説の骨子である。[23]

富永は、初代教会と信者がローマ政府の厳しい迫害のなかで信じたキリスト再臨は、宗教改革者も、多数のキリスト教信者も信仰の中心とはしていないが、再臨論者はそれをキリスト教の主眼とし、「之を信ぜざるものは基督よりも此世を愛する者なり、教敵なり、異端なりと唱ふる一部信徒が、卽ち再臨派なのである」（二頁）と論じている。「再臨説」の骨子の叙述も、「再臨派」（傍点引用者）についての理解も、何と内村の再臨信仰から遠いことか。

「二再臨説の限定」では、再臨を霊的再臨（霊の一体化）と有形的再臨（肉の再来）の二つに限定し、それに付随して再臨論者の固執する千年統治、肉体復活、世界的審判、世界全滅、報賞・刑罰等を列挙し、再臨説を排していく。――聖書と再臨思想の関係では、聖書には再臨思想が豊富にあり、霊的再来も、有形的再来も明言されている。「約翰默示録に至つては、全篇の目的が世の終末と再來と新天新地とに中まつて居る」（一一頁）。その上で、「四聖書丸呑すべからず」においては、旧新約聖書の無謬はよりどころのない独断である。再臨派は聖書を偶像視していうるが、聖書を「一字一句無謬とし、凡ての點を活かし守らうとすることは、また同じく出來べからざる儀である」（一五頁）。また、「再来思想」（再臨）と「末世思想」（終末）はまったく合わない思想であり、「時代思想で溢れて居た弟子等は、基督が再來のつもりで語つたのではない所をも、再來世末のやうに解して記した點もあるであろうし、後年の思ひ出であつて見れば、著者自身の思想を耶蘇の語つた所のやうに思ひこんだ點もあつたであらう」（二六頁）という。

「七基督の言ならば如何」では、聖書中のキリストの言《ことば》について、次のように記している。

> されば耶蘇の言に不完全なる所があればとて、誤つた所があればとて、其が極めて末のことに屬し、吾人の救に無関係のことであるならば、少しも頓着するを要せず、耶蘇は依然として救主であり神の子である。故に耶蘇がよし有形的再來を語りたりとて必ず信ぜねばならぬものでなく、其が誤謬であつたからとて周章狼狽することはいらぬ。耶蘇に對する絶對の信仰を抱き、其の救に依つて救はれることが十分出來る。[24]

富永は、こう論をつづける。終末論や再臨思想という「推測思辯」（三一頁）から生まれた教えは、それがイエスからか、弟子からかを問わず、信者にも自己思弁する「自由」がある。「再臨主張者の中には、基督教は基督再來に集中す、聖書の全精神は此を指さす、四十年の聖書研究は茲に歸着したなど呼ばはる人もあるさうである」（同前）と。それは札幌農学校でキリスト教と出会って四〇年を超えた内村のことであろう。

さらに、富永は再臨信者と反再臨信者は氷炭相容れないといい、その論拠を五点あげている。第一は、キリスト再臨による神の国は霊的であること、第二は神の国は発展であり、第三、四は、終末論は厭世主義であり、キリストの人類観は「世末教」（三三頁）ではないこと、第五はキリスト救済論は再臨論とは異なり、「再來の如きは無用であるし、世末思想の如きは異教思想である。基督が天から大軍を率ゐて來襲し、敵を亡ぼして國を立てるなど途方途徹もない思想となる」（三五―三六頁）など。「誰か再來説を耶蘇の教の中心など誣ふる者ぞ。此れ耶蘇を誤り神の國を賊する獅子心中の蟲ではあるまいか」（三七頁）。

この反駁論は、有形的再臨は不道理、不虔不信、不必要、有害などと論述し、「十三基督教の中心點」では、再臨説はキリスト教の時代思想で迷信であるといい、キリスト教の中心点について、次のように述べている。

> 諸君は神を信ぜよ。神は天地萬物を存在させて居る根本の大精神である。此の精神は情あり意志ある人格であつて、吾人人類に對しては愛として働き、吾人を養ひ導き感化して居る。人は此の唯一の神の子供である。之に生ぜられ之に育てられ之に感化されて居る。故に其の愛に賴り其の感化を一杯に受けて生きるならば何の間違もなく、一人の精神も、人類社会も、至幸至福であられる。然し人は此の理想狀態より逸出して居る。自己の意志によつて神の意志に反して生活する。此れが罪で凡ての不幸禍害の本となつて居る。耶蘇基督は神の性を其のまゝ有して此世に生れ、人を神の子とするために努力し、其のために十字架にかけられた。彼の教により人は神を知り、彼の靈の流入感化により人は新生命を與へられて新人となり神の子となる。……(25)

富永は、キリスト教の中心は、再臨ではなく、神の子イエス・キリストを通して神を知り、新生命を得て、人は神の子となる点にあると結論づける。では、黙示録の最後の再来の約束とは、旧新約聖書をつらぬき流れる、永遠の生命《いのち》の水の河としての再臨信仰は、ほんとうに迷信なのか……。牧師で神学者・富永徳磨は、後半生に再臨信仰という第三の回心《コンヴァージョン》に至った内村鑑三に、無教会信者に対して、この徹底した再臨論批判である『基督再臨説を排す』を公刊したのである。(26)

内村は、本書刊行の三カ月後の一〇月二二日付の日記には、大阪控訴院勤務の法学士・宇佐美六郎からの読後感を内容とした書簡をそのまま引用している。――富永氏の本は内村先生の説を排するつもりが、そのもっとも深いところに「タッチ」していないのではないか、この人は true conversion を経ていないことと、true conversion なしに再臨を信ずると告白している人たちこそよい相手なのです。この人の人身攻撃は著しく議論全体の価値を低下させます、と。その日の日記では、内村も同様の見方をしていて、「今は平静なる者である」（同三三巻、一七〇頁）と書き、畔上賢造が反論を書くことは最初から反対であったと記している。

ところが、内村の日記の一〇日後、『基督再臨説を排す』の三カ月後、畔上は『基督再臨の希望――富永徳磨氏の再臨排撃論を駁す』（警醒社書店、一九一九年一〇月）を公刊する。「序」の冒頭には、本書は富永への反駁とキリスト再臨の希望の根拠を明示することを目的とし、再臨の理解は信者の魂の深浅を測る基準があると信ずると記している。「一緒言」では、自分はキリスト再臨が重要な教義の一つであるが、それはキリスト教のすべてでなく、また再臨をキリスト教の奥義と見做し、再臨の希望を抱くものであると述べている。

「二基督再臨の意味」においては、霊的再臨と有形的再臨の問題について、次のようにいう。

故に再臨と云へば聖書には一種あるばかりである。即ちキリスト自身の再臨である。基督の靈ではない、キリストの本體の再臨である。彼みづからの個人的再臨である。富永氏は之を「有形的再臨」と名づけて、キリストが肉體を以て天より雲に乗りて降ること、なして居るが、有形的など、形容詞を附する必要は少しもない、たゞ再臨と云へば澤山なのである。キリスト彼自身が―キリストの靈ではなくて復活したキリスト彼自身が―何時か一度再び此世に來ると云ふのが基督再臨である。(27)

また、黙示録との関連では、再臨の希望はキリストの再臨の希望であり、黙示録を必ずしもそのまま外形的に信じることはなく、「すでに再臨の希望を抱き又再臨を以て基〔督〕教々義の重大なるもの、一となす、故に余は再臨論者である」（一三頁、補記引用者）と書いている。以下、「三聖書と再臨の希望」「四聖書に對する態度」「五時代思想ならば如何」と、富永の再臨論（派）批判に逐一反論し、イエスの再来の約束、未来観などを論じ、富永については、再臨信仰そのものを見ずに一部の「再臨熱狂派」（再臨狂）を見て、その両者を混同しているのであると批判する。畔上は、問う。――死に打ち勝つことのできない、天国への希望のない救いとは何か、さらに「死の苦痛が萬人の經驗せねばならぬものである以上、眞の救は死を破つて來世的永遠の生命を附與するものでなくてはならぬ」（六一頁）と。

畔上は、再臨の希望は不道理、不虔不信、不必要、有害であるかと、富永の再臨批判にそって反論を進めていく。最後の「十二餘論」では、「以上に於て余は富永氏の再臨反對論むしろ排撃論を一通り駁し、同時に再臨希望の成立し得べき理由を述べた積りである。基督再臨問題は實に基督教の最大問題であるのみならず。全世界にとつても亦最大問題である」（九〇頁）と述べ、読者は畔上と富永の意見を比較してどちらを採るか決定すべきであると反駁論を終えている。

富永徳磨の『基督再臨説を排す』と畔上賢造『基督再臨の希望』も、その再臨排斥論と再臨擁護論も、キリスト再臨を同一の地平で論じ、まったく対立しつつも、どこかキリスト教信仰者として似通った相貌を感じさせる。その意味でも、内村が日記に引用した宇佐美六郎の『基督再臨説を排す』の読後感は、そのままこの論争の問題を的確にとらえているのではないだろうか。二人の論争は、またキリスト教界を巻き込んだ再臨論と反再臨論は、キリスト教信仰と思想を深めるものとしては作用しなかったのではないか。だが、第一次世界大戦を背景とした大正期の終末論的再臨運動と、キリスト教の再臨思想は、ある一時期キリスト教界を揺るがす大問題となったのである。

再臨運動の発端を中心的に担った内村は、社会の激しい再臨運動の渦のなかで、しだいに一人静観の立場をとるようになるが、一九一九年一一月八日付日記には、「再臨は余等少数者独専の信仰ではない、多数信者共有の信仰である（中略）余は基督再臨の信仰を終りまで唱道して止まぬであらう」（一七五頁）と記している。一方、『聖書之研究』は再臨唱道以後一二〇〇部も増加し、購読部数正味三四〇〇部に達している（同年一一月二五日付日記）。

その一〇年後の日記には、台湾からの再臨論者のハガキを紹介して、次のような思いを書きとめている。「偉らい権幕である。是れだから「再臨」は可厭《いや》に成つて了ふ。（中略）世に謙遜なる再臨の信仰はないであらう乎。再臨の信仰と云へば大抵は傲慢《ごうまん》無礼である。再臨教でなくして再臨狂である」（一九二九年七月一二日、『内村鑑三全集』第三五巻、四七三頁、傍点引用者）。

内村にとって再臨（信仰）は、キリスト教の永遠の生命にして、旧新約聖書六六書をつらぬく生命の水の河でもあった。それは再臨論、反再臨論、再臨運動や再臨狂とは、まったく異なる信仰・歴史・宇宙の真実なのである。「再臨は聖書の中心的真理である、之を説かずして聖書を説くことは出来ない、殊に再臨は今の教会に嫌はる丶教義である」（「再臨の高唱」、『内村鑑三全集』第二四巻、三三三頁）。

6　藤井武と再臨信仰——来世への希望

再臨運動期の同時代史のなかで、内村鑑三のもっとも近くで、「聖書研究者の立場より見たる基督の再来」はじめ、再臨運動を支え、再臨講演を数々筆記し、再臨信仰の希望をもっとも深く感受した、一九一八年当時三一歳の若き俊才の弟子藤井武がいた。彼は一八八九年石川県士族の子として生まれ、二二歳で内村門下に入り、東京帝国大学卒業後は官吏となるが、二八歳で辞し内村に迎えられ柏木に居住する。以後、『聖書之研究』の編集、執筆、講演筆記など、内村を補助する。一時は、贖罪論をめぐって『聖書之研究』への寄稿の停止、ある人の結婚問題で内村と衝突し、その許を去ることもあったが、生涯にわたって師内村の信頼とともに、無教会信仰をともにした(28)。

藤井武は、二一歳のときに一五歳の同郷の士族の子喬子《のぶ》と婚約し、一九一一年に結婚する。天における完全なる婚姻を歌った『羔《こひつじ》の婚姻』と重ね、聖書の教えのように、絶対的貞淑主義、絶対的一夫一婦論の立場を守り通したという（黒崎幸吉「藤井と私（二）」）。藤井は、「夫婦論（再び）」（『藤井武全集』第九巻）の冒頭に、次のように記していた。「夫婦とは我と彼とではない、又は我と汝とではない、夫婦は「我」である。夫婦は一である。……」（二五三頁）。武と喬子は、短いこの世を再臨の希望とともに、そのように「一」として生きたのであろう。[29]

喬子は、夫とともに伝道誌『旧約と新約』（すべて藤井が執筆）の発行を担い、二男三女の五人の子を産み育てるなかで、重病の苦痛のなかで「天国に、いい場所を備へて、待つてゐます！」（『藤井武全集』第一巻、八頁）と武に告げて、再臨運動の沈静化した一九二二年一〇月一日、二九歳でこの世を去る。武は、その妻の遺骨を葬らずに、八年間にわたって終生書斎の机の上に置く。小学校五年生のときに母を、大学予科の一九歳のときに父を亡くした二人の長女ゆり子は、「父の想い出から」（同前、月報10）に、こう書いている。「父は母を非常に愛していたから母のお骨を自分が死ぬまで二階の書斎に置いていた。夕日のあたる部屋で、まっ白だった羽二重のお骨の被《おお》いがいつのまにか赤茶けてきていた」（九頁）。

喬子の死の翌年から『旧約と新約』（第三四―一二二号、一九二三―一九三〇年）に連載した三部作『羔の婚姻』には、再臨の希望と喬子との結婚の理想が、天での婚姻として歌われ、それは聖書の「大いなる日」を待つ再臨歌でもある。第一部上篇「羔」の第一歌「コスモス」は、次のように歌いだされている「目もはゆるコスモス、菊、ダリヤ／くまどるはうす紫の桔梗、／めづらし、薔薇の小花《をばな》さへ添ひ（中略）汝、いと高き愛、とこしへの義／汝にむかひて我らはうたう、／新しき歌を、『羔の婚姻』を。……」（同前、一五、二〇頁）。『羔の婚姻』は、中篇「新婦」を経て下篇「饗宴」へと至る。それは地にある武と天で待つ喬子の二人の天地を響かす「合唱」歌である。その歌のいのちが再臨信仰なのだ。

武は、下篇「饗宴」で、黙示録にそって、次のように歌う――。

天地はひとしくここに戦《をのの》き
永遠をかへりみ、永遠をのぞむ。

宇宙は黙《もだ》しつつここに禱る。（第一一歌「沈黙」、四三〇頁）

けだし今こそ大いなる日は
来らんとするゆゑ。すでに近づく。
すでに審判の谷に近づく。（第一五歌「収穫」、四四九―四五〇頁）

『羔の婚姻』の冒頭には、「序にかへて」として、「夕に我が妻死ねり」という悲哀漂う文章が置かれている。それは「朝《あした》に我れ人々に語りしが、／夕にわが妻死ねり／明くる朝に及びて我れ命ぜられし如くなせり。（エゼキエル二四の一八）」（三頁、以下同じ）とはじまり、「私は今いかに私の心を語るべきか」といい、ダンテ『神曲』の地獄篇の冒頭「人生の旅路なかばに／正しき路をうしなひ……」を引用し、「彼女は真実に私の骨の骨、私の肉の肉であつた、――而して今も尚さうである」（四頁）、呼吸も、脈拍も、心臓の鼓動も、二人の生命の完全なる「交織」（同前）であった、「ああ私の研究と執筆と講演との為に注がれたる彼女の祈り！　天にいまして聴き給ひし者のほか誰がそれを知つて居るか」（四―五頁）とつづける。

喬子は、毎朝洗濯のあとに、書斎の前の階段の上の半坪の雑誌事務室で、前垂れで手を拭いながら、煩雑な伝道誌の事務に一人あたった。夜は、幼い子どもを寝かせたあと遅くまで、武の原稿を赤いペンで校正した。武は、書く。「嗚呼、我が妻は遂に逝いた。／私は正直に告白する、私の悲しみは実に無限であることを」（七頁）。また、こう想う。喬子の死は、福音のための戦死である、と。武は、「最後に私は彼女が何故に今一度び癒されざりしかの理由を考へる」（一〇頁）といい、次のような一文を記している。

かの時、主再び来り給ふ時、彼女と私とが共に栄光の姿に化せらるる時、其時全き理由が我等に明示せらるるであらう。而して我等は斯くも深遠なるみむねに由て暫く別れしめられたる事を、今更の如くにほめ讃へ又感謝するであらう。[30]

ここには有形的再臨、霊的再臨も、聖書無謬説もなく、ただ再臨のキリストが、再臨信仰の希望だけがある。武と喬子は、その再臨宇宙に生きるのだ。

妻喬子の死の五年半前、一九一七年二月、三〇歳の藤井は、贖罪論で内村の怒りと悲しみをもたらした「単純なる福音」の一年後、再臨運動発端の一年前に、「壊るる幕屋、着せらるる家」という黙示録による、はじめての再臨論を『聖書之研究』一九九号（一九一七年二月）に発表し、以下のように論じている。この地上の国は一時的な幕屋であり、「其前途は破壊である死である腐敗である暗黒である」（『藤井武全集』第九巻、四二二頁）。地にある幕屋は壊れ、キリストを信じる者は天によって造られた家を着る。黙示録では、七つの封印が解かれると、戦争、疫病、迫害、大地震、暗黒、堕落が、黙示的絶望の数々が顕われる。「黙示録に描かれたる人類の未来記の何ぞ斯も惨憺たるや」「我等は黙示録の真実に黙示たる事を信ずる」（四二五頁）と。まさに壊るる幕屋である。

だが、世の終末においては、神は人の涙をことごとく拭い、死も、悲しみも、歎きもなく、すべてはすでに過ぎ去る。そこには新天・新地が、新しい風景が出現し、都の大通りを生命の水の河が流れる。藤井は、次のようにいう。

噫、人の子の再臨、之れ預言中の預言である、新約聖書の絶頂である。人の子の降誕に由つて始まりし救済の大業は其再臨に至つて初めて完成するのである。我等若し真にキリストを信ぜん乎、何よりも先づ此希望もて全心踴躍せざるを得ない。何となればキリストに由りて救はれたりとは即ち此希望を賦与せられたるの謂《いひ》に外ならないからである。[31]

壊るる幕屋、着せらるる家、「此処に基督者の人生観と其遠大なる希望とが在る」（四二八頁）。藤井には、内村と同様に、再臨運動の前に、すでに再臨信仰が熟していたのであろう。内村は、この論文を『聖書之研究』に載せるにあたって、次のような前書を付している。「内村生曰ふ、昨年の今月号に於て不幸にして贖罪の事に関し藤井君と信仰を異にせざるを得ざりし余は今年の今月号に於て君と主キリストの再臨の事に関し信仰を全然共にすることを得るを深く神に感謝する」（四二八頁）。この地上の国、人の世の死とともにある絶望と暗黒の深さを見るほどに、再臨の希望が熟していく。黙示録のように、初代信者のように、あるいは第一次世界大戦下のように……。

藤井の主な再臨論には、「人の子再び王として来らん」（『聖書之研究』二二二号、一九一八年三月、原題「王たるキリスト」）、「新約聖書に於ける来世の観念」（同前、二二九号、一九一九年八月）、「キリスト再臨の二階梯」（同前、二三〇号、一九一九年九月）などがある。「人の子再び王として来らん」では、栄光の王キリストの再来がないならば、人の子の苦難は「徒然《いたづら》」（五五〇頁）に帰するとともに、「主の再臨なかりせば、人類の最も切なる祈求《いのり》は空しく風に投げらるるのである」（同前）と結んでいる。

「新約聖書に於ける来世の観念」では、「来世」について、次のようにいう。来世とは墓の彼方ではなく、「来らんとする時代」「来りつつある時代」（五九二頁）であり、個人の死や世界の消滅によってではなく、「来世はキリストの再臨に由て来る。旭日東に上りて晨《あした》は世に遍きが如く、栄光の主天より顕はれて来世は地を蔽ふのである」（五九三頁）と。「キリスト再臨の二階梯」では、宇宙的出来事である再臨は顕現であり、そこには二階梯があり、第一は信者の救贖の完成、審判の時代を経て、第二は社会万物の根本的改造であるといい、以下のように述べている。

宇宙は必ず完全に達する。人類の祈求は必ず充たさる（噫、遠大なる哉、我等の希望！）ただ之が為にキリストの再臨は絶対的必要である。人生及び宇宙の完成は、神の子自身の事業としてに非ざるよりは、実現すべく余りに遠大である。再臨なくんば人生と宇宙とは絶望である。再臨を嘲る者よ、汝等の希望は何処に在る耶。彼れ再び来らずしては、神の造化も我等の生涯も悉く失敗に終るのである。故に、「御霊《みたま》も新婦《はなよめ》（基督者）もいふ『来り給へ』と。聞く者も言へ『来り給へ』と」（黙示録二二の一七）。然り、イスラエルも異邦人も、野の獣も山の鳥も、海も陸《くが》も、天も地も、みな声を合せて言へ「来り給へ」と。重ねて言ふ「主イエスよ来り給へ」。(32)

ここに妻喬子が天に待つ夫武の再臨信仰のすべてが傑出している。この信仰を富永徳磨は『基督再臨説を排す』において、再臨派キリスト信者の「迷」「推測思辯」と呼び、特に有形的再臨を分けて、それを不道理、不虔不信、不必要、有害と断じたのであろう。では、社会の迫害のなかで、初代教会のキリスト者や、藤井武や無数の名もなきキリスト信者の「来り給へ」という魂の祈りは、ただむなしく虚空に、旧約の風前の籾殻のように、風によって吹き散らされるのだろうか。黙示録の最後で、証言者はいう。『然《しか》り、われ速《すみ》かに到《いた》らん』（「ヨハネ黙示録」第二二章二〇節）と。この人と社会と宇宙の救済・完成が存在しないならば、旧新約聖書六六書はそのキリスト教のいのちである宗教の奥義を失い、創世記のエデンの園から流れる希望と生命の水の河は涸れ、その水脈は途絶えるであろう。旧約以来の預言者の声も、新約の福音の響きも、いつしか遠ざかっていく……。

藤井の再臨信仰においては、内村の若き娘ルツの死の悲しみは、そのまま妻喬子の死であり、それは再臨による喬子との再会へと向かっていたのであろう。再臨という「大いなる日」の第一階梯は、二人の再会の希望であり、第二階梯は社会と時代の改造、天然宇宙の完成である。それは未来的な終末（再臨）にして、藤井は明言していないが、再来のイエスと向き合う、現在的な終末（再臨）でもある。まさに、臨りつつあるイエスとして――。それこそが旧新約聖書を流れる生命の水の河ではないだろうか。魂の渇かない人は、どこにいようか。

これから「プロローグ」に対応する最後の第五部「内村鑑三と再臨信仰」へと進み、内村鑑三のキリスト教信仰における「再臨」論を、「復活」「来世」とともに、『聖書之研究』に発表された著述をもとに、その信仰的生涯をたどりつつ、〈再臨のキリスト〉を源《みなもと》（＝超越）にする〈臨《きた》りつつあるイエス〉という希望の徴《しるし》（＝象徴）を見つめていきたい。

第五部　内村鑑三と再臨信仰――臨りつつあるイエスと生命の水の河

噫《ああ》我れ困苦《なやめ》る人なる哉《かな》、此の罪の体《からだ》より我を救はん者は誰ぞや。／De Profundis は良心の奥底より響き渡る声である。（「私の基督教」）

1　孤独と再来――『聖書之研究』の創刊と来世観

内村鑑三には、四〇歳のときに、創刊翌年の『聖書之研究』一一号（一九〇一年七月）の「時感」に、「孤独」と題した短い文章がある。それは「我は独りである、我の行くべきの教会はない、我を教え導くべき教師も牧師もない、我と哀楽を共にする会友もない、我は至て淋しき者である」（『内村鑑三全集』第九巻、二三四頁）とはじまり、以下のようにつづいていく。――だが、神とともに在る限り、孤独ではない、孤独をもって満足し、キリストは天に、聖霊は心に、真友は信仰の戦いにあり、この世は「賑《にぎや》かなる処《ところ》」（二三六頁）であるといい、次のように結んでいる。「……我等主の再来を望む者は神の聖国《みくに》に詭譎《いつはり》なき聖き交際《まじはり》を楽まんとて独り孤独を忍びつゝ此世の淋しき旅途を辿《たど》り行く者である」（同前）。

この世を生きる人は、神とともにある孤独な旅路を、キリスト再来（再臨）を遠く臨み見て独り歩む者である。それは第三の回心＝再臨信仰への途路の出発点でもある。「我儕は各独り此世に来て独り此世を逝《さ》る者である」（二一三四頁）。人類史上、一人の例外もなく、人は後世への遺物としての生涯を遺し、それぞれ懐疑と罪を纏《まと》い独り死するのである。そんな風前の籾殻のような生に、救済はあるのか。最後は、墓へ、それが人生であろうか。「この劇は、ほかの部分ではどんなに美しくても、最後の場面は血みどろなのだ。最後には、頭から土をかぶせられて、それでもう永遠に一巻の終りである」（パスカル『パンセ』、田辺保訳、角川書店、一九六八年、一四八頁）のか。「一体《いったい》なぜ、私は胎を出《で》て来《き》たのか。／労苦《ろうく》と悲哀《ひあい》に会《あ》い、／恥《はじ》の内《うち》に、私の日々《ひび》が終《おわ》らねばならないのに」（「エレミヤ書」第二〇章一八節、関根清三訳）。「何故《なぜ》わたしは腹から出て死なず／胎から出たまま息絶えなかったのか」（「ヨブ記」第三章一一節、関根正雄訳）。私は涙の預言者エレミヤや次々と不幸が襲う苦難の人ヨブが嘆いた、この旧約以来の問いに、人生の懐疑に、ここで内村鑑三とともに答えなければならないであろう。それが贖罪の十字架をもとにした来世、イエスの復活、キリスト再臨の問題、まさに再臨信仰による万人の救済と宇宙の進化・完成なのである。

　内村は、「孤独」と同じ号に、三回の連載による、パウロの書簡コリント前書を註解した「復活の希望　哥林多〔コリント〕前書第十五章」（一一、一三、一四号、一九〇一年七、九、一〇月）を掲載している。第一五章は、コリントの信者へ、キリストの復活、弟子たちへの顕現、来臨について記され、そのなかの二三節について、次のように講解している。「更生に順序あり、吾等キリストに属ける者は死して後直に復活するにあらず、吾等は暫くは地下に眠るなり、岩に枕し、青苔に纏〔まと〕はれ、野の小花に飾られてキリスト再来の日を待つなり、或いは百年ならん乎、或いは千年ならん乎、然れども主に在て寝て千年は一日の如くならん」（二四七頁、傍点引用者）。二六節については、「基督教の救済とは終に死をして無からしむることなり」（二五〇頁、傍点引用者）と記している。

　ここから、一九一二年のルツの死、一九一四年の世界大戦争の勃発、一九一六年のベルから送られた『日曜学校時報』に掲載されたトランブルの再臨説との出会い、一九一七年のキリスト教国アメリカの参戦等を経て、一九一八年一月の聖書の預言的研究の講演会による大正期再臨運動のはじまる時点まで、十数年にわたって内村鑑三の再臨信仰は、『聖書之研究』や講演などの聖書講解・研究とともに、果実が地に落ち新たな芽を用意するように熟していく（附「『内村鑑三全集』における再臨・再臨信仰一覧」、参照）。

第四部「再臨信仰への途」と大正期の再臨運動と再臨論、同時代史、弟子藤井武の贖罪信仰の問題などをもとに、一九〇一年から一九一八年の再臨運動の開始時・高揚期までから、再臨運動の衰退期、再臨信仰の深まりまでを、内村の再臨信仰のもつ福音的、霊的本質をとらえていきたい。内村は、日本のキリスト教史において、再臨のキリストを旧新約聖書の奥義・生命としてもっともコンシステントに、信仰的、預言的に理解したのではなかったか。その再臨信仰は、そのまま万人救済論、天然宇宙論にして、罪と死の影に彩られた存在の懐疑の森を潤す、神と羔《こひつじ》の御座《みざ》から生まれた生命の水の河でもある。それは科学的先端宇宙論、戦争の新世紀、気候変動、パンデミック、AIの時代においてこそ求められる希望の水流であろう。内村のキリスト教信仰は、教義論ではなく、すべての人にとって聖書の純救済論なのだ。

内村は、一九一三年六月二九日柏木今井館で、コリント後書をもとに、パウロの伝道についての講演「来世獲得の必要」（『聖書之研究』一五八号、一九一三年九月）を行い、そのなかで「パウロはキリストに由て来世存在と其栄光を確かめられて怯懦《きようだ》を去つて剛毅《がうき》になつたのである」（『内村鑑三全集』第二〇巻、八八頁）といい、次のような一行を記している。「言ふまでもなく宗教の本領は来世である、……」（八九頁）と。

来世の存在、それを永遠の希望から見るとき、この地上の国、この世は、復活の光景に彩られて見えてくる。内村は、『聖書之研究』七号（一九〇一年三月）の表題頁に、旧約「雅歌」の第二章一〇節から一三節までを引用し、その次の頁に「春色と復活」と題した文章を掲載している。

我が愛する者よ、我が美はしき者よ、我が希望よ、我が救主よ、起《た》てよ、起て汝の墓より出で来れ、見よ、恥辱の冬は既に過ぎ栄光の春は来りぬ、雨もやみてはや去りぬ、憤怒、猜疑、嫉妬の寒風のはや汝の身に及ぶなし、鳥の囀《さえ》ずる時は既に至れり、斑鳩《やまばと》と雲雀《ひばり》と草雀《あをじ》との声我等の野に聞ゆ、無花果樹《いちじくのき》はその芽を赤らめ、桜花の爛漫たるも将《ま》さに近きにあらんとす、葡萄の樹は花咲きてその馨《かぐ》はしき香気を放ち、春林到る処に錦綉を装はんとす、我が愛するものよ、我が美はしき者よ、我が希望よ、我が救主よ、起てよ、起て汝の墓より出で来れよ、愛を以て汝の敵に勝ち恩恵を以て忿怒《ふんぬ》を癒《いや》し、野に春色の臨みしと同時に世に温情の春を来らしめよ。（傍点引用者）[1]

来世なくしては復活もなく、復活は究極的には再臨へと通じ、この世は「春色」に満ちる。地上の国に、神の国が映る。暗鬱な生命に、光が射す。起《た》って墓より出でよ、と。それは旧約の楽園喪失、新約の楽園回復へ、さらにはイエスの誕生、贖罪の十字架、復活、昇天、再臨のキリストへと生命の水脈でつながっている。

内村のキリスト教思想、聖書研究、信仰的著述をたどるとき、アメリカのアマスト大学での第二の回心以後は、二つの「J」のもとに帰国して、ミッションスクールでの宣教師との軋轢、不敬事件、足尾銅山鉱毒事件への関与などを背景に、『基督信徒の慰』（一八九三年）、『求安録』（同前）から『伝道之精神』（一八九四年）、『地理学考』（同前）『How I Became a Christian』（一八九五年）、『夏期演説　後世への最大遺物』（一八九七年）、『興国史談』（一九〇〇年）などのキリスト教書の出版がつづいていく。また、日本近代の国家戦争である日清戦争から日露戦争へと向かうなかで、義戦論から非戦論への転換、『国民之友』や『万朝報』へのキリスト教ジャーナリストとしての社会批評の発表、『東京独立雑誌』創刊・廃刊（一八九八―一九〇〇年）などを経て、一九〇〇年九月三〇日、主筆として『聖書之研究』を創刊する。

『聖書之研究』の三〇年間、そこに内村の聖書研究のすべてがある。『聖書之研究』の創刊以後、そこには厖大な聖書講解が広がり、無教会信仰は純化され、死を前にした宇宙の完成を祈るという辞世の辞《ことば》へと至る。内村の聖書講解と実験的信仰は、『聖書之研究』全三五七号を通して、どのように変化し、再臨信仰へと信仰の果実が熟していったのか。孤独と再来など、再臨信仰への途路を見た上で、一九〇〇年から一九一八年の再臨運動までの聖書講解、特に再臨信仰に関する、第三の回心＝再臨のキリストへのプロセスをとらえていきたい。人は、墓から、死、罪、悪魔からどのように自由になれるのか。内村の来世観は、再臨信仰、救済論は、ここにいきつくのである。

2　来世と復活――ルツの死から再臨信仰へ

黙示録の生命の水の河を宣言に掲げた『聖書之研究』創刊の翌一九〇一年、内村は来世と復活に関して、『聖書之研究』に「孤独」、「死骨の復活　以西結書《エゼキエル》第三十七章」、「復活の希望　哥林多《コリント》前書第十五章」（『内村鑑三全集』第九巻、所収）などを書いている。

「死骨の復活」は、エレミヤを引き継いだ預言者エゼキエルによる「エゼキエル書」第三七章に関する註解である。主は、ジフの子の祭司エゼキエルに臨み、彼を死骨に満ちた谷のなかに置く。主は、彼に問う。人の子よ、これらの枯骨は生き返ることができるか、と。「死骨、而《し》かも枯れ果たる死骨、これ再び生を受けて活《い》ける人と成すを得ると思ふやとの神の問なり」（九一頁）。さらに、主は彼に神の言を聞けと預言せよ、という。彼が預言すると、そこに音がし骨と骨が連なり、肉が生じ皮が蔽う。「然れども気息未だ其中にあらざりき」（九二頁）。気息《いき》を預言すると、殺された者たちの上に呼吸が起こり、彼らは群衆となる。

内村は、こう註解する。「神の言を説くことなり、信じて之を説くことなり、然らば死骨も之に由て生を得るに至らん、神は其言《ことば》の力に由て土の塵より人を造り給ひしと云ふ、彼などか同一の言を以て死屍を復活し得ざらんや、……」（九三頁）と。旧約「エゼキエル書」の死骨の復活、それは新約のイエスの死と復活、昇天、再臨へとつづく救済の水脈でもあろう。また、それは再臨信仰における、キリスト再来の「大いなる日」を黙示していないだろうか。

『聖書之研究』に一九〇一年に掲載された、来世と復活に関する聖書講解のなかで、「孤独」では再来を望む者は孤独を忍び、「復活の希望」ではキリスト再来の日を地下にて一〇〇〇年を一日のごとくに待つといい、「死骨の復活」では、谷深く無残に捨てられた無数の死者たちの復活について講解し、それは死を無力化する来世へ、救済へと通じている。

以後一九一二年まで、内村には来世、復活、再臨については聖書研究の対象とはなっていない。それは一九一二年、明治最後の四五年一月一二日のルツの死までの約一〇年間であった。だが、ルツの死の直後から、一九一二年には再臨信仰について、以下のような詩、文章、講演記録等を『聖書之研究』に発表している。それは信仰詩「我等は四人である」（『聖書之研究』一三九号、一九一二年二月）、「『其日其時』」（一四三号、六月、以下同じ）、巻頭の文章「来世問題」、「復活と甦《よみがへ》り」、無署名の「希望の伴ふ死」（一四六号、九月）、札幌講演「パウロの救拯観《きうじようくわん》」（一四九号、一二月、以上『内村鑑三全集』第一九巻、所収）などである。

一三九号は全体的に「ルツ号」となり、ルツが日曜学校に学んだ角筈レバノン教会の牧師・福田錠二「主の用也」、東京牛込教会牧師・田島進等の弔辞、内村の「今日の此式を私供は葬式と見做《みな》さないのであります、今日の此式は是れルツ子の結婚式であります」「今日は是れルツ子の晴れの祝儀《いはひ》の日であります」（三三頁）と述べた「謝辞」、村山元子の追悼詩「雑司ヶ谷の里に靜かに眠り給ふ内村ルツ子孃の御上を思ひまつりて」、『愛吟』より再録されたベン・ジョンソンの詩「短命」、最後に詩「我等は四人である」が掲載されている。

「我等は四人である」には、再臨信仰へのいのち原響がある。それは再臨の日におけるルツとの再会、すべてそこに帰着する。(2) 四人とは、鑑三、しづ、祐之、ルツである。「我等」四人は、ルツの死によって三人となるが、主が再びこの地に来たりて、「神の菰《らつぱ》の鳴《な》り響《ひゞ》く時（中略）我等は再たび四人に成るのである」（四七頁）。内村の再臨信仰は、この詩が原点である。他に再臨信仰をテーマとした詩には、キリスト再臨の日を詠った「『其日其時』」、ルツの墓碑に再会の希望を刻んだ「建碑」などの詩がある。詩「『其日其時』」の前に内村が付記した「マタイによる福音書」第二四章三六節は、以下の通りである。「その日《ひ》その時《とき》を知《し》る者《もの》なし、天《てん》の使《つかひ》たちも知《し》らず子《こ》も知《し》らず、ただ父《ちち》のみ知《し》り給《たま》ふ」（『文語訳新約聖書』）。「其日其時」が来るとき、愛する人と再び会い、「我等は四人」となり、死による悲嘆もなく、流れる涙は拭われる、ただその日を「待望生」（署名）は平安とともに待つ。(3)

「来世問題」（一四三号、六月、一三四頁）は、わずか五行の文章で、来世の存在はキリストに救われることでわかり、キリストこそが復活、生命、永生であり、「来世問題は信仰問題である」（一三四頁）。「復活と甦《よみがへ》り」では、復活はラザロのような「甦り」ではなく、肉体の「聖化」であるという。「希望の伴ふ死」は、弟子の斎藤宗次郎の妻スエ子の死をめぐる文章である。内村は、死は最大の苦痛であるが、そのなかには「光明」（一二九頁）が混じり、やがては死の悲痛は癒され、傷痕から希望の露が滴ると書き、こうつづけている。愛する者の死の涙は「悲歎絶望哀哭」（一三〇頁、以下同じ）の涙ではなく、「再会を楽しむ希望の涕である」「再会の時に流す歓喜の涕の先駆《さきがけ》である」と。

札幌講演第二回と付記された「パウロの救拯観《きうじようくわん》」には、パウロの救済論が述べられている。救済の第一は、「義とせらるゝ事」（三〇六頁、以下同じ）、第二は「聖くせらるゝ事」、第三は「栄を衣せらるゝ事」の順序がある。この三段階目は、「キリスト再臨の時を待て信者の上に行はるゝのである」（三一四頁）。人は悔い改めによって義の状態に入り、信者として聖霊の恩恵を受け、再臨によって栄化される、それを一言に約めると「愛、愛、愛、パウロの救拯観も亦《〔また〕》畢竟《ひつきやう》するに愛の一字に帰するのである」（同前）。

一九一二年クリスマスを迎えるにあたって、一四九号（一二月）に、詩「今年のクリスマス」を載せている。「クリスマス、クリスマス、／クリスマスは又来りけり／楽《たのし》かりし一群《ひとむれ》の小羊《こひつじ》は、／今は別れて二所に在り。（中略）クリスマス、クリスマス、／クリスマスは又来りけり／我等に耐《た》え難き悲痛《かなしみ》あり／又言尽《いひつく》されぬ歓喜《よろこび》あり。」（三一六―三一七頁）。今年のクリスマスに娘ルツはいない。一九一二年は、ルツの死にはじまり、その悲嘆と再臨の希望に終り、死、来世から再臨信仰への決定的な入口の年となった。それは第一次世界大戦の厖大な死者へとつながるとともに、聖書の奥義としての再臨信仰、再臨運動へと内村晩年の信仰が一挙に熟していく。死にゆく運命のなかで、無数の無辜の人の死を前に、「人は如何《いか》にして救はるゝ乎《か》」(「パウロの救拯観《きゅうじょうかん》」、三〇六頁)。それが来世・再臨の問題である。

愛娘ルツの若き死は、父鑑三にどれほどの衝撃と悲嘆を与えたことだろう。ルツの死の直後に書き、「彼女の父記す」と署名され、三年後に発表された「愛女の墓に葬る」(一七四号、一九一五年一月)という文章がある。それはルツの亡骸とともに、すべての野心を墓に葬ったといい、こう述べている。すでに、政治的、文学的、科学的、社交的野心は葬っていたが、宗教的、聖書的、伝道的、善行的野心までもがすべてが取り去られた、と。また、ルツの死の一〇〇日後の四月二〇日、内村はルツの友人と雑司ヶ谷に花をもって参ったことなどにふれた、内村に師事した葛巻行孝宛四月二二日付書簡がある。その最後には、次のように記されている。「天国、復活、永生、是れのみが事実にして問題に有之候、其他の事はすべて一顧の価値だに無き者に有之候」(『内村鑑三全集』第三七巻、四八三頁、傍点引用者)。内村にとって、再臨信仰へと極まる途は、その信仰の必然ではなかったか。ルツの死の悲嘆は深まるとともに、イエスの再臨への待望は高まり、ルツとの再会の歓喜へとつづいていくのだ。

次に、一九一三—一九一四年、内村が五二歳から五三歳まで、それはルツの死の翌年から第一次世界大戦の開戦までにあたるが、その二年間には、来世、復活、再臨については、「死の歓喜」(一五四号、一九一三年五月)、「来世獲得の必要」(一五八号、同九月)、「建碑」(一六二号、一九一四年一月)[4]、「死の慰藉」(一六五号、四月)、「復活と其状態」(一六八号、七月)、「贖罪と復活」(一七二号、一一月)などを発表している。

「死の歓喜」では、ピリピ書やコリント前書のパウロの言葉を取り上げ、「基督者に取りては死は彼《か》の主の許《もと》に行く事である、之に恐怖が無いは勿論《もちろん》、歓喜がある」(『内村鑑三全集』第一九巻、四六三頁)、「而して主と相見《あいまみ》ゆるは愛する者と再び相会することである」(四六四頁、以下同じ)と書いている。来世、それは人にとって「友の国」

であり、「死の河一筋を渡れば彼方《かなた》の岸には此愛の楽園がある」。

「死の慰藉」には、「或る若《わか》き夫人の葬式に臨み其親戚友人を慰めんと欲して語りし所」と付記されている。内村は、ヨハネ伝の「我れ末日《をはりのひ》に之を甦《よみがへ》らすべし」を掲げ、最愛の者を喪った悲嘆を慰めるものはどこにもなく、「復活の希望なくして、再会の期待《きたい》なくして、死は「慰《なぐさめ》を得ざる」苦痛である」（『内村鑑三全集』第二〇巻、三一九頁）と語る。それは死者の復活ではなく、「末日《をはりのひ》」に「甦《よみがへ》らさる」（三二二頁、以下同じ）のであり、「遠き未来に於て」ではなく、「末日とは此世が完全の域に達した時を云ふのである」と。そのとき、死も、嘆きもなく、栄《さかえ》ある身体と永久の新天地が出現する。その約束のもとに、「我等は我等の愛する者の死に接して歎《なげ》かないのである」（三二三頁）。

一九一四年の五月中に、今井館聖書講堂で行われた三回の講演の大意「復活と其状態」は、「イエスキリストの復活」、「信者の復活」、「復活の状態」で構成されている。「イエスキリストの復活」では、罪なきイエスの復活は当然で自然的であるといい、「信者の復活」では、信者はイエスの復活と異なって終末において行われ、「復活の状態」では、イエス・キリストは復活し、信者はキリストとともに復活する、それが復活の状態であると述べている。

「贖罪と復活」は、「基督教とは何ぞや」の題目のもとに行われた基督教青年会夏期学校の講演の草稿である。ここではイエスはすべての人の贖罪の十字架の苦痛を受け、イエスは人類のために復活し、それにより信者の救済は成就するといい、次のように記されている。「イエスの復活は彼れ御一人のための復活ではない、人類のための復活であつて、すべて信ずる者の復活である、人類が罪を犯したるが故に、其代表者たるイエスは死に附されたのである、而して人類の罪が赦されしが故に、其代表者たるイエスは死の繋《つなぎ》より釈かれ、復活昇天し給ふたのである、……」（『内村鑑三全集』第二一巻、一一七―一一八頁）。贖罪の十字架、復活、昇天による救済論である。

一九一三年―一九一四年のこれらの文章には、死の慰藉とともに、ルツの死と再会の希望の余韻が漂ってはいるが、そこにはまだ再臨信仰のいのちの原響は木霊《こだま》していない。第一次世界大戦の渦中である一九一五年から一九一七年までは、どうであろうか。

一九一五年は、非戦論者として「戦争の止む時」（一七四号、一月）などを発表するとともに、ヨブ記、伝道の書の講義を行い、一二月には山形県理事官を辞職した藤井武を迎えた年でもある。五月には、三月二一日茨城県高浜町での『聖書之研究』読者会で語った「福音と来世」（一七八号、五月）を掲載した。――キリスト教の福音とは、自己の罪悪をただす律法、道徳ではなく、福音としての「恩恵と信仰」（二九九頁）であり、「今世」ではなく「来世」にこそ価値がある。「大戦争の目的が僅《(わず)》かに領土拡張に在ると聞いて人命の如何に安価《やす》きかが判明《わか》る」（三〇一頁）、「我等は今世に於て永遠の来世の射影図《しやえいづ》を見る」（同前）。そこに愛する者との再会、新しい自由の生涯、栄の国があり、キリストは「唯幕一枚」（三〇三頁）の近さにいる、と。ルツなき内村は、光によらず哀しみのなかを歩くヨブや、この世でなすことはすべて空であると嘆くコーヘレスと想いをともにしたのであろう。

三カ月後の八月には、「如何にして復活する乎」（一八一号）を発表する。内村は、死して土に化した者は、海に沈んだ者は、火葬された者はどうなるのかと問い、こういう。「信者はイエスに倣ふて復活するのではない、イエスに在りて既に復活したのである、信者の復活は未来の事ではない、過去の事である、神はイエスを甦らしてすべて彼を信ずる者を甦らし給ふたのである」（三七九頁）。イエスは人類の罪のために十字架につけられ、人類の義のために復活したのである、と。

最後に、内村は次のように書いている。「信者は其の肉体に於て既に復活体の種子とその核心とを有《(も)》つ者である、彼は今既に復活されつゝある者である、而して死後に於ける復活の完成を俟つ者である」（三八〇―三八一頁、傍点引用者）。その復活体は、再臨によって完成する。ここに内村の復活の思想・信仰がある。彼は再臨信仰と「幕一枚」に近づきつつあるのだ。

一九一六年、五五歳、それは内村にとって決定的に大きな年となる。三月、「神の約束としての基督教」（一八八号）では、キリスト教は神の恩恵の約束であるといい、次のように書いている。

○聖書は約束の書である、故に旧約と云ひ、又新約と云ふ、旧約はキリスト降臨の約束であつた、而して新約はキリスト再臨の約束である、旧約はナザレのイエスの出生と生涯と死と復活とに由て充たされた、而して新約はキリストの再臨と新ヱルサレムの実現と万物の復興とに由て充たさるべくある、……[5]

ルツの死の三年後、旧約はイエスの降誕、新約はキリストの再臨、新エルサレムの実現、万物の復興、宇宙の完成——ここに旧新約聖書の神の約束が、再臨信仰の土台が明らかに示されたのである。その五カ月後、再臨信仰に生命を注ぐ、D・C・ベルから『日曜学校時報』が届き、そこに掲載されたC・G・トランブルの「キリストの再臨は果して実際的問題ならざる乎」を読み、悲惨な世界大戦を背景に、キリストの再臨に究極的な希望をもつともに、旧新約聖書六六書を流れる生命《いのち》の水の河の水流を実験的に知るである。[6]

ベルからの『日曜学校時報』送付の翌月、内村は「SECOND COMING OF CHRIST. キリスト再臨の信仰」（一九四号、一九一六年九月）を表題頁上に英日語で、以下全文となる文章を掲載した。

キリスト再臨の信仰は現代新神学者の眼には狂愚又は迷信と見ゆる乎《か》も知らない、然れども此信仰が新約聖書の根柢を作る主義であることは何人と雖《いえど》も否《いな》むことは出来ない、此信仰を取除いて新約聖書は其始より終まで不可解の書となるのである、世に大いに称揚せらる、所の新約聖書道徳なる者は此信仰の上に立つものである、主の山上の垂訓は単に道徳として説かれたる者ではない、初代の基督信者は其熱烈なる視線をキリストの再臨に注いで其超人的道徳に達することが出来たのである、其哲学的説明は如何《どう》であるとも茲《ここ》に一事否むべからざる事がある、即《すなわ》ち若《も》し初代の基督信者にキリスト再臨の信仰がなかつたならば、世に新約聖書の無かつたこ

と其事である、公平を標榜する現代の新神学者と雖も此一事を否定することは出来ない。(7)

キリスト教の救済論は、この再臨信仰の上に立つと同時に、これは内村の再臨信仰の宣言でもある。

一九一六年九月一〇日、一七日、今井館聖書講堂で行われた講演の大意に「初代基督教の要義」（一九五号、一〇月）がある。内村は、新約聖書でもっとも古い書簡であるパウロのテサロニケ前後書を取り上げ、それを新約中の「泉」（『内村鑑三全集』第二二巻、四四九頁）と呼び、初代のキリスト者の希望は「キリストの再来」であり、再来は新約聖書全体の「基調《アンダートーン》」（四五三頁）となっていると述べている。内村は、次のように語る――。「キリストは既に来り給ふたのではない、又終に来り給はないのではない、否キリストは来り給ひつゝある」（四五七頁）、そのときはだれも知らない、と。「聖書の読方　来世を背景として読むべし」（一九六号、一一月）は、来世の希望なくして聖書は理解できず、「我等は来世に就て若干《いくばく》を示されし乎」（一九七号、一二月）では、信者の復活はキリスト再臨のときに実現し、それは万物の復興、終末の審判、造化の完成という大事業へとつづくと述べている。

『日曜学校時報』に掲載されたトランブルの再臨論との出会いを挟んだ前後、内村の復活信仰は画期的に進化し、その活きた骨格を顕すのである。一九一六年、それはルツの死に端を発し、第一次世界大戦を時代背景として、再臨信仰の希望と歓喜の水脈が、来世と復活の問題をも潤しつつ、信仰の曠野に湧出した年であった。

一九一七年、それは翌年の再臨運動の開始へと向かう年である。四月六日、キリスト教国アメリカの第一次世界大戦への参戦により、非戦論者の内村は世界平和に希望を失い、キリスト再臨に拠らずして平和は地上に実現しないと実験的に確信する。復活・再臨に関しては、「エマオの出来事　復活の証明」（二〇二号、五月）、「復活と赦罪」（同前）、「戦争廃止に関する聖書の明示」（二〇四号、七月）、「『復活と来世』緒言」などがある。

「エマオの出来事　復活の証明」は、「ルカによる福音書」第二四章の講解である。十字架から三日目、二人の旅人に復活のイエスが現われた出来事を扱い、以下のように述べている。――復活はキリスト者の信仰を活かす「原動力」（『内村鑑三全集』第二三巻、二四七頁）であり、「然り之を実験よりすれば復活こそは実に我が救の中心である　我望を繋ぐ力である、……」（二四八頁）と。「復活と赦罪」では、キリストの復活は神が人類の罪を許した「証拠」（二四九頁）であり、「戦争廃止に関する聖書の明示」では、アメリカ参戦を背景に、「是は神の定め給ひし世の審判者《さばきびと》なるキリストの再臨を以て実現さるべき事である」（二八五頁）と記している。

『復活と来世』（聖書研究社、一九一七年八月）は、一九一二年から一九一五年の間に、死について考え語った文章を集め、「緒言」に次のように書いている。「人の一生に於て死は最も確実なる事である（中略）死は人生の最大問題である、而してキリストの福音のみ之に満足なる解決を供する」（二九三頁）。一八歳のルツの死によって、娘とともに父鑑三も葬られ、もっとも旧き再臨信仰へと甦ったのである。

ここに死の悲嘆から来世と復活の福音、ルツの死と再臨信仰への実験的途次がある。翌一九一八年一月、時代を揺るがす大正期再臨運動が一挙に社会の高揚とともにはじまるのだ。

3　再臨運動高揚期の再臨論――一九一八年前半

一九一八年一月六日午後二時、東京基督教青年会館において、東洋宣教会ホーリネス教会監督・中田重治、日本組合基督教会の教師・木村清松、内村鑑三の三人が発起人となって、一二〇〇人もの聴衆が集まった聖書の預言的研究演説会が開催された。この講演会が再臨運動の第一声となり、大きな時代の渦となってキリスト教界を席捲することになる。(8) 内村は、「聖書研究者の立場より見たる基督の再来」と題して講演し、それを藤井武が筆記し、『聖書之研究』二一一号（一九一八年二月）に掲載される。内村にとって、それは再臨運動のためではなく、旧新約聖書をつらぬくキリスト再臨の信仰的事実への実験的回心を通した再臨信仰によるのである。

一九一八―一九一九年、この二年間、第四部の再臨運動と時代的背景をもとに、内村の再臨信仰、聖書の再臨、救済論とは何かを見きわめていきたい。この五八歳から五九歳の間に、内村は厖大な再臨論を講演し、再臨をもとにして生涯もっとも多くの著述を『聖書之研究』に発表している。それは「『内村鑑三全集』における再臨・再臨信仰著述一覧」の通りである。[9] 再臨論と再臨信仰については、基本的には一九一八―一九一九年に発表した厖大な著述にすべて含まれている。これから主に一九一八年に再臨運動の高揚と並行して語られた再臨論をたどることで、内村の再臨信仰の稀有な信仰的本質を明らかにしていきたい。まずは、「聖書研究者の立場より見たる基督の再来」(『基督再臨問題講演集』では、「再来」を「再臨」と表記を変更)を考えてみたい。

東京基督教青年会館の大聴衆を前に、内村は自らの実験的信仰を語る――。キリスト者となって四〇年、終始一貫して取り組んできたのは「聖書の研究之れである」(『内村鑑三全集』第二四巻、五六頁、以下同巻)。最初の本業は、ダーウィン『種の起源』の進化論に基づく「天然学(観)」で、渡米後はギボン『羅馬史』全五巻による「万国史」の研究に耽り、アマスト大学のモース博士の講義で歴史観と天然観が一致することがわかり、シーリー総長の言葉で律法からの解放=イエスの十字架という決定的な贖罪の回心を体験する。

以後、聖書研究を天職と定めるが、どうしても聖書中には理解できない「何か」があることに苦しむ。一方、世界問題としての戦争の苦痛のなかで、「知らず平和は如何《いか》にして来るのである乎《か》」(五八頁)と悩む。一九一四年には世界大戦争が勃発し、非戦論者内村は、試練の渦中に立つ。そこでトランブルの再臨論と衝撃的に出会う。

内村は、ルツの死、戦争の悲嘆、平和への絶望のなかで、再臨という聖書の希望の「果実」がまさに熟しつつあった。内村は、確信する。新約聖書の「最大真理」(奥義)は「再臨」であり、マタイから黙示録まで、再臨の生命(=キリスト)により「首尾貫徹《コンシステント》」し、聖書の生命は無限に伸びる、と。

内村は、次のように講演を結んでいる。「キリストの再臨を信ぜずして其の美《うる》はしき語は悉《ことごと》く無意味に帰するのである、之に反して再臨の光に由て照されん乎、言々句々皆躍動し聖書中また矛盾を存せざるに至るであらう」(六一頁、傍点引用者)。黙示録のように、聖書を最後《おわり》から照らす「再臨の光」は、最初《はじめ》の「生命の光」でもあった。この聖書の預言的研究の講演から、再臨信仰と大正期の再臨運動は出発する。

「聖書の預言的研究」（二一〇―二一一号、一九一八年一―二月）では、聖書は預言書にして預言は歴史観で、それは信仰の眼をもってしか理解できない、山上の垂訓も、再臨の光において真に理解できるという。「余が基督の再臨に就て信ぜざる事共」（二一一号、二月）では、世の再臨論者と異なる点を、再臨の日時を問わずに再臨の約束がすべてであること、再臨はキリスト自身の再臨であり、再臨により信者の復活、携挙、神の国の出現（＝Pre-millennialists）があるなど、「信ぜざる事共」として挙げている。「平和の告知」（二一一号、同前）では、ルカ伝第二章一四節の聖書講解を、次のように結んでいる。「平和、平和、世界の平和、是れ夢ではない、事実である、而かも軍隊と外交とに由て来る者ではない、神の子の再顕に由て来る者である、我等は忍んで其時を俟《ま》つ者である、マランアーサ、主よ臨《きた》り給へ！」（五五頁）。

「身体の救（一月十三日）」（同前）では、霊の救いはこの世においてはじまり、来世では身体の復活が行われ、霊と身体の両方が救われて救済が完成すると述べている。また、時代の艱難や迫害のなかで、救済について書かれたパウロの「ロマ書」（第八章一六―二五節）の註解が一月二〇日の講演「万物の復興」（二一二号、三月）である。内村は、天然自然は、春に花が咲き、蝶が舞うが、その裏では毛虫は葉を噛んでは枝を枯らし、猛鳥は小禽を捉え……と、その美は破れへと向かうといい、以下のように講じている。「寔《まこと》に天然物は敗壊《やぶれ》の奴隷《しもべ》である」（九八頁）。この天然も、救いを待ち臨む。人と天然の救済は同時に成就するとともに、人は自己一人の救いをもって満足せず、「人類と共に禽獣虫魚否天地万物の救拯《すくひ》を要求するのである」（九九頁）。パウロは、自己の理想のなかに全宇宙を抱擁している、と（エピローグ、参照）。

「再来の意義」（同前）という短文がある。

「再来」と云《い》ふ文字は人を誤り易くある、原語に之を parousia《パルーシア》と云ふ、臨在の意である、英語の presence《プレゼンス》 である、来らん（未来）ではない、来りつゝあり（現在）である、イエスは今来りつゝあるのである、而《しか》して最後に明白に人《ペルソン》として来り給ふのである、来ると云ひ顕《あら》はると云ふ、隠《かく》れたる者の顕はるゝの意である（中略）キリストは復活し昇天して人の目より隠れ給ひてより再び其栄光化されたる身体《からだ》を以て世に臨み給ひつゝあるのである、而して時充つれば其自顕は極度に達して彼が天に昇り給ひし其状態を以て再び地に顕はれ給ふのである（使徒《しと》行伝《ぎょうでん》一章十一）、故に再来はキリストの自顕であると同時に又地の進化である、地が彼を迎ふるに足る者と為《な》されて彼は之に臨み給ふのである、万物の完成は神の造化の目的であつて又我等人類の理想である、而して再来は此目的の成就、此理想の実現に外ならないのである。（傍点引用者）[10]

ここに内村鑑三の再臨信仰が凝縮されている。再臨（再来）は「未来」（未来的終末）ではなく、「現在」（現在的終末）であり、昇天のキリスト＝再臨のキリストは、臨りつつあるイエスとして「臨在」する。同時に、それは隠れた（神の右に坐する）キリストの自顕であり、彼は再び栄光化されたペルソナとして世に、地に臨むのである。この再臨は、万物の完成という神の造化の目的にして、和解の完成ともいうべき人類の理想である。これこそが旧新約聖書の「生命《いのち》の光」である。「キリスト再来は聖書の中心的真理である、故に又宇宙の中心的真理である、……」（「望の理由」二二二号、三月、以下同じ、七九頁）。

「馬太伝に現はれたる基督の再来」の冒頭で、再臨信仰を知ったことについて、次のように語っている。「余はクリスチャンとなりてより四十年後の今日程思想の充溢を覚えたる時はない」（八九頁）と。その聖書は、はじめから「地的天国の実現を教ふるのである」（九六頁）。「地的天国」とは、地上における神の国の実現、反映である。また、「末《をはり》の日を待て」は、一年間に二女一男を亡くした「寡婦」の葬式で語った言葉を藤井武が筆記している。それはルツの死と同様に、「末《をはり》の日に我之を甦《よみがえら》すべし」（一〇七頁）以外、どのような希望があることだろう。聖書の中心となるイエスの贖罪の十字架は、再臨のキリストにおいて完成する（同時代の再臨批判は、その信仰的事実からいかに遠いことか）。「復活と再臨」（二一三号、四月）には、復活のイエスが四〇日間幾度となく弟子に現れたように、再臨のキリストは朽ちざる身体（復活のイエス）で再臨すると記している。

再臨運動高揚から五カ月後、内村は神田三崎町バプチスト会館で、「基督再臨の証明者としてのユダヤ人」（二一五号、六月）について、以下のような講演を行った。再臨は、聖書、社会、天然の進化などから語るべきことが無限にあり、特に聖書においては、創世記、イザヤ、エレミヤ、エゼキエル、ダニエル、ヨブ、エステル、ルツ記等、すべては「再臨の光」（二一九頁）に照らされてはじめて研究ができる。再臨反対論者、再臨の光なき人よ、彼らは聖書の尽きない源から生命《いのち》の水を汲むことを知らずに、その聖書の知識も浅薄である。人生宇宙問題の中心真理は再臨であり、その光によって「知識の宝玉」（同前）を、此処《ここ》にも彼処《かしこ》にも発見する。春の野にでて、花を摘むように……。七〇〇余名を前にした再臨運動絶頂期の講演は、こう結ばれる。再臨の希望なき国民は滅び、信者は衰え、眠れる信者と教会を目覚めさせるのは再臨信仰を措《お》いてない、と。

4　キリスト再臨の待望――一九一八年後半

内村鑑三は、「再臨と暗黒」（二一六号、七月）に、次のように書いた。「再臨は単《たゞ》に美《うる》はしき教義ではない、是は救拯《すくひ》であると同時に審判《さばき》である」（二三四頁、以下同じ）。再臨には、人と社会、信者と教会の堕落に対する審きを伴う。「闇黒《あんこく》を離れて光明を語る能《あた》はざるを如何せん」（同前）。「ノアの洪水」では、四〇日四〇夜降りつづいた大雨による「大洪水は世の審判《さばき》の模型」（二三八頁）にして、堕落した世と悪が審かれ希望とともに天地が現れる。神はノアとその息子たちを祝福し、永遠の契約の徴《しるし》としての弓（虹）を雲のなかに置く。「斯くて世の終末《おはり》は其絶滅ではない、其改造である、更らに善き世の建設である、神は此法則に従ひて宇宙を完成し給ふのである」（二四〇頁）。

「イエスの変貌」(二一六号、七月)は、マタイ伝一七章一―八節のイエスの変貌とモーセとエリアの出現に関する六月二日の講演で、次のように述べる。イエスが弟子を連れて高い山に登ったとき、顔が陽のように輝き衣は光のように白くなる、その変貌は、イエスの復活、身体の栄光化の「前表」(二五一頁)にして、最後の復活の「実例」(同前)であり、「変貌の出来事よりして我等は更に福《さいはひ》なる光を獲る事が出来る、変貌山上の光景はキリスト再臨の時に於ける信者の状態のtableau《タブロー》(活人画)である」(二五二頁)。再臨問題は聖書問題へ、罪の問題、十字架の贖罪問題へと帰着する、と。

一週間後、内村はヨハネ伝第一一章のイエスの「最大の奇蹟」であるラザロの復活について、再臨の希望とともに講演した。ラザロの復活の場面は、文学ではドストエフスキー『罪と罰』(第四編)で、罪人ラスコーリニコフの求めでソーニャが彼のために震えるように朗読した章句である。『罪と罰』のエピローグでは、その福音書は、シベリアの大河の辺の流刑地で、彼の枕の下に置かれた、ラスコーリニコフ更生とソーニャとの新しい愛の物語への燭光を感じさせる信仰の象徴でもあった(第二部、4、参照)。――イエスは、死んで四日経ったベタニアのラザロの墓へ行き、入口の石を取り除かせ、「ラザロよ、出《い》で来《き》たれ」(四三節、『文語訳新約聖書』)と声高く叫ぶ。すると、ラザロは布に包まれたままの姿で墓からでてくる。

この講演「ラザロの復活」(二一六号、七月)では、内村はルナンのラザロは死んでいなかったとする解釈、神学界の巨頭のカイム、ホルツマン、ワイツゼッケルなどの名も挙げ、それらの説明は飢えた霊魂にとっては無価値、不必要であり、それは「聖書をして生ける霊魂と没交渉の書たらしむるのである」(二五七頁)。その上で、内村は「余輩は唯聖書有の儘に解釈するのみ」(同前)といい、次のように結論づける。「ラザロの復活は実に再臨の日に於ける我等の復活の模型である(中略)信者の最後の希望は此処《ここ》にある」(二五九頁)。再臨の光は、ラザロの暗い死の墓を照らし、生命の甦りの奇蹟を告げ、来るべき十字架によるイエス伝を完成するのである。

一方、再臨運動の高揚とともに反再臨論も高まり、内村は再臨を信じない教派としてユニテリアン、組合教会、メソジスト信者を挙げ、その指導者の一人である組合教会の海老名弾正の名前を記した（「組合教会の再臨観」、二一八号、九月）。また、「再臨と贖罪」（同前）では、再臨信仰は贖罪信仰と密接な関係をもち、ロマ書のパウロのように、「罪の強き自覚と之に伴ふ十字架の救済を実験せずしてキリストの再臨は解らない」（三一三頁）と書いている。ここに内村のアマストでの贖罪の十字架への第二の回心と、再臨信仰の第三の回心が結びついている。この再臨の光で聖書を見るとき、「聖書は第一に歴史である、第二に霊的教訓である、第三に預言である」（「馬太伝第一章第一節」、同前、三一八頁）。その三つが織りなす天然宇宙そのものである。

内村は、「詩人カウパーの再臨歌」（二二九号、一〇月）と題して、イギリスの詩人ウィリアム・カウパーの詩の一節を抄訳している。

然《さ》らば臨《きた》り給へ、而《しか》して爾《なんじ》の戴き給ふ多くの冠冕《かんむり》の上に更に一個《ひとつ》を加へ給へ、全地の王たるの冠冕《かんむり》を戴き給へ、爾のみ此冠冕《かんむり》を戴くの資格を有し給ふ、是れ固《もと》より爾に属する者、天地の成りし前《さき》より古き契約《けいやく》に由りて爾に属する者なり、爾は其後爾の血を以て再び之を己《おのれ》に贖《あがな》ひ給へり、其価値以上の代価を払ひ給へり、爾の聖徒は王として爾を迎へまつる、爾の尊号は無窮の愛の泉に浸《ひた》されたる鉄筆を以て彼等の心に深く刻《きざ》まる、然《しか》り爾の聖徒は王として爾を迎へまつる、而して爾の臨《きた》り給ふこと遅きが故に爾の敵は勇気を得て誇る、然れども若《も》し彼等にして我等の永く待望みし爾の再臨の光《ひかり》に接せん乎《か》、彼等は爾の稜威《みいづ》を恐れて、或ひは小山の懐《ふところ》に潜《ひそ》み、或ひは巌《いはほ》の洞《ほら》に逃《のが》れて、其屈《かゞ》める身を隠《かく》さん。[11]

……と。

この再臨歌には、黙示録の最後の光景のように、キリストの再臨の約束と待望が響いている。然り、来たり給え

「再臨と豊稔」（二二九号、一〇月）には、キリスト再臨による世では、人は剣を打ちかえて鋤に槍を鎌にし、軍

国主義は戦闘なき農本主義に、地は大農園と化して元始の平安に還ると書く。神が「人類の始祖アダムとエバとを置き給ひしと云ふエデンの園とは此全地に外ならないのである、全地是れエデンである」（三三七頁）。再臨によるこの地は、「創世記」の原初の楽園エデンと重なってくる。内村は、いう。人はもとより地を耕す者であり、キリスト再臨のときには、曠野と湿潤なき地には楽しみがあり、砂漠には番紅《サフラン》が咲き、歓喜の声が溢れる、と。『聖書之研究』二二〇号（一〇月）の第一頁には、「BOOK OF COMINGS. 来臨の書」として、以下のように記している。

　聖書は神の来臨《らいりん》に関する其の約束の書である。旧約聖書に於ては神は其の預言者を以て彼が人間の中に臨《きた》りて彼等を救ひ給はん事を約束し給ふた、而《しか》して彼は終《つい》に其の子に由りて臨《きた》り給ふた、然るに人間は彼を斥《しりぞ》け之を十字架に釘《つ》けた　然るに神は怒り給はず其の無限の忍耐を以て新約聖書に於て其の使徒福音師等を以て「我れ再び臨らん」と約束し給ふた、而して其の約束は今猶《な》ほ約束として存するのである、而して彼が其の約束に違はずして初めに臨《きた》り給ひしが如くに彼は必ず再び臨り給ふのである、彼の初臨《しよりん》は彼の再臨《さいりん》の確証である、初臨に関する預言が尽《ことごと》く文字通りに実現せしが如くに再臨に関する預言も亦《また》同じやうに実現するのである。(12)

旧約聖書は預言者によるキリストの初臨、新約聖書は使徒による再臨を神の約束として顕している。それは楽園喪失―楽園回復―楽園完成への途であり、その中心には新約の贖罪の十字架がゴルゴタの丘に、一人一人の信者のなかに、仰瞻と救いの永遠の徴《しるし》として立っている。再臨の光のもとでは、旧新約聖書は、双方ともに、その根本において神の来臨の書にして、一巻としての「一大楽譜」（『聖書の大意』、三五九頁）なのだ。

　聖書の奥義である再臨を実験的に知った内村にとって、その贖罪信仰とキリスト教思想は、どのように変化したのだろうか。「基督再臨を信ずるより来りし余の思想上の変化」（二二一号、一二月）は、「THREE GREAT

MOMENTS. 信仰の三大時機」（二二一号、二月）、「信仰の三階段」（二二三号、四月）と同様に、「余の生涯に三度大変化が臨んだ」（三八四頁、以下同じ）として、以下のように述べている。第一は札幌農学校でのキリスト教との出会い、第二はアマストでの十字架による贖罪の回心、第三は「過去一年間」の再臨という「大革命」である。特に第三の変化によって、内村は旧き世界から新しき世界に入り、「余の宇宙は拡《ひろが》り、余の前途は展《ひら》け、新たなる能《ちから》は加はり、眼は瞭《あきらか》になり、余の生涯の万事が一新せしを感する」（三八四―三八五頁、傍点引用者）。

その時期は、第一は一八七八年、第二は一八八六年、第三は一九一八年で、再臨信仰による変化とは、次のようなことである。まず、聖書が解しやすい書となり、人生が理解でき、死の悲痛が癒され、天然が分かったことである。講演の最後には、こう語った。「キリスト再臨の信仰は聖書を新しき活きたる書として余に与へた、余の為に人生の謎《なぞ》を解き死の悲痛を除いた、余と天然とを永久に結び、余をして贖《あがな》はれし身体《からだ》を以て完成《まつと》うせられし天地に不朽の生命を享《〔う〕》くるの希望を懐《いだ》かしめた、……ハレルヤ！」（三九一頁）。

一九一八年一〇月二〇日、二七日、一一月三日には、東京基督教青年会館での「詩篇」第一篇、一九篇についての講演が行われた。「幸福《さいはい》なるかな、悪者《あしきもの》の謀略《はかりごと》に歩《あゆ》まず、罪人《つみびと》の途《みち》に立《た》たず嘲《あざけ》ける者《もの》の座《ざ》にすわらざる者《もの》は（中略）悪人《あしきひと》は然《しか》らず、風《かぜ》の吹《ふ》き去《さ》る粃殻《もみがら》の如《ごと》し」（三九二頁）と。悪人の謀略、罪人の途、嘲る者の座から自由な人、それが「義人《たゞしきひと》」（同前）なのである。さらに、講演は「聖書と基督の再臨」（一一月八日、『聖書之研究』二二二号、一九一九年一月、掲載号は以下同じ）、「地上再会の希望」（九日）、「再臨と伝道」（一〇日）、「再臨信仰の実験」（同前）へとつづいていく。

「聖書と基督の再臨」では、すでに数冊の聖書を読み破ったが、キリスト再臨を信じるに至って、「全然一変」（四二八頁）したといい、以下のように述べている。黙示録の最後（第二二章）のように、この書に一点一画をも廃る者は「いのちの木と聖なる都」（一九節）から取り除かれる。聖書は聖書のみで解し、再臨信仰によって生命と自由を得て、聖書の信じがたい「再臨」（其一）、「復活」（其二）、「処女懐胎」（其三）など、聖書をそのままに受けることができるようになった、と。

「地上再会の希望」においては、最後の晩餐の席上、イエスはパンを取り祝福して裂き弟子等にあたえ、杯《さかずき》をすすめ、今後神の国で新しくともに飲むまでは葡萄の実から造られたものは飲まないという。それは再臨の成就のときを告げている。「全宇宙のエネルギーは発動し死者は復活し万物は復興し人の心未だ思はざる大なる事実が実現するのである（中略）其日は確かに来る、之を信じて全宇宙は詩以上の大なる詩となるのである」（四三五頁）。再臨は、すべてに満ちる偉大なる詩である。

伝道に果たす再臨信仰についての講演が「再臨と伝道」である。再臨によって一切が成就するならば、再臨信仰は伝道の妨げになるのではないかという信者に対して、「最大の伝道者はみな再臨の信者ではなかった乎」（四四〇頁）といい、パウロのコリント前書をもとに、神の黙示を次のように語った。「而《しか》してキリスト再び来り給ふ時死者は復活せしめられ生者は死を経ずして此儘《このまま》栄化せしめら〔れ〕……」（同前）と。また、伝道を空しい事業として廃する者は、再臨の信仰をもたない者で、伝道熱心の秘訣は再臨信仰によるという。

同日の夜、内村は「再臨信仰の実験」について、再臨信者で三〇年間内村の再臨信仰を祈った David C. Bell との出会いから『日曜学校時報』まで（第三部、4、第四部、3、参照）を、自らの再臨へと至る信仰の実験として講演した。生涯の信仰の友人ベルについては、「如何《いかん》、誰が一人の為に此祈を献げた乎、余をして再臨信者たらしめしものは実に余の基督的友人が卅年の熱心なる祈禱であつたのである」（四四五頁）と語った。

このように、内村鑑三にとって一九一八年は再臨講演からはじまった画期的な一年であった。大晦日の一二月三一日、内村は日記にこう記した。「斯くして年は始まり年は終る、而して最後に神の国は来るのである、恵まれたる生涯なるかな」（『内村鑑三全集』第三三巻、五一頁）。この一九一八年は、大正期の高揚する再臨運動を時代背景に、神の国を、キリスト再臨を待望する、再臨にはじまり再臨に終わるのだ。

5　再臨運動衰退期へ――一九一九年以後

第一次世界大戦の終結の二カ月後、一九一九年はパリ講和会議（一月―六月）とともにはじまった。内村は、一月一日の日記に「余の事業は今始つたやうに感ずる」（『内村鑑三全集』第三三巻、五三頁）と記し、午後二時から東京基督教青年会館で、三〇〇人余を前に、「創世記第一章第一節」（二二二号、一月）についての講演を行った。それは「創世記」巻頭の「元始《はじめ》に神天地を創造《つく》り給へり」の講解であった。この「元始《はじめ》」「神」「天」「地」「創造」の五個の言の意味である。「元始《はじめ》」とは天地のはじめで、「神」は「在りて在る者」（I am that I am）、「凡《すべて》の凡《すべて》」（All in All）、「天」は地以外に存在するすべて、「地」は人類の置かれたこの地、「創造」はいまだなきものを有らしめる意であり、第一章第一節とは、ダーウィンの進化論、スピノザの汎神論を斥け、宇宙は神の創造によると註解したのである。

○「元始《はじめ》に神天地を創造《つく》り給へり」とは聖書巻頭第一の言辞《ことば》である。「我れ必ず速《すみやか》に至らんアーメン、主イエスよ来り給へ、願くは主イエスの恩寵すべての聖徒と共に在らんことを」とは聖書の最終最後の言辞である、斯《か》くして信仰を以て始まりし聖書は希望を持つて終つて居るのである（中略）初めに神に造られし万物は終りに茲《ここ》に至らざるを得ない、……(13)

「創世記」第一章一節から「ヨハネの黙示録」第二二章二一節まで、旧新約聖書六六書には、キリスト再臨という生命の水の河が流れている――。

一九一九年一月一七日には、大阪市公会堂で開かれた関西基督再臨研究大会において、「万民に関《かゝ》はる大なる福音」（二二三号、二月）と題して、以下のような内容の講演を行った。キリスト再臨は、信者だけでなく万民に、戦争絶対廃止、人生のすべての悲哀、苦痛、死の廃止に関わる問題である。それは「神が最後に人類に賜《あた》へんと欲し給ふものは此絶大の福祉《さいはひ》である、人のすべて思ふ所に過る恩寵《たまもの》である（中略）而して基督再臨は宗教最後の目的の実現である……」（四五七頁）。

二月以降の再臨論は、「稀有の信仰」（同前）、十字架の「信」、再臨の「望」、それによる「愛」が自分の信仰であるという「余の信仰」（二二四号、三月）、三月二三日から四月二〇日までの日曜日における五回の連続講演の大意「パウロの復活論」（二二六号、五月）などがある。

「パウロの復活論」では、冒頭に「ヨブ記」の人生の解きがたき疑問を置き講演をはじめる。「ヨブ記」第一四章で、ヨブは懐疑のなかで、こう問う。――女から生まれた人は、その生命短く不安に満ち、花のように咲いては枯れ影のように飛び去ってとどまらない。木は切られても芽と若木の枝をだすが、人は死ねば消え失せ、水が湖から消え川が涸れて乾くようにめざめない。「人もし死なばまた生きんや」（一四節、五五七頁）と。内村は、宇宙の合理的存在と神の愛を信ずる者は、死後の生命を信ぜざるを得ないといい、「然り人もし死なば又生くべし」（同前）と答える。死の勝利を実現するのは、キリスト再臨のときであり、それは復活論から再臨信仰への帰結である。

『聖書之研究』二二七号（六月）には、「パウロの復活論」の序論として講じた「死後の生命」、二二九号（八月）には「希望と聖徳」（六月八日）約翰《ヨハネ》第一書二章廿八節―三章三節」が掲載されている。八月三日には、内村は柏木聖書講堂での小集会において、「屍のある所に鷲集らん」（二三〇号、九月）と題した講話を行った。これはルカ伝の第一七章三二節以下の「神の国」に関するイエスの譬《たとえ》の講解である。イエスは、弟子たちに語る。――神の国は、いつどこにくるか予めいうことはできない、それはあなた方のなかにある、自分の命を救おうとするものは失い、失うものは保つのである。最後に、こういう。『屍体《しかばね》のある処《ところ》には鷲《わし》も亦《また》あつまらん』（三七節、『文語訳新約聖書』）。

内村は、この鷲（禿鷲《はげわし》、ローマ人の旗印）の集まる屍とは、「十字架の上に屠られしイエスの体ではない乎（中略）屍とは我等の罪の為に犠牲となりしイエスの体である」（『内村鑑三全集』第二五巻、一三二―一三三頁）と解する。内村は、再臨信仰の光によってイエスの屍を天の祭壇へと挙げられる、罪の犠牲としての屍（＝贖罪）と見ていたのであろう。再臨信仰は、そのまま贖罪信仰でもある。

一方、一九一九年は、第一次世界大戦の終結後で、富永徳磨「基督再臨説と基督教」（一月）『基督再臨説を排す』（七月）などの他、海老名弾正等多くのキリスト教界の主要指導者から反再臨論が再臨運動の前に立ち塞がった。また、内村が「再臨狂」とまで呼ぶ信仰者たちも生まれていた（第四部、5、参照）。一二月二一日、内村はローマ書の東京講演中に、「ベツレヘムの星」（二三五号、一九二〇年二月）という講演も行っている。そこでは内村は、イエス・キリストの生誕に相見《まみ》えるために、黄金没薬乳香を携えてベツレヘムを訪ねたのは東方の学者であったという聖書の記述から、イエス・キリストの心をもっともよく理解するのはだれかと問い、講演を以下のように結んでいる。

> 知らずキリスト再び来り給ふ時最初に彼を認め彼を迎ふる者は何人であらう乎、西洋人殊に其神学者等は再臨の信仰を迷妄視して嘲笑しつゝある、然しながら東洋の基督者よ彼等の言に耳を傾くる勿れ、我等は二千年前の東方の博士の如《ごと》く神の我等に賜ひし特殊の霊感と天然の啓示と聖書の明言とに由り西洋人に先だちて再臨のキリストを認め我等の黄金と没薬と乳香とを携へて出で、彼を迎へ彼を拝するであらう。(14)

内村は、聖書と天然の真理によって、再臨のキリストを迎える東洋の一キリスト者である。

一九一八年一月の再臨運動高揚期から、早くも衰退期に入る一九一九年後半、この間、キリスト教界内外から内村の講演による再臨高唱を「誹る者と誉める者」（二三五号、二月）が分かれつつ再臨運動は退潮へと向かっていった。その文章では、「誹《そし》る者」（二七四頁、以下同じ）は富永徳磨など信者のなかから、「誉める者」は信者の外からであり、その不思議な事実についての感慨を述べている。内村は、最後にこういう。「余輩を審判《さば》く者は人ではない、神である、彼れ再び来り給ふ時に万事は明白に成るのである（哥林多《〔コリント〕》前書四章五節）（二七五頁）。『聖書之研究』二三六号（三月）の最後の無署名の欄では、内村は「現状と希望」と題して、「余輩を誹《〔そし〕》る者がある、余輩を誹る者を誹る者がある、基督教界は相も變らず修羅の街《ちまた》である」（三三六頁）と再臨運動の感慨を述べている。一方、同じ二三六号の「信仰と知識」の最後に、こう記している。「汝の脳中に在りて神と宇宙とを合体せしめよ、汝の心中に於て信仰の熱火を以てすべての哲学と科学とを鎔解せよ、信ぜよ学べよ、而して強き真《まこと》の基督者《クリスチャン》と成れよ」（三八一頁）。

四月一八日、摂津西之宮での『聖書之研究』二日間の読者会では、一日目は「聖書の立場より見たるキリストの再臨」、二日目は「基督再臨の二方向」（二三九号、六月）と題した講演を行った。二日目のテサロニケ前書四章、ロマ書八章一一節、コロサイ書三章三節の講解の要点をまとめたのが「基督再臨の二方向」である。講演では、内村はキリスト再臨には「内外の二方面」（四九一頁）があるといい、こう註解する。「外的再臨」（同前）とは、聖書に明記されパウロが伝えた、天上のキリストが栄光とともに再臨し、最後の審判とともにすべての人を救済する教理（救済のための審判）である。「内的再臨」（四九二頁）とは、「信者の中に既に起れる霊の働きの外に現はるべきものである」「信者の心霊内に築かるゝものである」（同前）。内村は、再臨にはこの二方面があり、その両方面の再臨の事実によってキリスト信者の希望があるといい、次のように語る。

○此事を最も能《〔よ〕》く説明するものは天然である、今や陽春の好期に会して万花その美を競ひつゝあるは我等の目睹《〔もくと〕》する所である、そして春の来方《きたりかた》に亦《〔また〕》内外の両面があるのである、太陽の天頂に近づくに因り温度の高まり来る事は春の来る所由なるは云ふまでもない、しかしそれのみでは春は来らない、之に往する生命の既に地に準備せられありて内外相伴つて春は来るのである、砂漠に春の来らざるは温度高まり来るも之に応ずる生命が地にないからである、……[15]

天然の万花は、外的自然と内的生命がともに準備されたとき、そのいのちの顕現として花が咲く。さらに、内村は「之に関聯して注意すべきは再臨と贖罪《しょくざい》との関係である、再臨を信じて贖罪即ち罪の赦免を信ぜぬ人がある」（四九四頁、以下同じ）といい、以下のようにつづける。――再臨を信じて贖罪を信じない人は内的再臨が不十分で危険を伴い、再臨を信じないが赦免を信じる人は早晩再臨を信じるようになる。「再臨はもと〳〵赦免の実験より出づるもの、罪の赦《ゆる》しが主の十字架にあることを認むる人は必然復活をも信じ得るに至るのである」。赦免・贖罪の実験によって再臨を信じる人は、再臨を望むが空しき焦燥感をもたず、再臨の時期を定めず、「我衷に再臨の確証を抱くものは再臨が我が欲するが如く近き将来に起らずとも敢て慌《あわ》て騒がないのである」。外的再臨と内的再臨が出会う場所――そこにイエスの贖罪の十字架が立つ。

また、内村は「再臨の最後の目的は悪人に対する刑罰にあらずして義人の彰栄である」（四九五頁）、それは再臨の積極面（救済）と消極面（審判）とであり、「乃《すなわ》ち知る審判は新ヱルサレム建設の準備に外ならず従つて再臨の目的は人類栄化に外ならざる事を」（同前）という。そこに黙示録の聖都エルサレムが生れる。神は人とともに住み、人は神の民となり、神は人の涙をぬぐい、人には死も、嘆きも、悲しみもない……。「再臨は万物完成の時である」（四九六頁、傍点引用者）。

「基督再臨の兆《しるし》」（二四二―二四三号、九月―一〇月）では、再臨を唱えてから三年経つが、「キリスト未だ来らず故に永久に来らざるべし」（五四五頁）と、教会の神学者と社会改造論者は嘲るといい、次のように記している。再臨を否定することは、キリストの神性、罪の贖いと赦し、復活と昇天というキリスト教の根本教義を否認することである。キリストは、いまだ臨らないが、その前兆は黙示録のラオデキヤの教会のように、現今の教会は堕落、腐敗に溢れ、神を離れて「世を汚す大淫婦」（五四九頁）となり、それは「万物復興の予徴」（五五〇頁）となっている。「世の光《ひかり》たる教会が暗《やみ》と成り、暗黒其極に達して、然る後に黎明《れいめい》は近づき、義の太陽は昇るのである」（同前）。

内村の再臨論も再臨講演、再臨運動も、この一九一九年で一挙に時代と社会の表層からは退潮の途をたどっていく。だが、内村の再臨信仰は大正期の熱をおびた再臨運動とは対照的に、信仰の晩年の一〇年間、聖書の奥義、宇宙天然の真理として静かに深まりゆくのである。

6　贖罪信仰と愛の福音──内村鑑三と藤井武

一九二〇年─一九三〇年の再臨運動衰退以後の再臨信仰をたどる前に、再臨信仰と密接な贖罪信仰の問題を、ロマ書の信仰的解釈とも関連させて、特に贖罪の回心を経た内村鑑三と、愛の福音に出立したその弟子藤井武との関係において見ていきたい。

内村は、再臨運動から三年目、一九二〇年一月一日の日記に、「気持好きは主の再臨を信ずる聖書学者達の人生観である」「余の信仰は内省《ないせい》でもなければ改悔でもない、唯感謝と希望である」（『内村鑑三全集』第三三巻、一九五頁）という言葉とともに、次のような短歌二首を記した。

喜びも悲しみもみな恵《めぐみ》かな、ふみ来《き》し道《みち》の跡見返《あとみかへ》れば。
我《わ》が前《まへ》に置《お》かれし栄《さか》え望《のぞ》みつゝ、ふみ来《き》し道《みち》を見返《みかへ》りもせず(16)。

内村は、札幌農学校でキリスト教と出会ってから四三年、北海道の大自然、最初の若き結婚の失敗による流竄《るざん》のような渡米、贖罪の回心とともに見た美しいアマストの風景、キリスト教国日本への夢、教会からも社会からも捨てられた不敬事件、天然の無教会の教会、聖書の研究、再臨運動の高揚から退潮……明治から大正期までの「ふみ来《き》し道《みち》の跡《あと》見返《みかへ》れば」、「感謝と希望」とともに神による「栄え」を望み見るのである。そこには再臨信仰のいのちが息衝《いきづ》いている——。

再臨運動以後の再臨信仰においては、内村は十字架の贖罪信仰との関係を深め緊密化していくことになる。内村は、畢生のロマ書研究[17]である「羅馬書講義」の第一講において、「羅馬書は即ち贖罪の理論的根柢を開示せる大著である」（『内村鑑三全集』第二六巻、一八頁）といい、わずか全一六章合計一万六千字の小さき「大著」であるパウロによるロマ書について、次のように述べている。

> 再臨は貴き希望である、併し十字架を除きし再臨の希望は害多くして益少ない、人は十字架を信ぜずしては、又は十字架について浅き信仰に止まる限りは再臨を信ずるも健全なるを得ない、げに基督教の特色は再臨に存せずして十字架に存する（中略）再臨の希望は贖罪の土台の上に築かれて初めて健全なるのである、後者を除きたる前者は沙《すな》の上に建てられた家の如くである、……[18]

贖罪の土台なき砂の上の家（再臨狂など）は、時代の嵐でもある再臨運動高揚の高波のなかで、脆くも崩れ去る。再臨信仰においては、再臨の諾否、信不信ではなく、悔い改めの実験（＝回心《コンヴァージョン》）による贖罪（＝十字架）信仰の有無、福音の健全不健全による。イエスの十字架と臨りつつあるイエスは、贖罪と再臨の不可分一体の終末論（＝救済論）をなすのである。それはまた、イエス・キリストの贖罪による赦罪の信仰、福音の福音（＝純福音）であり、「人（人類）はいかに救われるか」を主題としたパウロのロマ書の主要部分（第一章一六節―八章）である。「之を細説すれば十字架のキリストを仰ぎ瞻る事に由て義とせられ、復活せるキリストを仰ぎ瞻る事に由て聖められ、再臨すべき彼を仰ぎ瞻る事に由て栄化せらるる」（二六頁）。十字架・復活・再臨のイエス・キリストを仰瞻すること、そこに人の義・聖・栄があり、人類の改造、宇宙万物の復興がある。まさに、「再臨なくして贖罪は半成の業である」「然り贖罪である、贖罪の結果たる再臨である」（「贖罪と再臨」[19]）。

贖罪の問題については、三三歳のときに、熊本市郊外の託摩ケ原の槙樹の下で、古い鞄を台に「人は罪を犯すべからざるものにして罪を犯すものなり、……」（『内村鑑三全集』第二巻、一三七頁）とはじまる『求安録《きゅうあんろく》』（警醒社書店、一八九三年）に、「贖罪《しょくざい》の哲理《てつり》」という章がある。キリスト教思想書としての第一書『基督信徒の慰』（警醒社書店、一八九三年）を二月に出版したばかりの内村は、ときに木々に風の音を聞きながら、「余は平安《へいあん》を得る途《みち》を知れり」（二四九頁）と終章「最終問題《さいしゅうもんだい》」に記すに至るように、信仰の孤独と罪のなかで、十字架のイエスを心の目で静かに瞻《み》つめつつ、人の悲嘆から十字架の贖罪までの信仰告白となる、自らの「求安録」＝「人はいかに救われるか」を書き上げたのである。

内村は、自分自身について、次のように記している。

余は偽善者《ぎぜんしゃ》なり、人を殺《ころ》すものなり、姦淫《かんいん》を犯《をか》すものなり、盗人《たうじん》なり、而して聖書なる電気燈《でんきとう》を以て尚《なほ》も余の心中を探《さぐ》るならば余は神を瀆《けが》すものならん、人を欺《あざむ》くものならん、――嗚呼聖書の言をして誤謬ならしめよ、余は如斯光輝に堪ゆる能はざるなり。[20]

一年後、箱根山頂で青年を前に、この世に遺す希望の生涯という「後世への最大遺物」を講ずる内村の心中は、聖書とキリストの光のもとでは、偽善者、人を殺すもの、姦淫を犯すもの、盗人――まさに罪人の姿そのものであった。信仰の光は、内村鑑三という罪人のなかの微塵の罪をもことごとく映しだしたのだ。贖罪の十字架信仰（悔い改め）なしに、果たして赦された罪人[21]として、この罪のままに人は救われるであろうか。

　而して基督の生涯並に十字架上の死は神が人類の罪を赦し玉ふの証明なり、即ち基督の贖罪とは神に於ける罪の赦の実なり。(22)

内村の贖罪信仰は、ここが原点である。「基督の十字架は神愛の実証なり」（『内村鑑三全集』第二巻、二四一頁）。この贖罪信仰は、二五年後、再臨を土台にした再臨信仰で「半成りの業」を完成する。

　この内村の贖罪信仰の問題が先鋭的に顕われたのは、もっとも近くにいた若き弟子・藤井武とのロマ書の解釈、特に贖罪と赦罪、十字架と神の愛をめぐる贖罪論であった。一九一五年一二月、官職を辞し内村に迎えられた藤井は、その三カ月後の二八歳のときに、「ロマ書研究第二」として「単純なる福音」を、『聖書之研究』一八八号（一九一六年三月）に発表した。それはイエスの十字架を神の怒りの代贖（贖罪）と見るのではなく、また神の愛の顕現した「単純なる福音」＝「恩恵と信仰」である、と主張した。(23)それは内村の「羅馬書講義」のスタートする五年前であった。

　藤井は、この論文の冒頭において、ロマ書の精神はパウロの信仰をもとにした、きわめて「単純なる福音」であり、複雑な神学論や贖罪論があるが、「ロマ書を複雑難解ならしむるは之を読む者の罪である」（『藤井武全集』第九巻、四〇二頁）といい、次のように記している。「所謂《いわゆる》贖罪論もし喧《やかま》しき議論であるならば、其パウロの説に非ずして後世の神学者の製造に係るものたるや明である。ロマ書は何処までもユダヤ人には躓《つまづ》く者ギリシヤ人には愚なる者でなくてはならない。我等は之を以て徹頭徹尾最も単純なる十字架の福音を伝ふるものと解して謬なきを信ずる」（四〇三頁、傍点引用者）。ロマ書を贖罪と赦罪と解した「羅馬書講義」において、贖罪（十字架）を土台にした再臨信仰に、一人の、万人、人類の救済を見る内村と何と対照的に映ることか。

　内村は、「羅馬書講義」最後の第六〇講約説「羅馬書大観」を、次のように結んでいる。

人は皆罪を犯したれば神より栄光を受るに足らず。只キリストイエスの贖に由りて神の恩恵《めぐみ》を受け、功《いさほし》なくして義とせらるゝ也。即ち神は忍びて已往《すぎこしかた》の罪を見遁し給ひしが、今己が義を顕さんとて、イエスを立て、その血に由りて信ずる者の宥《なだめ》の供物となし給へり。是れ自ら義たらん為、又イエスを信ずる者を義とし給はん為なり。然らば誇る所安《いづく》に在るや。在ることなし。何の法に由る乎。行の法か。然らず。信仰の法なり。故に我れ思ふに人の義とせらるゝは信仰に由る、律法の行に由らずと。(24)

贖による義・十字架――律法ではなく、信仰によって義とされ、潔められ、贖われ、仰瞻《ぎょうせん》によって救われる、それが内村の再臨信仰の基《もと》となる贖罪信仰なのだ。

一方、藤井はロマ書全一六章の主題は「人の救はるるはイエス・キリストの十字架に顕はれたる神の愛を信ずるに由る」(四〇三頁)、「キリストの十字架に神の限無き愛を発見し依て彼に併へて必ず万物をも我等に賜ふべきことを疑はずして待ち臨むこと」(四〇四頁)であり、それを約するならば「恩恵と信仰」(同前)という単純な福音に尽きると主張する。その上で、「唯キリスト・イエスの贖に頼りて神の恩を受け功なくして義とせらるるなり」(第三章二四節)を引用し、「即ち救の源は神の恩にあり其途はキリストの贖にありといふのである。知るべしパウロの救拯論は其最初の土台を神の恩恵に置くものなることを」(四〇五頁)と書く。藤井にとってパウロは、恩恵の実験による「純福音の宣伝者」(四〇七頁)であるがゆえに、「是に於て我等はかの所謂《いわゆる》贖罪論に就て一言せねばならぬ」(四〇七頁)と前置きをして、次のように贖罪論に疑問を呈する。

所謂贖罪論とは何である乎。其内容必ずしも一ならずと雖も、要するにキリストが我等の罪の代りに十字架上に於て罰せられたといふことに於ては変らない。即ち我等が功なくして義とせらるるはキリスト既に我等の受くべき罪の報を悉く代て受け給ひしが故であるといふのであつて、其根柢は神を正義の神即ち怒の神と見る旧約思想に出づるのである。神は正義の神である、彼は最も罪を憎み給ふ、故に人の犯したる罪を罰することなくして無意味に之を赦し給ふ筈はない、然るにキリストの死に依て我等が功なくして義とせらるるは畢竟彼が自ら罪なきにも拘らず我等の罪を引き受けて神の前に我等の受くべき罰を代て受け給ひしに由るといふ。寔《まこと》に深遠ではあるが然しながら難しき議論である。之決して単純なる福音ではない。神は罪を赦す愛の神である前に先づ之を罰する怒の神でなくてはならぬといふは、之果してイエス・キリストの十字架を以て顕はれたる新しき福音であらう乎。抑〻パウロの称へたる贖罪論は果してかかる意味に解釈すべきものであらう乎。[25]

藤井は、怒りの神を前提とした贖罪の十字架ではなく、代贖思想を神の愛による「恩恵」とその「信仰」から見ている。怒りの神においては、イエスの十字架は、代贖による神の罰となる。「所謂贖罪論はパウロの奏でたる大音楽の調和を破るものである」（四〇八頁）。パウロのロマ書は、贖罪論ではなく、「恩恵」と「愛」という「大音楽の調和」なのである。「彼〔パウロ〕をして言はしむれば救は初より終までキリストの贖である」（四〇九頁）。では、義とは、福音とは――。福音とは神の義の顕現であり、救いとは義とせらるること、イエスはそのための「和解」者（使い）であり、十字架は神による「愛の死」なのである。「キリストの十字架が我等を救ふは彼が人類を代表して罪の罰を受け給ひしが故ではない、彼処に我等は自己の罪と其よりも深き神の愛を発見したるが故である」（四一四頁）。ロマ書とは、その「恩恵の福音」にほかならない。それゆえに、パウロの贖罪論とは、神の愛によって罪を滅することなのだ。藤井は、最後に次のように結論づける。――ロマ書は、きわめて「単純なる福音」であり、神は限りなく深い純愛をもって罪人を救うために、日夜心を砕く。人は、その神の独子《ひとりご》イエス・キリストのもとで救われる、これがロマ書の、新約の精神、福音であり、恃《たの》むべき「隠れ家」「千歳の磐」である、と（四一五頁）。

藤井の「単純なる福音　ロマ書研究二」は、「十字架を負ふの歓び」（『聖書之研究』一八六号、一九一六年一月）、

「人生の憂患　ロマ書研究第二」（一八七号、同前、二月）に次いで発表された三作目の信仰論である。「一九一六年」、それは内村にとっては、再臨信仰が熟す、まさにベルからの『日曜学校時報』が届く、運命的な年でもあった。

「先生と私」（『藤井武全集』第一〇巻、所収）によると、藤井は師内村に、「単純なる福音」について、こういう。先生、今度は自分の特別の見方を書いた十字架の問題です、ぜひ一度見ていただきたい、と。だが、内村は藤井を信任する余りにそのまま印刷に付し、この論文を二校のゲラ刷りではじめて読み、愕然とする。内村は、校正刷りの上に、赤のインクで大きく「之は僕の教へた福音ではありません」（一三〇頁、以下同じ）と書き、藤井はすぐに内村に呼びつけられる。藤井は、慌てることなく、心を決めて師の前にでる。「君、たうとう始まつたね。余《あんま》り早過ぎる！」。藤井は論文について「陳弁」し、自分の「所信」であることを反復する。この論文を書く前には、内村の数編の罪についての論文を読み、「いはば先生の新しき信仰を敷衍《ふえん》するやうな気持が、私の執筆を少からず勇気づけたのであつた」（傍点引用者）。内村は、それでも断じて許さず、来月号で取り消すように命ずる。内村の足許にあった火鉢の火が着物に移って煙をあげる。それさえも二人は気づかないままに、師は取り消しを迫り、若き俊英なる弟子はひたすら拒みつづける。弟子藤井を介して、ここには二人の内村がいる——[26]。

以後、内村は『聖書之研究』への藤井の執筆を当面禁止し、彼の処女作『新生』の警醒社書店への紹介を取り消し、借していた書籍の返還までも求め、あるときには、独立するならば『聖書之研究』の読者を半分位もっていくことができるとまでいう。「あたかも私が叛逆でも企てたかのやうに！」（一三二頁）。そして、この決定的な論文「単純なる福音」は、次のような付言をもって掲載されたのである。「内村生曰ふ、藤井君の茲に唱へらるる所と余の常に唱ふる所との間に多少の（而も最も重要なる）相違のあることは本誌の読者の直に認むる所なるべし、余は其相違の点に就て次号に於て述ぶる所あらんと欲する」（『藤井武全集』第九巻、四一五頁、傍点引用者）。この付言通り、次号には内村の「神の忿怒と贖罪」（一八九号、四月）が掲載される。

「単純なる福音」執筆の前に、藤井が読んだであろう贖罪についての内村の二、三の論文の一つに、「贖罪と復活」（一七二号、一九一四年一一月）という基督教青年会夏期学校の講演「基督教とは何ぞや」の草稿がある。ここには贖罪と救済、死と復活の問題が傑出し、「唯イエスの十字架を仰瞻《あふぎみ》る」（『内村鑑三全集』第二一巻、一一七頁）ことへと集約されている。この草稿によると、イエスの十字架上の死は、以下のように解されている。イエスは、「我等」「全人類」（一一五頁）のために苦き杯を飲み乾し、神はそのイエスの死にあってすべての人、人類の罪を罰し、彼を信ずる者を「義」としたのである。「是れ旧《ふる》き福音である、現代《いま》の牧師、神学者、教会信者等の嘲る所の福音である」（一一五―一一六頁）。イエスの死は人類の「審判」、復活は「彰栄《しやうえい》」である、と。

内村は、復活について次のようにいう。

人類が罪を犯したるが故に、その代表者たるイエスは死に附されたのである、而して人類の罪が赦されしが故に、其代表者たるイエスは死の繫《つなぎ》より釈かれ、復活昇天し給ふたのである、人類に臨むべきことは善悪共に其代表者たるイエスに臨んだのである、……(27)

さらに、一九一六年以降の再臨信仰によって、昇天のキリストが再臨する「大いなる日」には万人の救済と天然宇宙が完成する。すべての人は、この贖われた永遠の現在《いま》を生きる――。

藤井は、ロマ書研究「単純なる福音」において、この内村の「旧《ふる》き福音」である贖罪論の「贖」を「愛」に換えて、新たな信仰の光を注ごうとしたのではなかったか。そのことがいっそう内村のアマスト以来の贖罪信仰に、神の憤怒に火をつけたのではないだろうか。

忿怒は愛の特性である、……(28)

「神の忿怒と贖罪」に、内村はヘブル書の「我《われ》らの神《かみ》は焼尽《やきつく》す火《ひ》なればなり」（第一二章二九節、『文語訳新約聖書』）など、新約における神の忿怒の章節とともに、このような一行を記している。愛の特性である忿怒、焼き尽くす火としての神とは、どのような信仰であろうか。内村は、「噫《あゝ》禍《わざはひ》なるかな汝等偽善者なる学者とパリサイの人よ」（『内村鑑三全集』第二二巻、二三八頁）などをあげ、「イエスは時に自《みず》から怒り給ふて父も亦《また》時には深く激《はげ》しく怒り給ふことを示し給ふた」（同前）といい、次のように書いている。

○キリストの十字架上の死たる実に大問題である、之を単に罪の処分の一方面より考ふることは出来ない、茲に神の愛のすべてと其最も深い所とが顕はれたのである、之に神人の和合がある、罪人悔改の督促《とくそく》がある、キリストは其血潮《ちしほ》の流る丶手《みて》を伸《の》ばし給ひて神に反《そむ》きし人類に帰還を促し給ひつ丶あるのである、然れども余輩は人類の罪に対する神の忿怒を離れてキリストの十字架を考ふることは出来ない（中略）神は其独《ひとり》子《ご》の上に人類のすべての罪を置き給ふたのである、……(29)

一方、藤井は「単純なる福音」の二カ月前、『聖書之研究』一八六号（一九一六年一月）に、「十字架を負ふの歓び」を発表している。そのなかに、藤井は「実に十字架を負ふことは人生の最大問題である」（『藤井武全集』第九巻、三六四頁）といい、我（ら）のために十字架の死を負ったイエスは、「その限なき愛の心はわが全心を涵《ひた》して我を囚へて終ふのである」（三六五頁）と記し、こうつづける。イエスの愛により、十字架はついに自分の肩の上に上がる。それは苦痛・悲哀でありながら、「噫、然し乍ら十字架に絶大の歓びがある」（三六六頁）。そこには新しきエルサレムが見える。「ハレルヤ！　わが故国は之である」（同前）。墓の彼方の復活による新生活も、永生の歓びもここにある、と。それはまさに、十字架を負う歓びなのだ。

だが、内村はキリストの十字架を人類の罪の「代刑代罰」（＝贖罪）と見る。代贖と赦免と救済は、パウロの贖罪論のように、イエスの十字架において顕かに示されているのである。十字架の刑死なしには、悔い改めも、新たな自由も臨みえない。さらに、内村はいう。神は愛なりと、万事を愛で解すると、その信仰は「円形」であるが、「愛と義とを以て心霊的宇宙を画《えが》かんとする　是れ楕円形である」（『内村鑑三全集』第二二巻、二四二頁）。十字架は、単純な福音ではなく、そこには神の愛、受くべき刑罰、罪の表白、承認、怒り、罰、赦免――すべてが含まれている。内村は、この反論をこう結んでいる。「斯《か》くて贖罪の事に於ては余は本誌前号所載の論文に現はれたる藤井君と全然所信を異にする者なる事を茲に明言せざるを得ないことを甚《はなは》だ悲しむのである。余は「キリストが我等の罪の代りに十字架上に於て罰せられたといふ事を」信ずる者の一人である。余は又「贖罪論の責任をパウロに帰せんとする者」の一人である」（二四五頁）。

十字架を負う歓びとともにある二八歳の藤井に、五五歳の内村は、贖罪の十字架は神の忿怒とともにあることをここに告げたのである。同時に、このときの内村には、五カ月後のベルからの『日曜学校時報』を契機に、「聖書研究者の立場より見たる基督の再来」へ、大正期の再臨運動へと、聖書の究極的奥義である再臨信仰が熟しつつあった。以後、藤井はこの年の年末まで『聖書之研究』への執筆を止められたあと、内村の数多くの再臨講演の筆記をし、高揚期から衰退期まで再臨運動をともにすることになる。藤井は、十字架の愛を、内村は十字架の贖罪を、ともに自らの十字架として負ったのであろう。その上で、再臨信仰においては、内村と藤井はもっとも近くにいたのだ。

「単純なる福音」の六年後、藤井は「代贖を信ずるまで」（『聖書之研究』二六〇号、一九二二年三月）の発表へと至る。「代贖を信ずるまで」は、次のように書きはじめられている。「罪の意識は早くより私の重荷でありました。幾年かの間私は実際喘《あへ》ぎつゝ、暮らしました。朝毎に勇気と希望とを以て起き出て、夜毎に言ひ知れぬ霊魂の沈鬱を以て枕に顔を埋めました。涙は私の糧《かて》でありました」（『藤井武全集』第一〇巻、三一三頁、以下同じ）。

藤井にとって、罪の煩悶、苦痛、重荷から引きだしたのは、パウロの「我等がなお罪人たりし時、キリスト我等に対する愛を顕はし給へり」の言葉のように、「十字架の音ずれ」の発見であった。その十字架は「愛の象徴《シムボル》」以外ではなく、「神は愛」であるがゆえに、神の独子《ひとりご》イエスは我らを憐み、その悔い改めのために、十字架の苦しみを受けたのである。それに贖罪の意義も含めて、愛の福音以外何かを結びつけるのは冒瀆ですらあると考えていた、と。それは六年前、「単純なる福音」を書いたときであった。特に、内村の「贖罪の主たる目的は神の性質を変ぜんが為である」（三一四頁）は、もっとも受け入れがたい言葉であった。だが、この出来事（事件）は、贖罪の問題として深く霊魂に刻まれたのである。

三年前のある冬の夜、藤井はレビ記のアザゼル(30)の山羊（第一六章）の記事に出会う。罪祭のための二頭の山羊のうち一頭は、イスラエルの民の諸々の罪の犠牲として、人里離れた地へ、荒野へと放逐される。その山羊は、ただ一頭だけ、寂しく荒野を彷徨う。藤井は、こう書く。「我等の為のアザゼルの山羊！　然り、十字架上の彼こそ正さしく其れである」（三一五頁）。これにより、藤井はイエスの十字架の死が代贖であったことを認め、赦免の恩恵を知る。以後、彼は「誰が何といふとも、私はイエスの義に由て永遠に神に繋がる、者であります」（同前）、「かくて今は私は代贖の無条件的信者であります」と告白するに至るのである。

内村は、愛する弟子の藤井のこの論文の最後に「内村生曰す、茲に復たび藤井君の論文を迎ふるを得て歓喜に堪へない、……」（『藤井武全集』第一〇巻、三一六頁、傍点引用者）との附言を載せた。内村は、代贖を信じるまでの藤井の六年越しの信仰告白をどれほど喜びとともに迎えたことだろう。だが、「代贖を信ずるまで」は、何と苦しい歓びが満ち溢れていることか。藤井は、内村の死の翌月の『旧約と新約』第一一八号（一九三〇年四月）に、「先生と私」と題して、この贖罪信仰をめぐる激しい衝突について、次のように回顧している。「私の過失はたまたま先生の本来なる古き古き十字架信仰に再び点火するの役目を務めたのである。この時以後、先生は古き愛人を億ふの熱情を以て、罪の赦しの福音を高唱せられた。いわゆる「初の愛」が再び先生の胸の中に燃え立つた。さうしてそれは遂に最後まで変らなかつた」（一三一―一三二頁、傍点引用者）。それにしても、古き古き信仰、古き愛人への熱情、初めの愛とは、何と鋭い批評であろう。この「先生と私」は藤井の死の三カ月前に発表され、内村はついに、、、、、、、、、、この文章を読むことはなく、一九三〇年三月二八日にこの世を去り、代贖をめぐる根本的問題は、再臨運動と再臨信仰のなかに収まっていった。

内村鑑三と藤井武――この二人の師弟にとって贖罪の十字架は、再臨信仰の愛の土台となるとともに、贖罪信仰と再臨信仰の半成りの業の完成なのである。それを証《あかし》するのが〈臨《きた》りつつあるイエス〉であり、創世記から黙示録へ、現在から未来へと流れる〈生命《いのち》の水の河〉である。

万人は、その河の辺《ほとり》に立つ――。

エピローグ　生命の水の河の辺《ほとり》で――再臨の風景

But the Lord is Coming！　しかし、主は臨《きた》りつつあります。（ベル宛書簡、July 31, 1919）

内村鑑三の再臨信仰は、天然自然と響き合う詩的宇宙《コスモス》の交響楽である。それはキリスト教の神学的教義を超えて、天然宇宙の神の声の顕現、旧約の森に響く預言者による神の言《ことば》、新約のユダヤの地を十字架へと歩むイエスの祈り、それらの声、言、祈りがおりなす信仰宇宙である。それは路傍の草花、深山に人知れず花開く姫百合、風になびく木々の枝葉、そんな天然の現象宇宙でもある。その天然交響楽には、エデンの楽園から黙示録の新たな都へと、涸れることなく流れつづける生命《いのち》の水の河音が共鳴し、そこに万人救済の風景が広がる。それはまた、旧約以来三〇〇〇年、戦争、憎悪、罪悪の絶えない、この地上の国を、一人の人が一回限りに生きる、その悲しみ、苦しみを医《いや》す終末論・救済論でもあろう。

内村は、「羅馬書講演」第三九講約説「天然の呻《うめ》きと其救ひ」のなかで、以下のように述べている。

○人は天然の美を語る、しかれども美は僅《〔わずか〕》にその表面に止まる、一歩その裏面に入れば美にあらずして醜《しう》である、調和にあらずして混乱である、平和にあらずして戦争である、夏の野山に百花咲き競ふの状は美くしけれども、叢中《〔そうちゅう〕》如何《〔いか〕》なる殺伐、如何なる敗壊が演ぜられつゝある乎《〔か〕》を知るならば、詩人の心は恐怖に戦慄《ふる》えて讃美の歌は絶えるであろう、蛇《〔へび〕》は蛙《かへる》を呑《〔の〕》まんとし、蛙は虫を食はんとし、虫は相互を殺さんとす、其蛇を狙う鷲があ

る（中略）春の森、夏の林の決してエデンの園でない事が判明《わか》る、……（1）

その天然宇宙の交響楽の背後には、野山、叢中の天然の苦しき呻き声が満ちている。イエス・キリストの再臨は、それをもつつむ地の進化であるとともに、宇宙の完成でもある。内村にとっては、贖罪信仰の「半成りの業」の完成でもある（プロローグ、5、参照）。

それは〈再臨のキリスト〉（未来的終末論）を源《みなもと》とした〈臨りつつあるイエス〉（現在的終末論）として、神の愛と福音として、その「オープン・シークレット」の〈原事実〉（滝沢克己）――インマヌエル（Gott mit uns）――をこの世と人に証《あかし》するのである。それは象徴的に、こういいあらわすことができよう。再臨の〈イエス・キリスト〉は、まさに臨《きた》りつつある、But the Lord is Coming!、と。（2）

内村は、D・C・ベルから再臨論の掲載された『日曜学校時報』が届いた二カ月後、再臨信仰が萌え立つ「秋の夕《ゆうべ》」と題した詩を発表した。

秋《あき》が来《き》た、
涼《すゞ》しき心地《こゝち》よき秋《あき》が来《き》た
嗚呼《あゝ》愛《あい》すべき秋《あき》よ。

老《ろう》が来《き》た。
静《しづか》なる黙示《しめし》に富《と》める老《ろう》が来《き》た、
嗚呼《あゝ》楽《たの》しき老《ろう》よ。

此後《このゝち》に冬《ふゆ》が来《く》る、
冷《つめ》たき死《し》と墓《はか》とが来《く》る、
然《しか》る後《のち》に復活《ふくくわつ》の春《はる》が来《く》る、
而《しか》して最後《いやはて》に永久変《えいきうかは》らざる、
清《きよ》き涼《すゞ》しき神《かみ》のパラダイスの夏《なつ》が来《く》る、
嗚呼《あゝ》感謝《かんしや》に充《みて》る生涯《しやうがい》(3)よ。

天然の呻きと、人の死と墓のあとには、復活、再臨の永遠の〈春〉が来る——。

「秋の夕」が載った『聖書之研究』一九五号（一九一六年一〇月）の下段には、「希望の生涯」という短い文章がある。「希望の生涯」には、こう記されている。「我は後《うしろ》を見ない、前を見る、過去を顧みない、未来を望む」「我は我救主《わがすくひぬし》イエスキリストの其処《〔そこ〕》より降り臨《きた》るを待つ」（『内村鑑三全集』第二三巻、四三一頁）。「——嗚呼感謝《あゝかんしや》に充《みて》る生涯《しやうがい》よ」（「秋の夕」）と。

内村は、第一次世界大戦終結の二カ月後、大阪の再臨研究大会での講演「万民に関《かゝ》はる大なる福音」（『聖書之研究』二二三号、一九一九年二月）のなかで、再臨が世界万民に、人生すべての悲嘆に、戦争絶対廃止に関わる問題であるといい、次のように述べている。「主の来り給ふは救はんが為であつて鞫《さば》かんが為ではない、戦闘《たゝかひ》は止《〔や〕》み、ヱホバの政治《まつりごと》は海より海に及び河より地の極《はて》に及び、涕《なみだ》は悉く拭はれ、哀《かなし》み哭《なげ》き痛むこと全然無きに至て再臨の目的は達せらるゝのである」（『内村鑑三全集』第二四巻、四五八頁）と。ここに内村鑑三の再臨信仰の精神、エッセンスがある。

私はここまで、序詞「人は皆風の吹き去る籾殻《もみがら》の如くに」から、プロローグでは旧約の信仰の森のなかを、関根清三著『旧約における超越と象徴――解釈学的経験の系譜』（増補新装版）との対話、第一部「悪魔の跳梁と黄金時代の夢」のニヒリストの系譜を通して見たドストエフスキー論から、第二部の罪と愛をめぐるユダ論、非戦論・戦争絶対廃止論を含む第三部の神の国と地上の国の問題、第四部から五部においては、内村の贖罪信仰とともにある再臨信仰への途と、それを象徴的に証《あかし》する〈臨りつつあるイエス〉の臨在と再臨信仰をたどり、エピローグ「生命の水の河の辺《ほとり》で」に至った。再臨信仰においては、すべての人は、万人は、一人の例外もなく救済のなかにある。それこそが審判《さばき》をすべて包摂した万人救済論なのだ。審判は、救済なしには起こりようがないであろう。

　それはパウロの「ローマ人への手紙」のように、人はいかに汚濁に満ちた地の国における、この〈私〉の死と罪、虚無（＝死に至る病）から、悪魔が入ったユダ（から）／ユダ（は）救われるのか、無数の戦争の、受難の、無辜の死者たちの死の意味は、懐疑の森のなかの究極の問いをめぐる、前著『内村鑑三の聖書講解――神の言のコスモスと再臨信仰』執筆後、五年を超える長い旅路であった。楽園エデンでの「あなたはどこにいるのか」という神の問い、呼び声とともに。(4)

　内村は、四一歳のとき『聖書之研究』創刊の一年半後、「所感」のなかに、「万民救済の希望」と題して、わずか三行だけ以下のように書いている。

> 罪人の首《かしら》たる余を救ひ得る愛は如何《いか》なる罪人をも救ひ得て尚ほ余りあるべし、余は余を救ひ給ひし神の愛を以てして救ひ得ざる罪人の場合を思惟する能はず、神が世に先《さきん》じて余を救ひ給ひしは余をして万民に神の救済の約束を伝へしめんが為めならざるべからず、余は万民救済の希望を余自身の上に置く者なり。（傍点引用者）(5)

「救拯《すくい》は罪の赦しを以て始まる、罪の赦しなくして救拯《すくい》なし、故に基督教あるなしである」（「FORGIVENESS OF SINS. 罪の赦し」、『内村鑑三全集』第二五巻、五一一頁）。「万人救済は余一人の救済のために必要である」（「戦場ケ原に友人と語る」、同前、第一六巻、一一四頁）。「罪人の首《かしら》」である内村の救いは、すべての人とともにある――。

日本近代を再臨信仰に生きた一キリスト者・内村鑑三と一八歳の若さで死んだ愛娘ルツ、その弟子で内村の再臨講演を筆記し、『羔《こひつじ》の婚姻』を完成間際まで書き継ぎ、四二歳で死去した詩人伝道者・藤井武と秋の夕べに二九歳でこの世を去った妻喬子《のぶ》、『聖書之研究』に信仰実験を寄稿した、無名の読者・信仰者、歴史を遡ると、エレミヤはじめイザヤなど旧約の受難の預言者、イスラエル統一王国以後一〇〇〇年の歴史の光芒を生きた旧約の無数の信仰者、イエス以後の初期キリスト教会の殉教者、二〇〇〇年後の二一世紀という新しい戦争の世紀の風に散らされる籾殻のような、大鎌で刈り取られるような無残な戦争の死者たち――すべての人は、再臨という「大いなる日に」[6]、この生命の水の河の辺《ほとり》で出会うのではないだろうか。〈臨りつつあるイエス〉は、その予表（徴《しるし》）ではないか。

夜もなく、灯《あかり》も、太陽の光も、もはやいらない、神が新たな天地を照らすから（「ヨハネの黙示録」第二二章五節）――。『罪と罰』のエピローグで、流刑地シベリアの地を流れる大河のそばで〈愛〉を知る罪人ラスコーリニコフとソーニャのように、そこから新しい更生の物語がはじまるように……。（序詞、第一部、4、参照）

内村鑑三は、明治維新の七年前に武士の子として生まれ、明治・大正・昭和初期まで、近代日本社会とキリスト教界に、一条《ひとすじ》の福音による希望の人生を、無教会信仰と再臨信仰を刻み、満六九歳で「後世への最大遺物」としての一生涯を終えた。その最期の日々をつづった北海道帝国大学の医師で息子・内村祐之「父の臨終の記」（『聖書之研究』三五七号、終刊号、一九三〇年四月）がある。

内村の一進一退であった心臓の病状は、一九三〇年三月二三日に急変する。二四日午後、祐之一家は札幌から柏木に着く。父・鑑三はすでに重態。病床で、鑑三は、元旦に生まれたばかりの第三女の孫の頭に手を置き、「生命の溢れてゐるのは誠によいものだ」（五六頁）と、感慨深く祝福する。二六日午後一時頃、発作の苦しみの最中に、床《とこ》の上に正座し、午後二時半から今井館聖書講堂で行われる内村鑑三古稀祝賀感謝の会に代理で出席し、参加者に向けて伝えてほしいと、最期の言葉をたくす。死を二日後にひかえたその祈りの言葉は、どれほど多くの人の心をとらえたことだろう。

「萬歳、感謝、滿足、希望、進歩、正義、凡ての善き事」（中略）

「聖旨にかなはゞ生延びて更に働く。然し如何なる時にも悪《あし》き事は吾々及び諸君の上に未來永久に決して來ない。宇宙萬物人生悉く可なり。言はんと欲する事盡きず。人類の幸福と日本國の隆盛と宇宙の完成を祈る」と。(7)

二七日午後二時、鑑三は突然に声を挙げて、讃美歌の一節を歌う。「神のめぐみ主エスの愛／ゆたかに滿つこの御殿《みとの》」（五八頁）と。二八日午前一時半、祐之に「非常に調和がとれて居るがこれでよいのか」（同前）と尋ねる。その約七時間後、一人のキリスト者・内村鑑三は、「眞に永き戰鬪の全生涯に比して最も對照深き平和なる臨終」（五九頁）を迎えたのである。(8)

人類の幸福、日本国の隆盛、宇宙の完成――それは再臨とともにある。

死の一〇日前の「日々の生涯」（三月一八日付「日記」）に、内村は次のような短歌の筆記を斎藤宗次郎に託した。

到るべき都は遠し今日もまた
忍ぶが岡に独り漂ふ(9)

人類が、世界が、天然が、いかなる苦痛、悲嘆の呻きのなかを漂うとも、〈臨りつつあるイエス〉とともに、到るべき新たな都へ、天地、宇宙完成へと生命の水の河は流れつづけ、すべての人は永遠に、そのいのちの木の繁るその辺《ほとり》にいる。
そこには万人救済を告げる再臨の風景が広がっている――。
「再《ま》た會《あ》う日まで」（武蔵野にあるルツの墓碑名）
それは再臨信仰の詩的結晶《ポエトリー》である。

注

序詞　人は皆風の吹き去る籾殻《もみがら》の如くに

（1）『文語訳舊新約聖書』（日本聖書協会、初版一八八七年）の一九八二年版。『聖書』の引用は、主に日本聖書協会発行の一九五五年版『聖書（口語訳）』を用い、引用頁数は章節を明記することで省略した。また、『聖書協会共同訳』（二〇一八年）、『文語訳舊新約聖書』の場合には、出典を記載した。それ以外は、引用典拠、訳者、頁数を示している。『文語訳新約聖書』（岩波書店、二〇一四年）、「世界の名著」『聖書』（責任編集・前田護郎、中央公論社、一九六八年）、『聖書の世界』全六巻「旧約」Ⅰ―Ⅳ、「新約」Ⅰ、Ⅱ（関根正雄監修、講談社、一九七〇年）、『旧約聖書』（関根正雄訳、教文館、一九九七年）、田川建三『新約聖書――本文の訳』（作品社、二〇一八年）、『福音書』（塚本虎二訳、岩波書店、一九六三年）などを用いた。

（2）関根清三『旧約における超越と象徴――解釈学的経験の系譜（増補新装版）』（東京大学出版会、二〇二二年）、一二六頁。「伝道の書」は、序詞、プロローグでは、同書をもとに「コーヘレス」と表記し、他では「伝道の書」とした。また、関根正雄『旧約聖書』では、「諸書」のなかに「コーヘレト」と表記されている。

（3）旧約聖書においては、「ヨブ記」（第一三章二五節、二一章一八節）、「詩篇」（第一篇四節、第三五篇五節、第八三篇一三節、「イザヤ書」第一七章一三節、二九章五節、三三章一一節、四一章一五節、「エレミヤ書」第一三章二四節、「ダニエル書」第二章三五節、「ホセア書」第一三章三節、「ゼパニヤ書」第二章二節）などで、人は神に吹かれる「もみがら」「もみ殻《がら》」「粃糠《もみがら》」「籾殻《もみがら》」等に喩えられている。

（4）内村鑑三（一八六一―一九三〇年）は、明治維新の七年前に高崎藩の佐幕派の武士の子として生まれ、儒教的環境で育つ。一六歳のとき、アメリカからW・S・クラークを招いて建学された開拓使附属札幌農学校に、太田（新渡戸）稲造らとともに二期生として入学する。そこでキリスト教と出会い、「イエスを信ずる者の契約」（Covenant of Believers in Jesus）に署名し、一八七八年に一七歳で、メソジスト監督教会宣教師M・C・ハリスから洗礼を受ける。卒業後の一時期、開拓使御用係の官吏として漁業調査に関わるが、最初の結婚の失敗も影響して、内部の「真空」に促されるように、苦悩の渦のなかでキリスト教大国アメリカへと渡るのである。そこでアマスト大学のシーリー総長と運命的に出会い、その言葉によって贖罪の「霊的回心」を経験する。帰国後は、ミッションスクールでの宣教師らとの軋轢、第一高等中学校教育勅語奉読式での「不敬事件」などがあり、教会、教派によらない無教会信仰者となる。また、日露戦争以後、「非戦論」の立場を貫くとともに、日本における誌上の信仰共同体《エクレシア》として『聖書之研究』を創刊し、主筆として三〇年間、二つの「J」（Jesus と Japan）のもと、聖書の「福音」の伝道者として生き、第一次世界大戦後はイエス・キリストの「再臨」と「再臨信仰」へいきつくのである。内村鑑三の生涯と信仰については、小林孝吉『内村鑑三――私は一基督者である』（御茶の水書房、二〇一六年）、聖書講解は、小林孝吉『内村鑑三の聖書講解――神の言《ことば》のコスモスと再臨信仰』（教文館、二〇二〇年）、信仰詩等文学は、小林孝吉編・解題・解説『内村鑑三信仰詩・訳詩・短歌等集成』（明治学院大学キリスト教研究所発行、二〇二二年）、参照。以下、著者名、副書名については適宜略。

（5）「戦争廃止に関する聖書の明示」（『聖書之研究』二〇四号、一九一七年七月）、『内村鑑三全集』（岩波書店、一九八〇―一九八四年）第二三巻、二八九頁。

（6）「聖書の大意」（『聖書之研究』二二〇号、一九一八年一一月）、『内村鑑三全集』第二四巻、三五九頁。

（7）第一部「悪魔の跳梁――文学とニヒリストの系譜」、「4スヴィドリガイロフ――『罪と罰』」、参照。

（8）「ヨハネの黙示録」第二二章には、神と子羊の「御座《みざ》」から出でて、都の大通りの中央を流れる水晶のように輝く「いのちの水《みず》川《かわ》」がある。「川《かわ》の両側《りょうがわ》にはいのちの木《き》があって、十二種《しゅ》の実《み》を結《むす》び、その実《み》は毎月《まいつき》みのり、その木《き》の葉《は》は諸国民《しょこくみん》をいやす」（二節）。本書「プロローグ　旧約の森と再臨宇宙」の「4　贖罪と再臨――永遠の現在と再臨宇宙」、第四部「3　再臨信仰への途――伝道の三〇年と第三時機」、参照。

（9）『聖書之研究』一六三号（一九一四年一〇月）の巻頭の題名。『内村鑑三全集』第二〇巻、二四七―二四八頁。

プロローグ　旧約の森と再臨宇宙――『旧約における超越と象徴』との対話

（1）『W・B・イェイツ全詩集』（鈴木弘訳、北星堂書店、一九八二年）、八六―八七頁。プロローグ「1」「6」は、「インマヌエルといのち――大江健三郎『燃えあがる緑の木』と滝沢克己『現代の医療と宗教』」（『思想のひろば』第二九号、二〇二二年二月）の主に「1〈燃えあがる緑の木〉の教会」の一部（カジ少年、イリューシャ少年、矢沢宰、Rejoice！等）をもとにしている。

（2）『燃えあがる緑の木』は、第一部『「救い主」が殴られるまで』（新潮社、一九九三年）、第二部『揺れ動く〈ヴァシレーション〉』（一九九四年）、第三部『大いなる日に』（一九九五年）からなる三部作であり、大江健三郎が当時「最後の小説」と呼んだ長編三部作である。

（3）矢沢宰は、一九四四年中華民国江蘇省海州に生まれ、翌年新潟県古志郡上北谷村（現在の見附市）に引揚げ、一九六六年に死去する。一五歳の頃、腎結核という難病のなかで、詩作の深まりとともに、キリスト教に入信する。死後、『光る砂漠』（私家版、一九六七年）、『少年――矢沢宰詩集』（周郷博編、サンリオ出版、一九七四年）などの詩集が出版される。

（4）『光る砂漠――第一に死が』（沖積社、一九九五年）、一一三―一一四頁。絶筆は、次のような詩である。「小道がみえる／白い橋もみえる／みんな／思い出の風景だ／然し私がいない／私は何処へ行ったのだ？／そして私の愛は」（同前、一七頁）。

（5）『揺れ動く〈ヴァシレーション〉』には、自分の死期を感じとった登場人物の総領事は、息子のギー兄さんに、教会での葬儀と、音楽ホールでコーラス・グループによるニグロ・スピリチュアルズの"There is a balm in Gilead"（「ギリアデには慰めてくれる薬《バーム》があるる」）を歌ってほしいと頼む。この「薬《バーム》」は、罪に病んだ魂を癒すのである。ギリアデは、ヨルダン河東方の乳香の産地で、「エレミヤ書」では、「ギレアデに乳香《にゅうこう》があるではないか」（第八章二二節）、「ギレアデに上《のぼ》って乳香《にゅうこう》を取《と》れ」（第四六章一一節）と記されている。また、『「救い主」が殴られるまで』のなかには、明治維新前の村の一揆のとき、農民が竹槍を伐りだした大竹藪の蔭にある低い丘が「壊す人」の薬草園になっていたという伝承がある。そこにはお祖母ちゃんが春に薬草として集めた「青草」が生えている。旧約「詩篇」第九〇篇「神《かみ》の人《ひと》モーセの祈《いのり》」には、「彼《かれ》らはひと夜《よ》の夢《ゆめ》のごとく、あしたにもえでる青草《あおくさ》のようです」（五節）と書かれている。大江健三郎は、「薬《バーム》」も「青草」も、旧約からの言葉を用いている。

（6）プランシュヴィック版一九九、田辺保訳、『パンセ』（角川書店、一九七五年）、一四五―一四六頁。

（7）『W・B・イェイツ全詩集』、二一九頁。《Many times man lives and dies/Between his two eternities》（英文の原詩）。

（8）関根清三訳、第一章三、八、九節。関根清三『旧約における超越と象徴――解釈学的経験の系譜』、一一五頁、以下、副書名は略。

（9）関根清三「内村鑑三　戦争論・震災論の現代的射程」（『内村鑑三研究』第五三号、二〇二〇年四月）では、著者は「万有在神論」的な神の「永遠の然り」と「永遠の否」を、存在の「所与性」と「所奪性」とともに論じている。「永遠の然り」に対する「永遠の否」の声もある。

（10）第一章二節、後藤光一郎訳、『聖書の世界』第四巻（講談社、一九七〇年）、二〇五頁。『旧約聖書ⅩⅢ』（岩波書店、一九九八年）所収の「雅歌」（勝村弘也訳）では、この部分には「悦楽への憧《あこが》れ」と見出しが付されている。

（11）「エレミヤ書」第二〇章一四―一八節。『旧約聖書Ⅷ』（岩波書店、二〇〇二年）「エレミヤ書」、関根清三訳。

（12）関根正雄『旧訳聖書　十二小預言書上』（岩波書店、一九六七年）、一三六―一三七頁。また、藤井武は「預言者ミカとその預言」（『旧約と新約』第八九号、一九二七年一一月）で、ミカの出身とその性格を「正義の人」「憐憫の人」「謙遜の人」と述べている。

(13) 関根清三『旧約における超越と象徴』、二〇五―二〇八頁。
(14) 同前、二七三頁。この部分は、罪の棘《とげ》とともに生きた信仰の単独者キェルケゴールが『死に至る病』(一八四九年)で、絶望＝罪を死に至る病としてその諸形態を緻密に分析し、最後に絶望の存在しない状態の定式を、次のように記していることと通ずるのではないか。「――自己が自己自身に関係しつつ自己自身であろうと欲するに際して、自己は自己を措定した力のなかに自覚的に自己自身を基礎づける。この定式は、既にしばしば注意されたように、同時に信仰の定義である」(斎藤信治訳、二一三頁)。神と自己が同じ地平にあるとき、そのとき人は赦されて生きることができるのである。
(15) 関根清三、同前、三五八頁。
(16) 関根清三、同前、四四一―四四二頁。「イザヤ書」第五二章一三―一四節、五三章三―四節、七節、一一節を抜粋。
(17) 関根清三、同前、四八九頁。
(18) 『聖書之研究』二一二号、一九一八年三月、『内村鑑三全集』第二四巻、七七頁。
(19) 大江健三郎が自ら「最後の小説」と呼んだ『燃えあがる緑の木』三部作の第三部は『大いなる日に』と題されている。大江は、再臨を意識していたのであろう。
(20) 『内村鑑三全集』第二四巻、一一六―一一七頁。
(21) 関根清三、同前、四四二頁。
(22) 同前、二〇七―二〇八頁。
(23) 徒刑中のラスコーリニコフは大河の岸辺で、ソーニャを愛していることを知るとともに、ともに病み疲れた二人に、復活の曙光が輝き、愛が彼らを復活させ、心には絶えざる泉を蔵していた、とドストエフスキーは書いている。罪人ラスコーリニコフの枕の下には、ソーニャがラザロの復活を読んだ、その福音書がある。エピローグは、こう結ばれている。「しかし、そこにはもう新しい物語が始まっている――ひとりの人間が徐々に更新して行く物語――徐々に更生して、一つの世界から他の世界へ移って行き、今までまったく知らなかった新しい現実を知る物語が、始まりかかっていたのである」(『ドストエーフスキイ全集』第六巻、米川正夫訳、河出書房新社、一九六九年、五四四頁、以下訳者、出版社、出版年、略)。「序詞　人は皆風の吹き去る籾殻の如くに」、および第一部、4、参照。
(24) 関根清三氏は、「後書き」のなかで、「本書で扱ったテクストのいくつかを私は人類の精神史の宝と思い込んでいるのだが、それをどこまで信仰者の、神を笠に着た思い込みでなく、哲学的なテクスト解釈として、一般的な形で呈示できるかに、心を砕いた(実際私は、あらかじめ告白すべき信仰を持していたのではなく、この書を書く道程で信仰者となる者にすぎなかった)」(五一三頁）と述べている。私は二〇一二年に懐疑の森の入口で内村鑑三と「出会い」、『内村鑑三――私は一基督者である』（御茶の水書房、二〇一六年）を書き下ろすことを通して、無教会信仰の一キリスト者として生きることを希望した。

(25)『内村鑑三全集』第二巻、七頁。

(26)同前、六五頁。『内村鑑三信仰詩・訳詩・短歌等集成』、同訳詩解題、三三一―三三三頁、参照。

(27)増補新装版出版後の関根氏からの私信のなかに、「此の書成りて今や汝は死すとも可なり」という内村の父・宜之の感慨の一文が記されていた。私自身にも「神の言《ことば》のコスモスと再臨信仰」をテーマとした『内村鑑三の聖書講解』には、そのような一縷の想いがあったかもしれない。

(28)本草稿は、二〇二〇年六月後半から七月前半頃に一気に書き上げたものである。あくまでも、『旧約における超越と象徴』との対話のためであった。構成は、「1旧約の森のなかで――響き合う声、声、声（旧約聖書の声）」「2懐疑の森のなかで――自由の水音（内なる声）」「3旧約の森のなかで――関根清三『旧約における超越と象徴』（信仰の森から）」「4贖罪と再臨――永遠の現在（再臨宇宙《コスモス》）」であった。本増補新装版との対話においては、「2懐疑の森のなかで――自由の水音（内なる声）」は削除し、「プロローグ――魂のこと」と、「4「此の書成りて今や汝は死すとも可なり」――対話と木霊《こだま》」「エピローグ――Rejoice!」を加えた。また、タイトルを「旧約の森と再臨宇宙――『旧約における超越と象徴』との対話」に変更した。

(29)『旧約における超越と象徴』（増補新装版）、以下、書名略、五三四頁。

(30)『内村鑑三――私は一基督者である』、参照。

(31)『内村鑑三の聖書講解』、四六頁。このときの「懐疑」と関根清三氏との出会いについては、同書の「あとがき　懐疑の森のなかで」を参照。

(32)増補新装版、五三五頁。

(33)同前、五四〇頁。

(34)『内村鑑三全集』第二四巻、一一四―一一五頁。『内村鑑三信仰詩・訳詩・短歌等集成』、同訳詩解題、五六頁、参照。

(35)増補新装版、五四四―五四五頁。

(36)同前、五四七頁。

(37)『燃えあがる緑の木』第二部『揺れ動く〈ヴァシレーション〉』、二八頁。

(38)同前、第三部『大いなる日に』、三五五頁。

(39)内村鑑三は、「基督信者と其希望」（『聖書之研究』二一二号、一九一八年三月）のなかで、約束と恩恵の待望こそキリスト教の信仰であるといい、その文章をこう結んでいる。「十年可なり百年可なり五百年可なり、否千年を一日の如く見給ふ神の約束を信じて我等は墳墓の中に待ち望む事一万年と雖ども敢て長しとしないのである」（『内村鑑三全集』第二四巻、一〇四頁）と。それはまた、再臨のキリストの永遠の待望、平安でもある。同時に、それには「大胆に再臨信仰の全体を象徴論的に解読していく用意がなくてはならない」（関根氏、同書、五四六頁）のである。

第一部　悪魔の跳梁と黄金時代の夢――ニヒリストの系譜

（1）ドストエフスキーは、一八二一年一〇月三〇日に、父ミハイル、母マリヤの二男としてモスクワで生まれる。一八四五年、『貧しき人々』を完成し、ベリンスキーに絶賛される。以後、『分身』などの作品を書き、ペトラシェフスキーの非合法サークルに参加して逮捕され有罪判決を受ける。銃殺刑宣告後、処刑場で特赦となり、シベリアで四年間の刑を受ける。一八六一年、『虐げられし人々』『死の家の記録』、一八六四年に『地下生活者の手記』を書き、以後『カラマーゾフの兄弟』まで、主に長編小説を執筆する。一八八一年一月二八日死去。ドストエフスキーの文学は、戦後派作家の椎名麟三、埴谷雄高はじめ、日本文学にも大きな影響を与えている。椎名麟三については、小林孝吉『椎名麟三の文学と希望』（菁柿堂、二〇一四年）、埴谷雄高は『埴谷雄高『死霊』論――夢と虹』（御茶の水書房、二〇一二年）を参照。

（2）『ドストエーフスキイ全集』第九巻『悪霊』上、六頁。

（3）神学者・滝沢克己は、『ドストエフスキーと現代』（三一書房、一九七二年）の「I「地下生活者」と現代の私たち」のなかで、人が各自の脚下に実在する「在りて在るもの」「生きた父」「神の支配」から離れようとする虚しき悪魔の誘いの根拠は、「空しきもの」「何でもないもの」「たんなる虚無」＝「《das Nichtige》」にすぎないと述べている（四七、六五頁）。

（4）『ドストエーフスキイ全集』第九巻、四六五頁。

（5）「創世記」から「マラキ書」まで旧約三九書、「マタイによる福音書」から「ヨハネの黙示録」まで新約二七書を内村鑑三の聖書講解とともにたどるとき、それは「楽園喪失《パラダイス・ロスト》」―「楽園回復《パラダイス・リゲインド》」―「宇宙の完成」という神の言《ことば》のコスモスとして解読することができる。それは聖書の福音の水脈である。『内村鑑三の聖書講解』、参照。

（6）椎名麟三は、一九一一年、現在の姫路市に生まれる。戦前には、共産主義による非合法運動における投獄経験をもち、獄中で死と向き合い、転向して出獄後に、ドストエフスキー『悪霊』から「自由」を知り、文学を志すことになる。敗戦後の時代と精神の廃墟のなかで、実存的小説『深夜の酒宴』（一九四七年）で新たな戦後文学として評価を受けてから、死と自由を描いた『永遠なる序章』（一九四八年）、自己分裂の記念碑となる『赤い孤独者』（一九五一年）などの作品とともに、精神的絶望が深まるのなかで、一九五〇年一二月、日本基督教団上原教会の赤岩栄牧師からキリスト教の洗礼を受ける。この約一年後、「復活のイエス」との出会いという劇的な「回心の瞬間」を経て、『邂逅』（一九五二年）、『美しい女』（一九五五年）などの代表的作品を発表する。その文学と信仰の光源が「復活」の事実であり、彼はそれを人間的自由と区別して「ほんとうの自由」と呼び、日本における新たなキリスト教文学を創造する。それは文学における一条《ひとすじ》の福音的自由の水脈である。

（7）椎名麟三『私のドストエフスキー体験』（教文館、一九六七年）のなかで、『悪霊』に震撼されたこと、ドストエフスキーの指し示したイエス・キリストを最後の希望に、そのドストエフスキーを信頼して、キリストを信じられないまま洗礼を受けたことなど、椎名麟三の「ドストエフスキー体験」が語られている。椎名麟三は、深い絶望の淵で、ドストエフスキーに、キリストに、全存在を賭けたのである。

（8）『椎名麟三全集』第一巻（冬樹社、一九七〇年）、一五―一六頁。小林孝吉『椎名麟三の文学と希望』の「一　闇と向き合う自由――『深夜の酒宴』と『懲役人の告発』」、参照。

（9）同前、四〇九頁。小林孝吉、同前「七　椎名麟三の文学と〈ほんとうの自由〉――『永遠なる序章』」、参照。

（10）同前、四六九頁。

（11）『内村鑑三全集』第二九巻、一七七頁。

（12）藤井武は、一八八八年一月一五日、石川県金沢市に生まれる。一九〇四年第一高等学校に入学し、一九〇七年に東京帝国大学政治学科に入学する。二一歳で西永喬子《のぶこ》（一五歳）と婚約し、二二歳で内村鑑三に入門し、二四歳で政治学科を卒業して結婚、同年に文官高等試験に合格し、京都府試補に任じられる。以後、山形県警視、同県理事官を経て、二八歳で官吏の辞表を提出し、当時五四歳の内村に迎えられ東京市外柏木に住む。内村の補助者として、講演の筆記、『聖書之研究』の編集、寄稿など身近に接し、一九一八年には再臨運動の広がりとともに、内村の各地の講演に同行する。三三歳のとき、内村と衝突し（二年後に回復）、そのもとを去り、『旧約と新約』誌を創刊し、「羔の婚姻」を連載する。一九二二年一〇月、喬子が死去し、終生その遺骨を書斎の机の上に置く。一九二六年、ミルトン『楽園の喪失』上巻（中、下巻は翌年）を翻訳出版し、一九三〇年、内村鑑三の死の約四カ月後の七月一四日、四三歳でこの世を去る（矢内原忠雄「年譜」（『藤井武全集』第一〇巻）を参照した）。

（13）旧約聖書学者・関根清三は、『旧約聖書と哲学――現代の問いなかの一神教』（岩波書店、二〇〇八年）の「はじめに　歴史学的解釈との比較における哲学的解釈」のなかで、複雑な旧約聖書の伝承過程の解釈には、伝承史的、編集史的、様式史的、伝統史的研究など多面的な研究方法があり、それらを統合的に用いて解釈することが歴史学的な解釈の最終目標であると述べている。さらに、このような歴史学的解釈に対し、哲学的解釈学の方向性を提起している。私は、ドストエフスキーやトルストイ、ダンテやミルトン、また日本のキリスト教作家、あるいは虚無と救済の問題などとも関連して、旧新約聖書を「文学」的に解釈することも可能ではないかと思う。ユダの文学的考察も、そのような試みとならないだろうか。それは現代社会を生きる自分自身の文学的、信仰的な問題なのである。

(14) 関根正雄訳『旧約聖書』、七頁。

(15) 同前、一四七六頁。

(16) 滝沢克己(一九〇九—一九八四年)は、西洋哲学から西田哲学に出会い、西田幾多郎の「絶対矛盾的自己同一」の「原事実」に逢着する。その後、ナチズムの嵐の時代に、西田幾多郎の勧めでドイツの神学者カール・バルトに師事し、その指し示す「イエス・キリスト」を知り、教会・聖書の外における信仰の可能性の課題とともに、「二四年間」も洗礼を受けないまま、独自の「インマヌエルの神学」を確立する。彼は『西田哲学の根本問題』(一九三六年)、『カール・バルト研究』(一九四一年)、『夏目漱石』(一九四三年)から出発し、その神学の核心を「神・人の原関係」と名づけ、神と人との間には、教会の壁の内外、信仰の有無を問わず、「不可分・不可同・不可逆」な原関係があることを明らかにし、哲学、神学、新約学、仏教、文学、経済学、最後は身心論、新興宗教・晴明教の教義まで研究領域を広げた神学者・宗教学者である。滝沢克己については、小林孝吉『滝沢克己 存在の宇宙』(創言社、二〇〇〇年)、『内村鑑三——私は一基督者である』の「8インマヌエルと福音——滝沢克己と内村鑑三」、参照。

(17) 『ドストエフスキーと現代』、一二頁。

(18) 『ドストエーフスキイ全集』第五巻『地下生活者の手記』、三七頁。題名の「迷妄の闇から」は、井桁貞義『ドストエフスキイ』(清水書院、一九八九年)からの引用。

(19) 同前、七七頁。

(20) 同前、一〇五頁。

(21) 同前、一〇八頁。

(22) 同前、一一四頁。

(23) 『ドストエーフスキイ全集』第一六巻「書簡上」、一五五頁。オムスク、一八五四年二月下旬。

(24) 井桁貞義『ドストエフスキイ』(清水書院、一九八九年)、八一頁。

(25) 亀山郁夫は、『『罪と罰』ノート』(平凡社新書、二〇〇九年)の「エピローグ　愛と甦り」の冒頭に、「『罪と罰』は死者の物語である」(二六四頁)、それはまた「死の舞踏」(同前)でもあると記している。

(26)『ドストエーフスキイ全集』第六巻、五二五頁。これは旧約のコーヘレスにも通じている。
(27)同前、二八一頁。
(28)同前、五〇三頁。
(29)同前、五四四頁。
(30)同前、六八〇頁。
(31)同前、五四二頁。
(32)『ドストエーフスキイ全集』第九巻、二二九―二三〇頁。
(33)同前、第一〇巻、一三三―一三四頁。
(34)井桁貞義『ドストエフスキイ』の「ニーチェの『悪霊』からの抜き書きについて」のなかには、ニーチェとドストエフスキーとの関係について、次のように記されている。ニーチェは、スタヴローギンのダーシャ宛手紙から一二カ所引用するとともに、キリーロフの五秒か六秒の「永久調和」についても書き抜いている。また、清眞人『ドストエフスキーとキリスト教――イエス主義・大地信仰・社会主義』(藤原書店、二〇一六年)には、「ニーチェの遺稿に残る『悪霊』からの書き抜き、そのアンビヴァレントな性格」においても、ニーチェへのドストエフスキーの影響について、その書き抜きとともに論じている。
(35)米川正夫は、『カラマーゾフの兄弟』の「解説」のなかで、『カラマーゾフの兄弟』はロシアの国民性を象徴する混沌、極端等を表す「カラマーゾフシチナ」という言葉を生んだと記している。また、亀山郁夫は『ドストエフスキー　カラマーゾフの兄弟』(NHK出版、二〇一九年)の最後に置かれた「父殺しの深層」のなかで、イヴァンとスメルジャコフとの関係の深層を、スメルジャコフの「何もかも、あなたと二人だけで、あなたといっしょに、殺したんでございます(以下略)」(一一五頁)などから読み解き、次のように述べている。「スメルジャコフにとって父殺しこそは、「神がなければ、すべては許される」というみずからが傾倒するイワンの哲学の試金石を意味していたからです」(一一九―一二〇頁)「結果としてスメルジャコフは、ドミートリーとイワンの二人の父殺しの願望を実現することになりました」(一二〇頁)と。「父殺し」の深層は、ドストエフスキー最後の小説『カラマーゾフの兄弟』の信仰の対極にある深層でもある。なお、カラマーゾフの四異母兄弟については、小林孝吉『埴谷雄高『死霊』論――夢と虹』(御茶の水書房、二〇一二年)の「第一章カラマーゾフの兄弟と〈神〉」、参照。
(36)『ドストエーフスキイ全集』第一三巻、二二三頁。
(37)同前、二二二頁。
(38)同前、第一二巻、一五五―一五六頁。

(39) 同前、二九一頁。

(40) 「大審問官」については、小林孝吉『埴谷雄高『死靈』論――夢と虹』の「第3章大審問官とイエス・釈迦と大雄」、『内村鑑三――私は一基督者である』の「九復活と再臨――椎名麟三と内村鑑三」、参照。

(41) 『新約聖書外典』には、「パウロの黙示録」という黙示書がある。そこには、パウロ(「わたし」)が第三の天(「コリント人への第二の手紙」第一二章)にあげられたときに見聞したものすべてが記されている。主な章は、「被造物の訴え」「天使の報告」「死と審判」「パラダイス」(第一、二)、「地獄」などである。神は、パウロにこう告げる。――人類は悪魔のわざを行い、多くの罪を犯している、しかし、彼らが悔い改めるまで待っている、と。また、天使はパウロに義人と罪人の魂がこの世を去るところを見せる。ある罪人は、死の苦しみのなかで、「わたしは生まれず、またこの世にいなかったらよかったのに」(荒井献編『新約聖書外典』、四三三頁)という。一方、ここには第一、第二のパラダイスも描かれている。第一のパラダイスには、一本の乳と蜜の川が流れ、岸には多くの実をつけた木がある。さらに、パウロは大きな「キリストの都」(四四三頁)へと案内される。その都エルサレムには、蜜(ピソン)、乳(ユフラテ)、オリーブ油(ギホン)、ぶどう酒(ティグリス)の四本の川が流れ、そこでパウロはイザヤ、エレミヤなどの預言者、アブラハム、ヨブなど旧約の義人たちと出会う。第二のパラダイスは、人類の祖先アダムと妻エバが迷いに落ちた「楽園」である。そこには「水の源」(四六三頁)が見え、四つの川が地を潤し、「創世記」の善悪を知る木、命の木がある。ここでも、パウロはモーセ、旧約の預言者、ノアなどと会う。最後に、天使はパウロにいう。――「パウロよ。あなたと、あなたによって信じるようになった人々とは幸いです」(四七〇頁)と。ここには、人間の罪とともに、「創世記」で失った「楽園」への人類の見果てぬ夢、原初の記憶がある。

(42) 『ドストエーフスキイ全集』第一三巻、四四一頁。

(43) 内村鑑三は、死の二日前に、今井館聖書講堂で行われる内村鑑三古稀祝賀感謝の会の参加者に向けて、長男・祐之に最期の言葉をたくし、次のような言葉で結ばれていた。「人類の幸福と日本國の隆盛と宇宙の完成を祈る」(内村祐之「父の臨終の記」、『聖書之研究』三五七号、終刊号、一九三〇年四月、五七頁、傍点引用者)。第四部「3再臨信仰への途」、『内村鑑三――私は一基督者である』の「エピローグ」等参照。

(44) 米川正夫は、「解説」のなかで、発表された『カラマーゾフの兄弟』は第一部で、書かれざる第二部があり、ドストエフスキーはそんな畢生の大長編を構想していたという。そこでは、一三年後のアリョーシャ・カラマーゾフが主人公である。また、亀山郁夫『ドストエフスキー　カラマーゾフの兄弟』には、「第四回父親殺しの深層」のなかに、「「第二の小説」を空想する」として、続編のあらすじを想定している。それは十字架のイエスと同年齢に達したアリョーシャ、コーリャ・クラソートキンなどの物語である。亀山は、こう書いている。「最終的に彼が絶対的な価値を置いたのは、すべての人間の生命の不滅性ということです」（一三三頁）と。不滅性、永生、復活――それはドストエフスキー文学の究極的なテーマなのである。

（45）新たな戦争の世紀となった二〇二二年二月二四日、ロシアはウクライナへの軍事侵攻を行った。このウクライナ戦争によって破壊された街、逃げ惑う人々の報道は、地上の国の黙示的現実を印象づけている。ウクライナ東北部ハルキウ州イジュームの林の陰で見つかった集団墓地には、番号だけが記された多数の木の十字架が並んでいる写真があった（二〇二二年九月二五日付「朝日新聞」）。その記事には、こう書かれていた。木の香りがする松林に、突然死臭が漂い、捜査当局によって掘り起こされた六〇以上の遺体が白や黒の袋に入れられ横たわっていた、と。

第二部　イスカリオテのユダ――罪と愛の物語

（1）『椎名麟三全集』第二〇巻（冬樹社、一九七七年）、一九八頁。

（2）同前、第二一巻、八二頁。

（3）同前、一六四頁。

（4）同前、二〇八頁。

（5）『ユダのいる風景』では、ギリシア語動詞「パラディドーミ」が「引き渡す」の意であることに着目し、ユダの裏切りをイエスの意図に沿ったものと解釈するW・クラッセン『ユダの謎解き』の仮説を取り上げている（六六―六七頁）。カール・バルトは、『イスカリオテのユダ――神の恵みの選び』（川名勇編訳、新教出版社、一九七七年、七版）において、「裏切る」と訳してきた「パラドゥーナイ」は、「引き渡す、ゆだねる」というほどの意味であると述べている。バルトにとって、あくまでもユダも選ばれた／棄てられた「使徒」「弟子」の一人なのである。

（6）『ユダのいる風景』の二二年前、『群像』特別編集「大江健三郎」のなかに、荒井献は「信なき者の救い」という題名で、マルコ福音書において、ユダの死にまったく言及していないことについて、以下のように論じている。マルコ福音書が紀元七〇年頃に成立したとき、マルコはユダの死の伝承を知っていた可能性をまったく否定できない。もし、知っていたとしたら、マルコは「不信のユダをその非業の死を無視してまでゆるしに徹したイエスを描こうとしたことになろう」（六五頁）と述べている。「信なき者の救い」は、福音書のなかにもある。

（7）『ユダのいる風景』の冒頭には、石原綱成「ペトロとユダ――赦された者と赦されざる者」と題した七枚の図像があり、ユダとペテロ、自殺と悔い改めのテーマで構成されている。石原は、こう解説する。「図像表現ではこの二人の弟子の罪をともに見逃さない」(ix頁)、「ユダにはなく、ペトロにのみ与えられる「赦し」とは、いったい何なのか」(x頁)、「ペトロとユダ、図像に描かれたこの弟子たちそれぞれの生に、私たちは何を読み取るべきなのか」(xi頁)と。

(8)『ユダ イエスを裏切った男』、七三頁。

(9)荒井献『ユダとは誰か――原始キリスト教と『ユダの福音書』の中のユダ』、二六頁。

(10)カール・バルト『イスカリオテのユダ――神の恵みの選び』の第二篇第一部「使徒の一人としてのユダ、およびユダの罪について」の「12ユダの最期(使徒行伝)」のなかで、「はらわた」(スプランクナ)とは、新約聖書においては、はっきりと外にあらわされた、人間のもっとも内面的なものと述べている。

(11)『ユダのいる風景』、一三頁。この引用部分に関連して、『3・11以後とキリスト教』(荒井献・本田哲郎・高橋哲也、ぷねうま舎、二〇一三年)のなかのインタビュー「弱さを絆に」で、荒井献は復活のキリストの弟子への顕現について、マタイ、ルカの福音書よりも早く成立したパウロの書簡に対して、次のように語っている。「その時点においてはまだ、キリストが死後に復活してその前に現れた弟子たち十二人の中にユダが入っていたということは想定できると、私には思えます」(一一一頁)と。

(12)『内村鑑三全集』第二五巻、五二三―五二四頁。

(13)『イスカリオテのユダ――神の恵みの選び』、九九頁。

(14)荒井献編『新約聖書外典』(講談社、一九九七年)、小河陽訳、一八四頁。引用文中の関連聖書の文書名は省略した(以下、同じ)。大貫隆編著『イスカリオテのユダ』、三五頁。

(15)同前、三一五―三一六頁。『イスカリオテのユダ』、三七頁。

(16)『イスカリオテのユダ』、大貫隆訳、三九頁。

(17)『沈黙・イエスの生涯』(「新潮現代文学」第四一巻、新潮社、一九七八年)、三五三頁。『イエスの生涯』では、荒井献『ユダのいる風景』にあるようなマルコ福音書の復活のイエスとの再会についてはふれられてはいない。

(18)内村鑑三の無教会主義の影響をもっとも受け、厳格な無教会派のキリスト教独立伝道者として『聖書知識』誌(一九三〇―一九七三年)を発行し、口語訳『新約聖書 福音書』を翻訳し、精緻な『イエス伝研究』を著わし、純福音信仰に生きた塚本虎二(一八八五―一九七三年)の主宰する聖書集会に属していた友人に太宰は影響を受けたという(竹下節子『ユダ――烙印された負の符合の心性史』、中央公論新社、二〇一四年、「序章」一一頁)。その友人とは、義弟の小館善四郎を通じた知った鰭崎《ひれざき》潤という『聖書知識』の愛読者であった(田中良彦『太宰治と「聖書知識」』、朝文社、一九九四年、一八四頁)。塚本は、二三歳のときの回心について、こう顧みている。東大の池の端で、聖書を読みながら軽い眠りに落ちる。目覚めると、「神とキリストと私が一道の光でつながれるのを感じた。（中略）感激の日が続いた」（「無教会になるまで」『去思と望憶』所収、聖書知識社、一九七九年、四三六頁）。太宰は、このような信仰の立場を得ることはなく、ユダ（＝「私」）のように、イエスへの愛憎に引き裂かれていたのであろう。

（19）「日本文学全集」第七〇巻『太宰治』（集英社、一九七四年、五版）、三二四頁。

（20）内村鑑三門下の室賀文武には、『春城句集』（警醒社書店、一九二一年）という句集がある。ここに芥川が「序」を寄せ、「室賀君の職業は行商《ぎやうしやう》である。だから昼は車をひいて、雑貨類を商《あきな》つて歩く。その時の君を見たものには、この血色の好《よ》い、軀幹《くかん》の長大な行商人が、春城句集《しゆんじやうくしゆう》の作者である事は、確かに意外な発見であらう」（『芥川龍之介全集』第五巻、筑摩書房、一九六五年、第三版、三五八頁）と書いている。

（21）『芥川龍之介全集』第五巻、二〇五―二〇六頁。

（22）『内村鑑三全集』第二八巻、二一二―二一三頁。

（23）『塚本虎二著作集』第七巻（聖書知識者、一九七八年）、二二五頁。イエス捕縛の場面において、イエスはユダに向かって「ヘタイレ　エプ　ホ　パライ」（二二二頁）と発し、その言葉はイエスの心中を解く「尊き鍵」（同前）であるといい、諸説ある語義を紹介し、A・ダイスマンの「君は何を為《し》に来たのだ?」（二二四頁）の解釈を採っている。その言葉は、「千言万語に勝る愛の詰責である。しかしこの鋭い愛の刃もユダの石の心臓を貫き得なかった」（同前）と記している。

（24）「如何にして救はる、乎」（『聖書之研究』一八二号、一九一九年九月）、『内村鑑三全集』第二一巻、四一八頁。

（25）第三部は、内村鑑三の再臨信仰に関する基本的骨格と問題意識を明確にし、前半（罪と悪に満ちた「地上の国」）と後半（再臨信仰とともにある「神の国」）を結ぶ、全体的、基礎的な論述となる。叙述においては、これまでの既発表の研究をもとに、本書のテーマにそって改稿、付加、論述している。「初出・典拠等について」を参照。

第三部　神の国と地上の国――インマヌエルと再臨

（1）『内村鑑三全集』第二一巻、四頁。

（2）『カンディード　あるは最善説』（斉藤悦則訳、光文社古典新訳文庫、二〇一五年）、二一九―二二〇頁。

（3）同前、二二二―二二三頁。

（4）『カンディード』（「リスボン大震災に寄せる詩」を含む）についての解説である渡名喜庸哲「「リスボン大震災に寄せる詩」から『カンディード』へ」には、次のように書かれている。「ヴォルテールが切り開いた論争のなかで明らかになってくるのは、「最善説」はもしかすると矛盾でも滑稽でもなく、まったく逆に、現在にいたるまで、われわれ自身にとってもけっして無縁ではない考えかもしれない、ということなのだ」（二五六頁）。その上で、ルソーの批判の重要な三点が紹介されている。第一点目は、「あなたがかくも残酷だとお考えの最善説のほうが私を慰める」というルソーの言葉」（二六八頁）、第二点目は「悪」の原因考察の不足、そして全体としての「最善説」の擁護、この三点の意義である。また、「ヴォルテール氏への手紙」の訳者浜名優美は、「訳注（二）」に、『リスボン大震災に関する詩篇』の序文の次のようなヴォルテールの言葉を引用している。「《すべては善である》という語を厳密な意味で、しかも未来の希望もなく把握すると、これはわれわれの人生の苦しみに対する侮辱にほかならない…。」（『ルソー全集』第五巻、三三三頁、傍点引用者）と。ヴォルテールには、そこにこそ「最善説」への批判のあったのではないか。人の苦しみは、特に無辜の人の苦難は贖わなければならない。

（5）小林孝吉「アレクシエーヴィチ『戦争は女の顔をしていない』――ウクライナ戦争のなかで」（『千年紀文学』第一三八号、二〇二二年四月、一頁）。

（6）内村鑑三に連なる無教会信仰のキリスト者・渡部良三という、当時陸軍二等兵がいた。彼は敗戦後、国家公務員を定年になってから、戦争の記憶を詠んだ歌集『小さな抵抗――殺戮を拒んだ日本兵』（岩波現代文庫、二〇一一年）を出版した。一九四四年春、彼は中国河北省深県東魏家橋鎮《とうぎかきょうちん》で、中国共産党第八路軍《パロ》の捕虜虐殺を命じられる。彼は、祈る。そのとき、「汝、キリストを着よ。……虐殺を拒め、生命を賭けよ！」（二七六頁）の声を聞く。「祈れども踏むべき道は唯ひとつ殺さぬことと心決めたり」（一七頁）。彼はただ一人拒んだのである。小林孝吉「戦場に立った一人のキリスト者と戦争の記憶」（『労働者文学』第九三号、二〇二四年七月）、参照。

（7）二三頁。本書は「はじめに――「アダムよ、お前はどこにいるのか」」からはじまり、その短い序文は、こう閉じられている。「この世界のなかにはおそらく、いまもむかしと変ることなく、暗く嶮しい道を独り行く私を導く無数の星も瞬いているであろう。その星の一つの言葉――「アダムよ、おまえはどこにいるのか」（創世記三・一〇）」。それらの「星」は、神の「言《ことば》」である。

（8）『内村鑑三全集』第一一巻、二八六頁。

（9）滝沢克己『現代における人間の問題』（三一書房、一九八四年）、一九頁。小林孝吉『滝沢克己　存在の宇宙』、四一―四二頁、参照。

（10）『日本人の精神構造――西田哲学の示唆するもの』、三三―三四頁。滝沢は、このように内村の難点をあげている。だが、滝沢は内村の著作については、詳細な論述をしていない。内村鑑三の再臨（＝希望）は、日本近代以降のキリスト者も、西欧のキリスト教信仰をも凌駕しているのではないか。また、滝沢克己と内村鑑三については、『内村鑑三――私は一基督者である』の「八インマヌエルと福音」を参照。

(11)『旧約聖書　十二小預言書上』（岩波文庫、一九六七年）、六四頁。

(12)日本聖書協会一九五五年版『聖書（口語訳）』では、全三章の構成となっている。

(13)『内村鑑三全集』、第二〇巻、八八―八九頁（第五部、1、参照）。

(14)『福音と世界』一九八二年七月―九月号、『純粋神人学序説――物と人と』（創言社、一九八八年、所収）

(15)『聖書之研究』五四号、一九〇四年七月、『内村鑑三全集』第一二巻、二五四頁。『内村鑑三の信仰詩・訳詩・短歌等集成』、一九―二〇頁、参照。

(16)『内村鑑三の聖書講解』、エピローグ「黙示と再臨――新しい楽園を生きる」、参照。「ヨハネの黙示録」第二一章二〇節。

(17)同前、序詞「宇宙萬物人生悉く可なり」、参照。

(18)『滝沢克己著作集』第二巻（法蔵館、一九七五年）、二五二―二五三頁。

(19)『純粋神人学序説――物と人と』、一三三頁。

(20)『内村鑑三全集』第二四巻、六〇頁。

(21)『ゆうべの祈り』（加藤常昭訳、日本基督教団出版局、一九八七年、第九版）、二三五―二三六頁。

(22)『ドストエーフスキイ全集』第一二巻、三四一頁。内村には、「天然と神」（『聖書之研究』二四五号、一九二〇年一二月）という、以下のような文章がある。「我等は地の上に住みて神の聖殿に居るのである」（『内村鑑三全集』第二五巻、五九五頁）、「今時《いま》、此地の上に在りて既《すで》に業に神の京城《みやこ》に在るのである」（同前、五九六頁）。地に在る「楽園」とは、「神の聖殿」にして「神の京城《みやこ》」なのである。

(23)『内村鑑三全集』第三五巻、一二四頁。『内村鑑三信仰詩・訳詩・短歌等集成』、二八―二九頁、参照。

(24)『内村鑑三全集』第三巻、二〇八―二〇九頁。同前、一五―一六頁、参照。

(25)「〔キリスト伝研究（ガリラヤの道）〕」（『聖書之研究』二六九―二九一号、一九二二年一二月―一九二四年一〇月）。『内村鑑三全集』第二七巻、三一六頁。

(26)内村は、若き日の箱根山上での講演「後世への最大遺物」のなかで、「天地無始終《てんちしじゆうなく》、人生有生死《じんせいせいしあり》」（頼山陽の一三歳のときの漢詩の一部）の生涯に、だれもが遺すことのできる「紀念物」「遺物」について、こう語った。「即ち此世の中は是は決して悪魔が支配する世の中にあらずして、神の世の中であると云ふ事を信ずる事である。失望の世の中にあらずして、望みの世の中であることを信ずる事である、此世の中は悲みの世の中でなくして、喜びの世の中であるといふことを我々の生涯に実行して其生涯を世の中の贈物として此世を去るといふことであります。其遺物は誰にも出来る遺物ではないかと思ふ」（『内村鑑三全集』第四巻、二八一頁）。美しい地球に、社会に、私たちを育んだ山や河に遺す、この「後世への最大遺物」（＝「Memento《メメント》」）は、内村鑑三の信仰的生涯、全著述を希望の地下水脈のように流れている。現代語訳『後世への最大遺物』（訳・解説、小林孝吉、今井館教友会、二〇二三年）解説「美しい地球に遺すもの――「勇ましい高尚なる生涯」とは」、参照。

（27）『内村鑑三信仰詩・訳詩・短歌等集成』、参照。「5天然詩と地上の国――内村鑑三の信仰詩の宇宙《コスモス》」は、本書の解説「内村鑑三の信仰詩・訳詩・短歌と信仰宇宙《コスモス》」をもとにし、改稿している。「初出・典拠等について」、参照。

（28）『内村鑑三の根本問題』（教文館、一九七六年、再版）の「Ⅱ内村鑑三と非戦論」のなかで、日清戦争時の「可戦論」、日露戦争時代の非戦論、第一次世界大戦時の再臨信仰による非戦論の「完成」と非戦論の展開を論じている。また、富岡幸一郎は、内村の天然を含めた終末論的非戦論を、二一世紀の平和論、「人間の安全保障」（「はじめに」、一一頁）の問題として論じた『非戦論』（NTT出版、二〇〇四年）のなかで、次のように述べている。「内村鑑三の非戦論は、彼の聖書研究と信仰の全体に深く関わっているのであって、決して政治的・状況論的な「反戦」論ではない」（四八頁）、その本質は「人類愛やヒューマニズム」（同前）ではなく「イエス・キリストの再臨信仰、キリスト教の終末的思想と分かちがたく結びつけられているのであり、一九一四年七月に勃発した第一次世界大戦という「世界未曾有の大戦争」（内村の言葉）との対峙のなかから生まれたのである」（四九頁）と。内村の再臨信仰による非戦論は、他の多くの平和論、キリスト教的反戦論、無抵抗主義非戦論と決定的に分かつのである。

（29）一九二二年、六〇歳の内村鑑三は、四月二五日付日記に、近頃の出版物で「深き感動」を与えたものとして、島崎藤村編『透谷全集』をあげて、以下のように記している。「透谷は近代日本に於ける真詩人の一人である、彼にバイロンの熱情と光輝とがあつた、而して英詩人の如くの己が内に耀く光に幻惑されて終《つい》に其の生命を縮むるに至つた、惜しむべきの限りである、彼に若し和平《やはらぎ》の福音ありたれば！と時々思はせらる（中略）余は本誌の読者に此書を推薦するに躊躇しない、信仰の書ではないがたしかに誠実の書である、而して誠実は信仰を作る為の第一の要素である」（『内村鑑三全集』第三四巻、四一―四二頁）。『内村鑑三――私は一基督者である』「一日本近代とキリスト教――北村透谷と内村鑑三」、参照。

（30）『平和』第一号、『透谷全集』第一巻（岩波書店、一九五〇年）、二八三―二八四頁。

（31）『内村鑑三全集』第三巻、一〇五頁。

（32）『内村鑑三全集』第三巻、二七三―二七四頁。『内村鑑三の信仰詩・訳詩・短歌等集成』、一七―一八頁、参照。

（33）『内村鑑三の信仰詩・訳詩・短歌等集成』、一六―一七頁、参照。

(34)『内村鑑三――私は一基督者である』、三二一―三二二頁、参照。
(35)「リスボン大震災に寄せる詩」、前掲書、二四一頁。
(36)「神の声」(「秋冷雑話」、『新希望』六八号、一九〇五年一〇月)、『内村鑑三全集』第一三巻、三七一頁。この短文は、「然かしながら人として此世に生れ来つて斯かる声に一度も接したことのない人は最も不幸なる人であると思ふ」(同前)と結ばれている。

第四部　内村鑑三における再臨信仰への途――信仰の階段と同時代

(1)『内村鑑三全集』第二四巻、四三―四四頁。
(2)この信仰的抄伝「1―3」(信仰の三大時機)については、小林孝吉「内村鑑三抄伝」(『内村鑑三と今井館――本駒込の地で想いをつなぐ〔今井館移転開館記念誌〕』、二〇二二年、特定非営利活動法人今井館教友会発行)の「札幌農学校――キリスト教との出会い」「結婚と破綻――渡米へ」「贖罪の回心――アマスト大学で」「不敬事件――帰国後の試練のなかで」「非戦論へ――寡婦の涙」「生命の水の河――『聖書之研究』」「ルツの死と世界大戦争――再臨信仰へ」の既発表部分をもとにし、一部修正した(「初出・典拠等について」、参照)。
(3)一九二三年一一月二日の日記には、以下のような記述がある。「余は四十年前に、札幌に於て二三の大問題を提供された。そして其解決を得んとして今日に至つた。其第一は、如何なる基督教が人類を救ふに足る乎、其第二は、基督教と進化論の関係如何、其第三は、日本国の天職如何等である」(『内村鑑三全集』第三四巻、二四〇頁)。それは贖罪の十字架、再臨による万人救済論、宇宙の完成等へと至っている。ダーウィンの進化論は、四〇年後に再臨信仰へと結実している。
(4)『余はいかにしてキリスト信徒となりしか』(大内三郎訳、講談社、一九七一年)、第五章、一〇〇頁。この「霊魂の中の真空」(the vacuum in my soul、『内村鑑三全集』第三巻、七六頁)は、アマスト大学での回心の実験まで、内村の内部、霊魂に深く巣喰っていたのである。
(5)鈴木俊郎『内村鑑三伝――米国留学まで』(岩波書店、一九八六年)、三六九―三七〇頁。書簡には、詩の作者は記されていない。
(6)『内村鑑三全集』第一四巻、一七二頁。
(7)『国民之友』三〇九号、一八九六年八月一五日、『内村鑑三全集』第三巻、二三〇―二三一頁。『内村鑑三の信仰詩・訳詩・短歌等集成』、一六―一七頁。
(8)『内村鑑三全集』第八巻、二八二頁。
(9)矢内原忠雄「先生の涙」(『通信』五号、一九三三年三月、『矢内原忠雄全集』第二四巻所収)によると、今井館で行われたキリスト教式の告別式にはじめて参加した、ルツと同年齢の矢内原は、内村の「今日はルツ子の葬式ではなく、結婚式である」（四四六頁、以下同じ）というのを聞き、「之はただ事では無い」と感じたという。また、雑司ヶ谷の墓地での埋葬のときの「ルツ子さん万歳」の叫びには、「全身雷で打たれたように、私は打ちすくめられてしまひました」と、二〇年後に回想している。『内村鑑三――私は一基督者である』、三三九頁、参照。

(10) 『聖書之研究』一三九号、一九一二年二月、『内村鑑三全集』第一九巻、四六頁。本詩は、著者が札幌農学校の時代から親しんだイギリスの詩人ワーズワース（William Wordsworth）の詩「わたしたちは七人（We are Seven）」とも通じている（今高義也『内村鑑三の世界像』第六章）。

(11) 『聖書之研究』一六二号、一九一四年一月、『内村鑑三全集』第二〇巻、二四五―二四六頁。『内村鑑三の信仰詩・訳詩・短歌等集成』、二六―二七頁、参照。

(12) 「天然的現象として見たる基督の再来」、『聖書之研究』二一五号、一九一八年六月、『内村鑑三全集』第二四巻、二一七頁。

(13) 内村祐之「父の臨終の記」、『聖書之研究』三五七号、終刊号、一九三〇年四月、五七頁。『内村鑑三――私は一基督者である』、三三三頁、およびエピローグ、参照。

(14) 『大正宗教小説の流行――その背景と〝いま〟』（論創社、二〇一一年）では、大正生命主義を背景に、倉田百三、武者小路実篤、賀川豊彦、加藤一夫などの「大正宗教小説」を取り上げ、現代社会と重ねて論じている。

(15) 一八七〇―一九三五年。一八九七年アメリカのムーディ聖書学院に入学し、翌年帰国、メソジスト教会を脱会後、一九〇一年C・E・カウマン夫妻に協力して福音伝道館と聖書学院を開設、一九〇八年に東洋宣教会を創設、一九一七年に東洋宣教会ホーリネス教会の初代監督に就任し、『聖潔《きよめ》之友』（一九一七年一月―一九二一年一二月）を発行した（黒川知文『内村鑑三と再臨運動――救い・終末論・ユダヤ人観』、新教出版社、二〇一二年）。

(16) 一八七四―一九五八年。一八九四年以降の渡米時にムーディ聖書学院でも学び、一九〇二年帰国、一九〇八年から六年間日本組合教会洛陽教会の牧師（同前）。内村の「文明の成行　黙示録第六章の研究」（『聖書之研究』二〇六号、一九一七年九月）に共鳴していた「再臨信仰の所有者であった」（鈴木範久『内村鑑三日録』10、一〇頁）。

(17) 『内村鑑三全集』第二五巻、四九六頁。

(18) 『内村鑑三全集』第二四巻、四八七頁。

(19) 一八七六―一九五六年。和歌山県に生まれ、二七歳で受洗、明治学院大学神学部を卒業、新宮教会、和歌山市三木町教会、芝三田統一基督教会の牧師、ユニテリアン主義。小説『煉瓦の雨』（一九一八年）『宿命』（同前）、評論も含む『地に物書く人』（一九二〇年）などとともに児童文学も発表した。

(20)『六合雑誌』（六合《りくごう》はcosmos宇宙の意）は、一八八〇年一〇月に牧師・小崎弘道（一八五六―一九三八年）らによって創刊され た、日本最初のキリスト教総合雑誌で、一九二一年二月（第四一巻第二号）で終刊となる。内村は第三四九号（一九一〇年一月）に、「『六合雑誌』回顧三十年」を寄稿し、本誌は「宗教界の一大オーソリチーであつたのである、所謂《いわゆる》重鎮であつた」（『内村鑑三全集』第一七巻、八一頁）と述べている。

(21)『地に物書く人』（民衆文化協會出版部、一九二〇年）、二一三―二一四頁。

(22)『内村鑑三全集』第三三巻、七三―七四頁。

(23)富永徳磨『基督再臨説を排す』「緒言」、一頁。

(24)同前、三〇頁。

(25)同前、五六―五七頁。

(26)一九一九年七月一三日発行。この二カ月前の五月一五日、警醒社書店より『内村鑑三全集　第壱巻』（『基督信徒の慰』『求安録』等を所収）が刊行され、初版二〇〇〇部が三週間で完売し、六月二六日には第三版も売り切れ、第四版に着手するほど盛況であった（一九一九年六月二〇日付ベル宛書簡、山本泰次郎『内村鑑三　信仰・生活・友情』のベル宛書簡の解説、五五五頁）。ところが富永徳磨『基督再臨説を排す』を発行時に、警醒社書店は、その広告文中で「世を惑わしキリスト教を誤る再臨説に向かって……再臨説は全然粉砕し尽されて痕跡だになし」（山本、同前、以下同じ）と宣伝した。八月三日、内村は警醒社書店にはじめての全集の第一巻の絶版を申し入れ、キリスト教出版社と著者の長年の関係は絶たれることになる（八月三日付日記）。その二カ月後の一〇月一〇日、畔上賢造『基督再臨の希望』は、警醒社書店から発行されるのである。

(27)畔上賢造『基督再臨の希望』、八頁。

(28)一九一六年一月『聖書之研究』一八六号にはじめて掲載された論文「十字架を負ふの歓び」の二カ月後に寄稿した論文「単純なる福音　羅馬書研究第二」（一八八号）の贖罪論の問題は、第五部「5贖罪信仰と愛の福音」、参照。なお、内村、黒崎、藤井を巻き込んだ、三人の知人のある人（住友寛一氏）の結婚問題については、「噫内村鑑三先生」のなかに当時の心情、黒崎との絶交、内村との離反、二年後の師との和解についても振り返っている。藤井は、内村鑑三にもっとも愛された、その信仰に、特に再臨信仰に、もっとも近くにいた弟子の一人ではなかったか。

(29)一九一七年、藤井は胃潰瘍の転地療養のために湘南小田原に滞在したことがあった。「或る夏の消息」と題して、八月二九日から九月九日までの二人の書簡が『藤井武全集』第一〇巻に収められている。この間、毎日「彼より彼女へ」「彼女から彼へ」の書簡が交わされている。武は、「喬さん」と呼びかけ、相互に二人のこと、子どものことを気遣いながら、キリストへの愛に満たされた信仰と研究の日々を望んでいる。「喬さん、乳にしこりが出来たさうだがまだ直らないかい。……」（九月五日付朝、五三四頁）、「喬さん、もう一度繰返す、信と愛と望と、この三つを我が家庭の特徴としよう」（九月五日付夕、五三七頁）と。佐藤全弘『藤井武の結婚観』（キリスト教図書出版社、一九八八年）では、その結婚観について、恋愛非認論、離婚再婚非認論、『羔の婚姻』などを含めて論じ、「いままでありとも知られず埋もれていた魂の泉源から、清冽この上ない真清水を湧き出させるであろう」（四頁）と記している。また、『十字架の言』第五二六号（二〇〇九年一月一五日発行）には、佐藤全弘「信仰と生活——新発見の藤井武・喬子の手紙から」が掲載されている。

（30）『藤井武全集』第一巻、一〇頁。
（31）同前、第九巻、四二七頁。
（32）同前、六〇五—六〇六頁。

第五部　内村鑑三と再臨信仰——臨りつつあるイエスと生命の水の河

（1）『内村鑑三全集』第九巻、八一—八二頁。
（2）ルツの死と再臨信仰については、『内村鑑三——私は一基督者である』の「エピローグ」、参照。詩「我等は四人である」については、『内村鑑三の信仰詩・訳詩・短歌等集成』、二二—二三頁、本書第四部「3再臨信仰への途」、参照。
（3）第三部、4、参照。「『其日其時』」は、『内村鑑三の信仰詩・訳詩・短歌等集成』、二三—二四頁、「建碑」は同二六—二七頁、参照。
（4）第四部「3再臨信仰への途」、『内村鑑三の信仰詩・訳詩・短歌等集成』、二六—二七頁、参照。
（5）『内村鑑三全集』第二二巻、二一〇頁。
（6）第三部「4滝沢克己の『神の国の証人ブルームハルト父子』論」、四部「3再臨信仰への途」、参照。
（7）『内村鑑三全集』第二二巻、三九九—四〇〇頁。
（8）第四部「4再臨信仰と再臨運動」「5再臨信仰の理解」、参照。
（9）詳細は、附「『内村鑑三全集』における再臨・再臨信仰著述一覧」、参照。内村は、一九一八年に再臨関連の著述は、長短、講演を合わせて六三程の聖書講解、三〇を超える再臨論の文章がある。この年は、一年間すべてが再臨・再臨信仰に関わっている。
（10）『内村鑑三全集』第二四巻、七七頁。

(11) 同前、三三六頁。抄訳は、William Cowper（一七三一—一八〇〇年）の詩「Come then, and, added to Thy many crowns」の一節である。『内村鑑三の信仰詩・訳詩・短歌等集成』、五七頁、参照

(12)『内村鑑三全集』第二四巻、三五四—三五五頁。

(13) 同前、四一八頁。

(14) 同前、第二五巻、二六九頁。

(15)『内村鑑三全集』第二五巻、四九三頁。

(16) 同前、第三三巻、一九五頁。

(17)「羅馬書講義」は、一九二一年一月一六日から一九二二年一〇月二二日まで、全六〇講（第六〇講は「羅馬書大観」）は「東京講演」と題したロマ書の講義である。本講義は、『羅馬書の研究』（向山堂書房、一九二四年）として出版され、『内村鑑三全集』第二六巻（一六—四四八頁）に収められている。その約説である「羅馬書講演約説」は、一九二一年一月一〇日、三月一〇日—一二月一〇日まで『聖書之研究』二五八、二六〇—二六九号に連載（東京講演の第二九講以降では、三二—三四講の約説はない）され、同第二七巻（一九—一一二頁）に収められている。第一講の冒頭には、「本稿は内村の東京講演を基本として畔上が自己の研究をも加えて編纂したもの、或る意味に於《おい》て二人の共作と云ふべきものである」（一六頁）と付記されている。「羅馬書講義」と「羅馬書講演約説」、および結局は内村鑑三だけの名前で出版された『羅馬書の研究』の刊行経緯は、「「ロマ書」に見られるパウロの信仰を如何に説くかは、キリスト再臨説とも深く関わる」（関口、四八九頁）と述べる関口安義『内村鑑三　闘いの軌跡』（新教出版社、二〇二三年）の第一一章「再臨運動と『羅馬書の研究』」に詳述されている。「註解的なやや手の込んだ作業は、むろん畔上賢造の功績であった」（同前）。そのことを畔上側からの見方として論じた書として、畔上道雄『人間内村鑑三の探究——生と俗と狂気の間で』（産報、一九七七年）がある。『羅馬書の研究』については、『内村鑑三の聖書講解』第二部で詳しく論じた（三三三—三五九頁、参照）。

(18)『内村鑑三全集』第二六巻、一八—一九頁。

(19)『聖書之研究』二二三号、一九一八年四月、『内村鑑三全集』第二四巻、一一七頁。プロローグ、5、参照。

(20)『内村鑑三全集』第二巻、一四三頁。

(21)『宗教座談』（東京独立雑誌社、一九〇〇年）の第九回「天国の事（上）」には、天国とその市民について、以下のように書かれている。「一言以て之を言ひますれば天国の市民は赦されし罪人であります」（『内村鑑三全集』第八巻、一八六頁）。それはカール・バルトのユダ論の「棄てられた／選ばれた使徒」とも通じている（第二部、3、参照）。

(22)『内村鑑三全集』第二巻、二四〇頁。『内村鑑三――私は一基督者である』「四悲嘆と希望」、参照。

(23)矢内原忠雄は、「藤井武抄伝並びに年譜」（『藤井武全集』第一〇巻）において、次のように記している。「彼は十字架から神の怒に基く代罰の思想を排斥し、十字架は神の愛の表現として人類を救ふものである、ロマ書は贖罪といふ如き六かしき神学論にあらずしてこの神の愛を告ぐる単純なる福音である、と主張したのであつた」（七二二頁）。

(24)『内村鑑三全集』第二七巻、一一二頁。

(25)『藤井武全集』第九巻、四〇七―四〇八頁。

(26)藤井は、当時から遡って二、三年の間の論文を読み、師内村はドイツ高等批評の影響で、贖罪についても「左翼の方」へ移っていると感じ、その「新しい信仰」へと通ずるとの気持をもって、内村の逆鱗にふれることなど、まったく予想だにすることなく、この論文を執筆したのである。ここに、内村自身における古き内村と新しき内村、その激烈な相克を見ることができないだろうか。

(27)『内村鑑三全集』第二二巻、一一八頁。

(28)同前、第二二巻、二三七頁。『聖書之研究』一八九号、一九一六年四月。

(29)同前、二三九頁。この部分には、内村の贖罪信仰の核心と藤井との近くて決定的に分かつ違いがある。李慶愛『内村鑑三のキリスト教思想――贖罪論と終末論を中心として』（九州大学出版会、二〇〇三年）には、入信、アマストでの贖罪体験、再臨信仰までを詳細に論じ、その第二章「贖罪信仰と宇宙論的神の概念の結合」の第四節「藤井武「単純なる福音」の批判を通した贖罪論」では、藤井の執筆の意図は別として、次のように記している。「もっとも信頼する弟子の藤井武が内村の信仰の核心をなす贖罪論を誤解し、それを真っ向から批判した論文「単純なる福音」を書いたことは、内村にとって青天の霹靂であった」（九三頁、傍点引用者）。だが、藤井にとって「単純なる福音」は、内村の贖罪論の「誤解」でも「真っ向から」の「批判」でもなく、十字架を負う歓びという自らの神の愛の信仰の帰結であった。

(30)関根正雄訳『旧約聖書』では、アザゼルは「砂漠のデーモンであるが、原語の意味不明」と注記されている。

エピローグ　生命の水の河の辺《ほとり》で――再臨の風景

(1)『内村鑑三全集』第二七巻、四一頁。ダーウィンは、『種の起源』の最後の第一四章の最終パラグラフに、こう記している。地上は多数の植物に蔽われ、茂みには鳥、昆虫が、地中には蠕虫《ぜんちゅう》が這い回る、この無限な形態には壮大なものがある、と。また、鈴木範久『内村鑑三問答』（新教出版社、二〇二四年）の「三進化論をどう理解したか」には、ダーウィンの進化論に関して、「2

ストープスのBotanyを読む」のなかで、一九二二年二月一八日の内村の日記を取り上げている。「或る近代植物学書にEcology《エコロギー》の一章を読みて多大の興味を感じた。（中略）植物でさへ自己中心でない、況して動物に於てをや、況して人間に於てをや、万物は相関連して或る一つの目的を果たさんしつゝある」（三七―三八頁）と。なお、著者は「近代植物学書」とは、ストープスの著書（Botany or the modern study of plants）とみてよいであろうと書き、その本は北海道大学図書館の「内村文庫」にあり、植物と環境の相互作用の部分の欄外には朱線が引かれているといい、こう記している。「植物でさえも相互的であるから、まして人間をや、との内村の考えが読みとれる」（三九頁）と。進化論とキリスト教の問題は、札幌農学校の頃から晩年の再臨による天然の進化・完成まで、内村にとっては、その信仰的生涯の課題であった。

（2）同前、第三八巻「書簡」三、三七九頁。

（3）『聖書之研究』一九五号、一九一六年一〇月、『内村鑑三全集』第二二巻、四二九―四三〇頁。『内村鑑三信仰詩・訳詩・短歌等集成』、二八頁、参照。

（4）堕罪により木陰に身を隠したアダムとエバへのエデンの園での神の問いは、生命の水の河へとつづく愛の「呼び声」ではなかったか。その声は、悪に溢れた現代の私たちにも届かないだろうか。

（5）『聖書之研究』二一号、一九〇二年五月、『内村鑑三全集』第一〇巻、一五四頁。

（6）大江健三郎『燃えあがる緑の木』三部作の第三部の題名は、「大いなる日に」である。神なき信仰者・大江健三郎も、再臨信仰の問題への祈りのような示唆をこめたのであろう。

（7）『聖書之研究』三五七号、終刊号、一九三〇年四月、五七頁。『内村鑑三――私は一基督者である』、エピローグ、参照。鈴木範久『内村鑑三問答』の「二四最期は自然死で迎えたか」には、これまで明らかにされてこなかった「最期」について、次のように記されている。「三月二七日夜、長男祐之は医師藤本武平二に向かい、安らかな死を迎えさせるように要請。三月二八日早朝、医師藤本と長男祐之、相談の上注射。午前八時五一分永眠」（二〇九―二一〇頁）。そこには、以下の文章が付されている。「〔付記〕祐之氏の妻美代子氏より、筆者は、その注射の内容につき教示されたことを付記する。その最期に施された処置は、内村鑑三本人の意思をくんだ尊厳死であった」（二一〇頁）。

（8）関口安義の遺著『内村鑑三　闘いの軌跡』（新教出版社、二〇二三年）には、内村の闘いの生涯がこう記されている。「彼は生涯を通して、あらゆるものと闘った。それは貧しい生活との闘いであり、天皇制国家との闘いであり、既成プロテスタント宗派との闘いであり、戦争論者との闘いであり、足尾鉱毒事件を起こした資本家との闘いであり、さらには既存の聖書学とされる学問との闘いであった」（五四六頁）。最後には、優秀な弟子たちとの闘いがあった、と。

（9）「日記」一九三〇年三月一八日、『内村鑑三全集』三五巻、五六〇頁。

附

1 『内村鑑三全集』における再臨・再臨信仰著述一覧

【凡例】

・『内村鑑三全集』（岩波書店、一九八〇―一九八四年）
・「再臨」「再臨信仰」には、「復活」「来世」を含む。
・太字部分は全集の巻数、執筆年、内村鑑三の年齢
・著述題名の次の括弧は当該全集の最初の頁数、『聖書之研究』の次の数字は号数

第9巻　1901　40歳

・春色と復活（81）（『聖書之研究』7）
・死骨の復活　以西結書《エゼキエル》第三十七章（90）（『聖書之研究』7）
・復活の希望　哥林多《コリント》前書第十五章（237）（『聖書之研究』11、13―14）

第19巻　1912～1913　51～52歳

・我等は四人である（46）（『聖書之研究』139）
・来世問題（134）（『聖書之研究』143）
・『其日其時』（155）（『聖書之研究』143）
・復活と甦《よみがへ》り（188）（『聖書之研究』145）
・希望の伴ふ死（229）（『聖書之研究』146）

・パウロの救拯観《きうじようくわん》（札幌講演第二回）（306）（『聖書之研究』149）
・人類の救拯（札幌講演第三回）（336）（『聖書之研究』150）
・死の歓喜（463）（『聖書之研究』154）

第20巻　1913〜1914　52〜53歳

・来世獲得の必要　哥林多後書四章廿七節〔ママ〕より仝五章十節まで（六月廿九日柏木今井館に於ける講演の大要）（86）（『聖書之研究』158）
・建碑（245）（『聖書之研究』162）
・死の慰藉　或る若《わか》き夫人の葬式に臨み其親戚友人を慰めんと欲して語りし所（318）（『聖書之研究』165）

第21巻　1914〜1915　53〜54歳

・復活と其状態　去る五月中三回に渉〔わた〕り柏木聖書講堂に於て為せる講演の大意（15）（『聖書之研究』168）
・贖罪と復活　是れは「基督教とは何ぞや」との題目の下に、過る夏、基督教青年会夏期学校に於て為せし講演の草稿である。（115）（『聖書之研究』172）
・福音と来世　去る三月廿一日茨城県高浜町に於ける本誌読者の会合に於て余の感想として述べし所である。（297）（『聖書之研究』178）
・如何にして復活する乎（378）（『聖書之研究』181）

第22巻　1915〜1916　54〜55歳

・神の約束としての基督教（210）（『聖書之研究』188）
・SECOND COMING OF CHRIST. キリスト再臨の信仰（399）（『聖書之研究』194）
・秋の夕《ゆうべ》（429）（『聖書之研究』195）
・初代基督教の要義　キリスト再来の信仰（九月十日十七日両日に亘〔わた〕り柏木聖書講堂に於ける講演の大意）（449）（『聖書之研究』195）

第23巻　1916〜1917　55〜56歳

・聖書の読方　来世を背景として読むべし（12）（『聖書之研究』196）
・我等は来世に就て若干《いくばく》を示されし乎（37）（『聖書之研究』197）
・エマオの出来事　復活の証明（244）（『聖書之研究』202）

・復活と赦罪（２４９）（『聖書之研究』２０２）
・戦争廃止に関する聖書の明示（２８３）（『聖書之研究』２０４）
・『復活と来世』緒言（２９３）（『復活と来世』）

第24巻　１９１８〜１９１９　57〜58歳

・HAPPY NEW YEAR. 新年を祝す（４）（『聖書之研究』２１０）
・聖書の預言的研究（９）（『聖書之研究』２１０―２１１）
・一月十二日（39）（『聖書之研究』２１０）
・THREE GREAT MOMENTS. 信仰の三大時機（43）（『聖書之研究』２１１）
・余がキリストの再臨に就て信ぜざる事共（47）（『聖書之研究』２１１）
・平和の告知　路加伝第二章十四節の研究（去年十二月廿三日聖書講堂に於て）（50）（『聖書之研究』２１１）
・聖書研究者の立場より見たる基督の再来（一月六日東京神田青年会館に於て）（56）（『聖書之研究』２１１）
・身体の救（一月十三日）（63）（『聖書之研究』２１１）
・再臨号（70）（『聖書之研究』２１１）
・再来の意義（77）（『聖書之研究』２１２）
・望の理由（77）（『聖書之研究』２１２）
・馬太伝に現はれたる基督の再来（二月十日神田青年会館に於て）（89）（『聖書之研究』２１２）
・万物の復興　羅馬書第八章自十六節至廿五節（一月廿日）（97）（『聖書之研究』２１２）
・基督信者と其希望　彼得前書第一章自一節至五節（一月廿七日）（１０１）（『聖書之研究』２１２）
・末《をはり》の日を待て　一年間に二女一男を失ひし或る不幸なる寡婦を慰めんとて葬式の席上にて語りし所（１０５）（『聖書之研究』２１２）
・夢と謎（１１０）（『聖書之研究』２１２）
・THE LORD'S RETURN IN BROWNING. ブラウニング詩集に於ける基督の再来（１１３）（『聖書之研究』２１３）
・贖罪と再臨（１１６）（『聖書之研究』２１３）
・復活と再臨（１１８）（『聖書之研究』２１３）
・基督再来を信ぜし十大偉人（１２４）（『聖書之研究』２１３）

・世界の平和は如何にして来る乎（三月三日東京神田基督教青年会館に於て）（１３０）（『聖書之研究』２１３）
・信仰の三階段（三月十日午前大阪天満基督教会創立四十年紀念会に於ける講演の大意）（１３７）（『聖書之研究』２１３）
・世界の最大問題（三月十三日夜京都基督教青年会館に於ける講演の大意）（１４３）（『聖書之研究』２１３）
・信ずる者と信ぜざる者（１５９）（『聖書之研究』２１４）
・聖書の証明　基督再臨に関する主なる聖語（１６３）（『聖書之研究』２１４）
・基督再臨の欲求（三月十日午後大阪天満教会に於ける講演の大意、羅馬《ロマ》書八章十四―廿三節の研究）（１６８）（『聖書之研究』２１４）
・基督の復活と再臨（三月三十一日神戸基督教青年会館に於て、又四月七日及び十四日に渉《わた》り東京神田三崎町会館に於て述べし講演の大意である）。（１７３）（『聖書之研究』２１４）
・ホ　エルホメノス（１９２）（『聖書之研究』２１５）
・猶太亜的思想なりとの説（１９３）（『聖書之研究』２１５）
・乗雲の解（聖書を戯謔《あざけ》る基督教の教師等に告ぐ）（１９５）（『聖書之研究』２１５）
・再臨信者の祈禱として見たる主の祈禱　馬太伝六章九―十三節研究（五月十九日大阪天満基督教会に於ける講演の一部）（１９９）（『聖書之研究』２１５）
・約翰伝に於ける基督の再来（神田三崎町バプチスト会館に於て　四月廿一日）（２０５）（『聖書之研究』２１５）
・天然的現象として見たる基督の再来（神田三崎町バプチスト会館に於て　四月廿八日）（２１０）（『聖書之研究』２１５）
・基督再臨の証明者としてのユダヤ人（神田三崎町バプチスト会館に於て　五月五日）（２１８）（『聖書之研究』２１５）
・再臨の有無（２３３）（『聖書之研究』２１６）
・再臨と闇黒（２３４）（『聖書之研究』２１６）
・ノアの洪水　創世記六章より八章まで、馬太《マタイ》伝廿四章三七―三九節、路加《ルカ》伝十七章二六、二七節、彼得《ペテロ》後書三章三―一三節（２３６）（『聖書之研究』２１６）
・聖書の預言とパレスチナの恢復（東京神田バプチスト中央会堂に於て　五月十二日）（２４２）（『聖書之研究』２１６）
・イエスの変貌（東京神田バプチスト中央会堂に於て　六月二日）　馬太伝十七章一―八節（２４９）（『聖書之研究』２１６）
・ラザロの復活（東京神田バプチスト中央会堂に於て　六月九日）　約翰伝第十一章（２５５）（『聖書之研究』２１６）
・霖雨の六月（２６１）（『聖書之研究』２１６）

・再臨と聖霊（266）（『聖書之研究』217）
・再臨の恩恵と其の時期（269）（『聖書之研究』217）
・馬太伝第廿六章六十四節に就て（六《〔七〕》月七日午後札幌独立教会内に設けられし該地教役者会に於て述べし所）（273）（『聖書之研究』217）
・再臨と聖書（309）（『聖書之研究』217）
・A CONGREGATIONAL VIEW. 組合教会の再臨観（310）（『聖書之研究』218）
・再臨と贖罪（313）（『聖書之研究』218）
・PERSONAL VISIBLE COMING. 具体的再臨（327）（『聖書之研究』219）
・再臨の高唱（333）（『聖書之研究』219）
・再臨信者（334）（『聖書之研究』219）
・再臨と聖書（334）（『聖書之研究』219）
・詩人カウパーの再臨歌（336）（『聖書之研究』219）
・再臨と豊稔（337）（『聖書之研究』219）
・『基督再臨問題講演集』（352）（岩波書店）
・BOOK OF COMINGS. 来臨の書（354）（『聖書之研究』220）
・聖書の大意　岡山大阪等に於て述べし講演の大意（356）（『聖書之研究』220）
・CHRISTMAS 1918. 一九一八年のクリスマス（382）（『聖書之研究』221）
・基督再臨を信ずるより来りし余の思想上の変化（384）（『聖書之研究』221）
・聖書と基督の再臨（十一月八日）（428）（『聖書之研究』222）
・地上再会の希望（十一月九日午後）（433）（『聖書之研究』222）
・再臨と伝道（十一月十日午後）（440）（『聖書之研究』222）
・再臨信仰の実験（十一月十日夜）（444）（『聖書之研究』222）
・THE AIM OF THE SECOND COMING. 再臨の目的（451）（『聖書之研究』223）
・万民に関《かゝ》はる大なる福音　一九一九年一月十七日大阪市公会堂に於て開かれたる関西基督再臨研究大会に於て為したる講演の原稿。（455）（『聖書之研究』223）

・稀有の信仰（４８４）（『聖書之研究』２２３）
・余の信仰（４８７）（『聖書之研究』２２４）
・完全《まった》き救（５１８）（『聖書之研究』２２５）
・十字架の信仰（５１９）（『聖書之研究』２２５）
・其日其時（５２２）（『聖書之研究』２２５）
・パウロの復活論（三月二十三日より四月二十日迄五回の日曜日に亘〔わた〕り東京基督教青年会館に於ける講演の大意）哥林多前書第十五章の研究（５５７）（『聖書之研究』２２６）

第25巻　１９１９～１９２０　58～59歳

・信じ難き信仰（９）（『聖書之研究』２２７）
・死後の生命（三月十六日）前号所載『パウロの復活論』の序論として講じたる所（17）（『聖書之研究』２２７）
・希望と聖徳（六月八日）約翰〔ヨハネ〕第一書二章廿八節―三章三節（90）（『聖書之研究』２２９）
・所謂「再臨説の粉砕」に就て（96）（『聖書之研究』２２９）
・屍《しかばね》のある所に鷲集らん（八月三日柏木聖書講堂に於て）（１３１）（『聖書之研究』２３０）
・ベツレヘムの星（十二月廿一日）（２６２）（『聖書之研究』２３５）
・誹る者と誉める者（２７４）（『聖書之研究』２３５）
・基督再臨の二方面（四月十八日摂津西之宮に於ける講演の要点）（４９１）（『聖書之研究』２３９）
・基督再臨の兆《しるし》（５４５）（『聖書之研究』２４２―２４３）

第26巻　１９２１　60歳

・羅馬書の研究（16）（『聖書之研究』２４７―２６８）
・羅馬書に於ける復活　三月廿七日復活節に於ける講演の大意（４９７）（『聖書之研究』２５３）
・聖霊に関する研究（５１０）（『聖書之研究』２５４―２５５）

第27巻　１９２２～１９２３　61～62歳

・〔羅馬書〕講演約説（19）（『聖書之研究』２５８―２６９）

第28巻　１９２３～１９２４　62～63歳

・テサロニケ書翰に現はれたるパウロの未来観（１４５）（『聖書之研究』２８３）

・三分性と復活（２９６）（『聖書之研究』２８８）
第29巻　１９２５～１９２６　64～65歳
・復活の実現（２２９）（『聖書之研究』２９９）
第31巻　１９２８　67歳
・来世問題の研究（１７２）（『聖書之研究』３３５―３３６）
第32巻　１９２９～１９３０　68～69歳
・来世の能力《ちから》（１９６）（『聖書之研究』３５０）

２　内村鑑三によるキリスト再臨に関する主な新約聖書の章節

【凡例】
・内村鑑三「聖書の證明　基督再臨に関する主な聖語」（『内村鑑三全集』第二四巻、所収）に記された新約聖書の章節、および『基督再臨問題講演集』（岩波書店、一九一九年、第五版）を典拠とした。
・聖書名は内村鑑三の表記（漢語名）と口語訳聖書（一九五五年版）を併記した。
・各章節の冒頭に「○」を置き、「●」については、内村鑑三による強調箇所である。

馬太伝（マタイによる福音書）
○3章7―12節○5章3―12、18節○6章19―21節●7章21―27節○12章36、37、40―42節●13章全体、殊に30、39―43節●16章27節○17章イエス変貌に関する記事、1―8節●19章28節○23章37―39節●24章、25章全部○26章29節●26章64節
馬可伝（マルコによる福音書）
○8章34―38節●13章全部○14章25、62節
路加伝（ルカによる福音書）
○1章33節○6章20―26節○9章26、27節○12章8、9節●12章35―48節○13章1―5、22―30節●17章20―37節○18章7、8節○19章11―27節●21章全部○22章16、18、29、30節
約翰伝（ヨハネによる福音書）

○11章に於けるラザロ復活の記事参考●14章1—3節○17章24節○21章22節
使徒行伝
●1章11節○3章21節○17章31節○24章15節
羅馬書（ローマ人への手紙）
○2章5—11節○5章2節●8章17—25節●13章11—14節○14章10—12節
哥林多前書（コリント人への第一の手紙）
○1章7、8節●4章5節○7章29—31節○11章26節○13章12節○15章23、50節以下○16章22節
哥林多後書（コリント人への第二の手紙）
○5章1—10節、殊に第10節に注意
加拉太書（ガラテヤ人への手紙）
○1章4節○5章5節○6章9節
以弗所書（エペソ人への手紙）
○2章4—7節○4章30節
腓立比書（ピリピ人への手紙）
○1章6節○3章11—14節●3章20、21節○4章5節
哥羅西書（コロサイ人への手紙）
○1章5、23、27節●3章4節
帖撒羅尼迦前書（テサロニケ人への第一の手紙）
○1章3、10節○2章19節○3章13節●4章13—18節○5章1—11、23節
帖撒羅尼迦後書（テサロニケ人への第二の手紙）
○1章7節●2章1—12節
提摩太前書（テモテへの第一の手紙）
○6章14、15節
提摩太後書（テモテへの第二の手紙）
●2章11—13節○4章1節●4章8節

提多書（テトスへの手紙）
●2章11―13節
希伯来書（ヘブル人への手紙）
●9章28節○10章23―25、36、37節○12章27、28節○13章14節
雅各書（ヤコブの手紙）
●5章1―9節
彼得前書（ペテロの第一の手紙）
●1章全部、殊に5、13節○3章9、10節○4章7、13節○5章1節●5章4節○5章10節
彼得後書（ペテロの第二の手紙）
●3章3―13節
約翰第一書（ヨハネの第一の手紙）
●2章28節●3章2、3節
猶太書（ユダの手紙）
○14、15、21節
約翰黙示録（ヨハネの黙示録）
○全書が基督再臨に関はる記事である、特に再臨の福音と称すべき書である、其内更らに顕著なる者を列記すれば、○1章7節○3章3、10、11節○6章15―17節○11章15節○16章15節○20章11―15節○21章全部○22章16、17、20節

3　引用・参考文献・再臨関連文献

赤江達也『「紙上の教会」と日本近代――無教会キリスト教の歴史社会学』（岩波書店、二〇一三年）

芥川龍之介『西方の人』『続西方の人』（『芥川龍之介全集』第五巻、筑摩書房、一九七五年、第三版）

畔上賢造『基督再臨の希望――富永徳磨氏の再臨排撃論を駁す』（警醒社書店、一九一九年、『近代日本キリスト教名著選集』第Ⅰ期、7、日本図書センター、二〇〇二年、所収）

畔上道雄『人間内村鑑三の探究――聖と俗と狂気の間で』（産報、一九七七年）

荒井克浩『無教会の変革──贖罪信仰から信仰義認へ、信仰義認から義認信仰へ』（教文館、二〇二四年）
荒井献「信なき者の救い」（『群像』特別編集「大江健三郎」、講談社、一九九五年）
荒井献編『新約聖書外典』（講談社、一九九七年）
荒井献『ユダとは誰か──原始キリスト教と『ユダの福音書』の中のユダ』（岩波書店、二〇〇七年）
荒井献『ユダのいる風景』（岩波書店、二〇〇七年）
有島武郎「カインの末裔」（『日本近代文学文系』第三三巻『有島武郎集』、角川書店、一九七〇年）
W・B・イェーツ『W・B・イェイツ全詩集』（鈴木弘訳、北星堂書店、一九八二年）
井桁貞義『ドストエフスキイ』（清水書院、一九八九年）
石原綱成「ユダの図像学」（荒井献『ユダとは誰か』所収）
石原兵永「内村鑑三の信仰に学ぶ」（『内村鑑三全集』第六巻、月報2）
石原兵永『身近に接した内村鑑三』上中下（山本書店、一九七一─一九七二年）
泉治典「贖罪と再臨──晩年の内村における神学的思考」（『内村鑑三研究』第一号、一九七三年一二月）
泉治典「創世記から黙示録までを一眸の内に見る」（『内村鑑三研究』第四二号、二〇〇九年四月）
泉治典『ヨハネの黙示録を読む──再臨と神の国』（新教出版社、二〇〇三年）
井上良雄著『神の国の証人　ブルームハルト父子──待ちつつ急ぎつつ』（新教出版社、一九八二年）
今高義也『内村鑑三の世界像──伝統・信仰・詩歌』（ぺりかん社、二〇二〇年）
岩野祐介「内村鑑三の「近代批判」と再臨運動──社会から個人へ、そして再び社会へ」（『基督教学研究』第二四号、二〇〇四年一二月、京都大学基督教学会）
岩谷元輝『内村鑑三の再臨信仰──その紹介と批判』（泉屋書店、一九九〇年）
ヴォルテール『カンディード』（斉藤悦則訳、光文社古典新訳文庫、二〇一五年）
遠藤周作『イエスの生涯』（新潮社、一九七三年）
遠藤周作『沈黙・イエスの生涯』（「新潮現代文学」第四一巻、新潮社、一九七八年）
大貫隆編著『イスカリオテのユダ』（日本キリスト教団出版局、二〇〇七年）
小川国夫『聖書と終末論』（岩波書店、一九八七年）
沖野岩三郎『再臨』（『地に物書く人』、民衆文化協會出版部、一九二〇年、所収）

小原信『内村鑑三の生涯――近代日本とキリスト教の根源を見つめて』（ＰＨＰ研究所、一九九二年）
小原信『この星の時間　令和版内村鑑三論』（新潮社、二〇二四年）
亀山郁夫『『罪と罰』ノート』（平凡社、二〇〇九年）
亀山郁夫『ドストエフスキー　カラマーゾフの兄弟』（ＮＨＫ出版、二〇二一年）
亀山郁夫『ドストエフスキー　五大長編を解読する』（ＮＨＫ出版、二〇二二年）
川中子義勝、他「座談会「神への問い」を考える」（『詩と思想』二〇二〇年九月号、特集「神への問い」）
川中子義勝『詩学講義――「詩のなかの私」から「二人称の詩学」へ』（土曜美術社出版販売、二〇二一年）
川中子義勝『ハーマンにおける言葉と身体《からだ》――聖書・自然・歴史』（教文館、二〇二三年）
北村透谷『透谷全集』第一巻（岩波書店、一九五〇年）
清眞人『ドストエフスキーとキリスト教――イエス主義・大地信仰・社会主義』（藤原書店、二〇一六年）
黒川知文『内村鑑三と再臨運動――救い・終末論・ユダヤ人観』（新教出版社、二〇一二年）
近藤勝彦「内村鑑三における再臨運動とデモクラシー批判の問題」（『聖学院大学総合研究所紀要』第一五号、一九九九年）
佐藤全弘『藤井武の結婚観』（キリスト教図書出版社、一九八八年）
佐藤研『悲劇と福音――原始キリスト教における悲劇的なるもの』（清水書院、二〇一五年、新装版）
椎名麟三『私のドストエフスキー体験』（教文館、一九六七年）
椎名麟三『椎名麟三全集』第一巻（冬樹社、一九七〇年）
椎名麟三『椎名麟三全集』第二一巻（冬樹社、一九七七年）
柴田文明「内村鑑三における再臨信仰」（『内村鑑三研究』第二五号、一九八八年二月）
渋谷浩「内村鑑三と大正デモクラシー」（『明治学院論叢』第一八七号、一九七二年）
渋谷浩「再臨と精霊――再臨運動期と大手町時代の内村の集会論」（『内村鑑三研究』第一〇号、一九七八年四月）
新保祐司『内村鑑三』（構想社、一九九〇年）
鈴木俊郎『内村鑑三伝――米国留学まで』（岩波書店、一九八六年）
鈴木範久『内村鑑三日録』全一二巻（教文館、一九九三―一九九九年）
鈴木範久『内村鑑三の人と思想』（岩波書店、二〇一二年）
鈴木範久『内村鑑三問答』（新教出版社、二〇二四年）

『聖書事典』(日本基督教団出版局、一九九一年、三三版)
関口安義『内村鑑三　闘いの軌跡』(新教出版社、二〇二三年)
関根正雄「新しい全集の意義」(『内村鑑三全集』第一一巻、月報5、一九八一年)
関根正雄「再臨の信仰」(『関根正雄著作集』第一巻、新地書房、一九七九年)
関根正雄「歴史の終末——預言者と内村」(『関根正雄著作集』第二巻、新地書房、一九八一年)
関根清三「内村鑑三　戦争論・震災論の現代的射程」(『内村鑑三研究』第五三号、二〇二〇年四月)
関根清三『内村鑑三　その聖書読解と危機の時代』(筑摩書房、二〇一九年)
関根清三『旧約聖書と哲学——現代の問いのなかの一神教』(岩波書店、二〇〇八年)
関根清三『旧約聖書の思想——24の断章』(講談社、二〇〇五年)
関根清三『旧約における超越と象徴——解釈学的経験の系譜　増補新装版』(東京大学出版会、二〇二二年)
関根清三『倫理の探索——聖書からのアプローチ』(中央公論新社、二〇〇二年)
ゾンターク・ミラ「内村鑑三と大正期の再臨運動」(『キリスト教学』第四三号、二〇〇一年、立教大学キリスト教学会)
ゾンターク・ミラ「キリスト再臨運動——近代日本における合理性と救済をめぐる言説」(『内村鑑三研究』第三八号、二〇〇五年八月)
ゾンターク・ミラ「黒川知文『内村鑑三と再臨運動——救い・終末論・ユダヤ人観』」(『内村鑑三研究』第四六号、二〇一三年四月)
『大正宗教小説の流行——その背景と〝いま〟』(論創社、二〇一一年)
高橋三郎「内村鑑三の再臨信仰——『内村鑑三研究』第十号に寄せて」(『内村鑑三研究』第一〇号、一九七八年四月)
滝沢克己『あなたはどこにいるのか——実人生の基盤と宗教』(三一書房、一九八三年)
滝沢克己『カール・バルト研究——イエス・キリストのペルソナの問題』(『瀧澤克己著作集』第二巻、法蔵館、一九七五年)
滝沢克己『純粋神人学序説——物と人と』(創言社、一九八八年)
滝沢克己『ドストエフスキーと現代』(三一書房、一九七二年)
滝沢克己『日本人の精神構造——西田哲学の示唆するもの』(三一書房、一九八二年)
竹下節子『ユダ——烙印された負の符合の心性史』(中央公論新社、二〇一四年)
太宰治『駆込み訴え』(『日本文学全集』第七〇巻、集英社、一九七四年、五版)
太宰治『父』(『太宰治全集』第九巻、筑摩書房、一九六七年)

田中収「大正デモクラシーと内村鑑三――吉野作造と内村鑑三」（『内村鑑三研究』第三三号、一九九八年一二月）
田中良彦『太宰治と「聖書知識」』（朝文社、一九九四年）
ダンテ『神曲』（平川祐弘訳、河出書房新社、一九九二年）
千葉眞「内村鑑三の贖罪的終末論の諸相（上）（下）」（『内村鑑三研究』第四六、四七号、二〇一三年四月、二〇一四年四月）
塚本虎二『塚本虎二著作集』第七巻（聖書知識者、一九七八年）
塚本虎二「無教会になるまで」（『去思と望憶』、聖書知識社、一九七九年）
ピエール・テイヤール・ド・シャルダン『神のくに・宇宙讃歌』（宇佐見英治・山崎庸一郎訳、みすず書房、一九八四年、新装版）
道家弘一郎「内村鑑三の「贖罪」観」（『内村鑑三研究』第四四号、二〇一一年四月）
徳田幸雄「内村鑑三の回心過程とその本質」（『内村鑑三研究』第三四号、一九九九年一二月）
利倉隆『ユダ　イエスを裏切った男』（平凡社、二〇〇六年）
ドストエフスキー『ドストエーフスキイ全集』全二〇巻（米川正夫訳、河出書房新社、一九六九―一九七〇年）
富岡幸一郎『内村鑑三』（五月書房、二〇〇一年）
富岡幸一郎『非戦論』（NTT出版、二〇〇四年）
富岡幸一郎「未来の書物――『ローマ書講解』との出遭い」（『ローマ書講解』（上下）「解説」、平凡社、二〇〇一年）
富永徳磨『基督再臨説を排す』（警醒社書店、一九一九年、『近代日本キリスト教名著選集』第Ⅰ期、7、日本図書センター、二〇〇二年、所収）
原島正「内村鑑三の再臨運動・再考――信仰・思想・運動」（『内村鑑三研究』第四九号、二〇一六年四月）
原島正「内村鑑三の終末思想――『再臨論批判』を中心に」（『季刊日本思想史』、日本思想史懇談会、第四〇号、一九九三年）
西川徹郎『天使の悪夢九千句』（茜屋書店、二〇一三年）
『藤井武全集』全一〇巻（岩波書店、一九七二年）
B・パスカル『パンセ』（田辺保訳、角川書店、一九六八年）
カール・バルト『ローマ書講解』（上下、小川圭治・岩波哲男訳、平凡社、二〇〇一年）
カール・バルト『イスカリオテのユダ――神の恵みの選び』（川名勇編訳、新教出版社、一九七七年、七版）
藤田豊「内村鑑三と進化論」（『日本思想史学』第二二号、一九九〇年）
エレーヌ・ペイゲルス、カレン・L・キング『『ユダ福音書』の謎を解く』（山形孝夫・新免貢訳、河出書房新社、二〇一三年）

政池仁『内村鑑三伝』再増補改訂新版（教文館、一九七七年）
増田斎「〈特異な転向文学〉に現れるユダ――吉本隆明と太宰治「駆込み訴へ」」（『キリスト教文学研究』第三六号、二〇一九年四月）
丸谷才一『エホバの顔を避けて』（河出書房新社、一九七四年、新装再版）
宮沢賢治『宮沢賢治全集』第四巻（筑摩書房、一九八七年）
宮田光雄編『内村鑑三の復活再臨信仰』（ロゴス社、一九九九年）
J・ミルトン『失楽園（上）（下）』（平井正穂訳、岩波書店、一九八一年）、『楽園喪失』（藤井武訳、『藤井武全集』第八巻、岩波書店、一九七一年）、『楽園の喪失』（新井明訳、大修館書店、一九八三年、第四版）
J・ミルトン『楽園の回復　闘牛士サムソン』（新井明訳、大修館書店、一九八二年）
森山徹「再臨信仰と内村鑑三のユダヤ人観（上）」（『内村鑑三研究』第四六号、二〇一三年四月）
役重善洋「内村鑑三における再臨信仰と民族――ユダヤ人観・日本人観・朝鮮人観の相克」（『内村鑑三研究』第四八号、二〇一五年四月）
役重善洋『近代日本の植民地主義とジェンタイル・シオニズム――内村鑑三・矢内原忠雄・中田重治におけるナショナリズムと世界認識』（インパクト出版会、二〇一八年）
矢沢宰『光る砂漠――第一に死が』（沖積社、一九九五年）
矢沢英一「内村鑑三の回心の研究」（『内村鑑三研究』第二七号、一九八九年九月）
矢内原忠雄『矢内原忠雄全集』第一巻（岩波書店、一九六四年）
矢内原忠雄『矢内原忠雄全集』第二四巻（岩波書店、一九六五年）
山本泰次郎『内村鑑三　信仰・生涯・友情』（東海大学出版会、一九六六年）
山本泰次郎『内村鑑三の根本問題』（教文館、一九七六年、再版）
山本泰次郎譯補『内村鑑三　ベルにおくつた自叙傳的書翰』（新教出版社、一九四九年）
吉沢慶一『虚無――ドストエーフスキイの描いた人物像』（塙書房、一九六八年）
ヨハネス・フォン・テープル『ボヘミアの農夫――死との対決の書』（石井誠士・池本美和子訳、人文書院、一九九六年）
李慶愛『内村鑑三のキリスト教思想――贖罪論と終末論を中心として』（九州大学出版会、二〇〇三年）
J・J・ルソー「ヴォルテール氏への手紙」（『ルソー全集』第五巻、浜名優美訳、白水社、一九七九年）
J・M・ロビンソン『ユダの秘密――「裏切り者」とその「福音書」をめぐる真実』（戸田聡訳、教文館、二〇〇七年）

若松英輔『イエス伝』(中央公論新社、二〇一五年)
若松英輔『内村鑑三　悲しみの使徒』(岩波書店、二〇一八年)
若松英輔『内村鑑三をよむ』(岩波書店、二〇一二年)

初出・典拠等について

本書は、『内村鑑三――私は一基督者である』（御茶の水書房、二〇一六年）、学位論文「滝沢克己・椎名麟三・内村鑑三におけるキリスト教受容の文学的研究」（九州大学、二〇一八年、論文博士）、『内村鑑三の聖書講解――神の言《ことば》のコスモスと再臨信仰』（教文館、二〇二〇年）、『内村鑑三の信仰詩・訳詩・短歌等集成』（編・解題・解説、明治学院大学キリスト教研究所発行、二〇二二年）等の内村鑑三研究、および『思想のひろば』（滝沢克己協会発行、第二八―三一号）での滝沢克己研究に関する発表論文等をもとに、本書の構想「内村鑑三　再臨の風景――臨《きた》りつつあるイエスと生命《いのち》の水の河」にもとづき、基本的には全体を書き下ろした著書である。

ただし、下記の部分の初出・典拠については、以下の通りである。本書の前半・後半をつなぐ第三部「神の国と地上の国」の「2―6」、および第四部「内村鑑三における再臨信仰への途」の「1―3」については、これまでの既発表論文等の当該箇所を初出・典拠とし、本書のテーマ、目次にそって適宜、改稿した。

また、これまでの自著・論文と関連して、理解の上で相互参照の望ましい箇所、および既発表論文の一部分を改稿とともに、本書の論述のなかに生かした部分については、適宜、該当箇所の「注」においてそのことを明示した。

初出・典拠等論文と本書との関連については、以下の通りである。

序詞　人は皆風の吹き去る籾殻《もみがら》の如くに
（書き下ろし）

プロローグ　旧約の森と再臨宇宙――『旧約における超越と象徴』との対話
（書き下ろし、ただし、「1」「6」については、「プロローグ「注（1）」」、参照）

第一部　悪魔の跳梁と黄金時代の夢――ニヒリストの系譜
（書き下ろし）

第二部　イスカリオテのユダ――罪と愛の物語
（書き下ろし）

第三部　神の国と地上の国――インマヌエルと再臨
「1」（書き下ろし）、「2―6」（既発表部分を改稿）

1　地上の国と最善説――ヴォルテール『カンディード』（書き下ろし）

2　あなたはどこにいるのか――神の呼び声と応答
初出論文「滝沢克己と内村鑑三――〈今〉を生きる希望と信仰」（『今を生きる滝沢克己――生誕110周年記念論集』、新教出版社、二〇一九年）を典拠（一〇三―一一六頁）に、一部改稿した。

3　神の国と地上の国――ブルームハルト父子と再臨
初出論文「滝沢克己における神の国と地上の国――インマヌエルと再臨のキリスト」（『思想のひろば』第三〇号、二〇二二年二月、滝沢克己協会発行）を典拠（四六―五二頁）に、一部改稿した。

4　滝沢克己の『神の国の証人ブルームハルト父子』論――キリスト再来、終末の日、イエスの時
初出論文「滝沢克己における神の国と地上の国――インマヌエルと再臨のキリスト」（『思想のひろば』第三〇号、二

〇二二年二月、滝沢克己協会発行）を典拠（五二―六〇頁）に、一部改稿した。

5　天然詩と地上の国――内村鑑三の信仰詩の宇宙《コスモス》

初出『内村鑑三の信仰詩・訳詩・短歌等集成』（明治学院大学キリスト教研究所発行、二〇二二年）の解説「内村鑑三の信仰詩・訳詩・短歌と信仰宇宙《コスモス》」を典拠（九七―九九頁）に、一部改稿した。

6　内村鑑三の非戦論と再臨信仰――塵戦《ぢんせん》又た塵戦《ぢんせん》、……

初出『内村鑑三――私は一基督者である』（御茶の水書房、二〇一六年）「六信仰と社会――『伝道之精神』と非戦論」の「2日清・日露戦争と内村鑑三――義戦から非戦論」の日清・日露戦争と非戦論の部分を典拠（一七六―一八三頁）に、非戦論と再臨信仰の観点から改稿した。

第四部　内村鑑三における再臨信仰への途――信仰の階段と同時代

「1―3」（既発表部分を改稿、第四部「注（2）」参照、「4―6」（書き下ろし）

初出論文（「1―3」）は、「内村鑑三抄伝」（『内村鑑三と今井館――本駒込の地で想いをつなぐ（今井館移転開館記念誌）』、二〇二二年、特定非営利活動法人今井館教友会発行）で、本論文の「札幌農学校」から「ルツの死と世界大戦争」の部分を典拠（八三―九三頁）に、一部修正した。

第五部　内村鑑三と再臨信仰――臨りつつあるイエスと生命の水の河

（書き下ろし）

エピローグ　生命の水の河の辺《ほとり》で――再臨の風景

（書き下ろし）

あとがきに代えて
再臨のキリストと臨りつつあるイエス――戦争の新世紀のなかで
（書き下ろし）

附
（新規作成）
1　『内村鑑三全集』における再臨・再臨信仰著述一覧
2　内村鑑三によるキリスト再臨に関する主な新約聖書の章節
3　引用・参考文献・再臨関連文献

あとがきに代えて
再臨のキリストと臨りつつあるイエス——戦争の新世紀のなかで

懐疑の森、というようなものがあるだろうか。

私は十数年前、ちょうど東日本大震災と原発事故が重なった、未曾有の大災害となった、二〇一一年の「3・11」の翌年、日本近代の「一基督《キリスト》者」内村鑑三と、偶然にも無教会の教育学者・安彦忠彦氏を通して出会った。その頃、私は五十代の終りにさしかかっていた。出会うとは、歴史を超えてその人が自分のなかで生き、語り、問うことでもあった。当時、私を蔽っていたであろう、生きることの懐疑の森で、はじめてその人を知ることでもあった。それは現実以上の現実、魂の出来事でもあった。懐疑の森の奥へ、闇の奥へ、同時に希望へ、その源《みなもと》へと、旧約の創世記から新約の黙示録までをたどるように、生命《いのち》の水の河の潺《せせらぎ》に誘われつつ歩むことでもあった。ときに、そこには内村鑑三という一人の人、一人のキリスト者の懐疑と孤独、歓喜と悲哀、天然と自然のおりなす風景、そんな地上の国の森羅万象のきらめきが映るように思った。

その希望を映す光は、私の懐疑の森に、ときには眩《まばゆ》く射し込むことがあった。その奥に、生命の河の底辺《そこべ》に、無教会信仰者・内村鑑三の「再臨信仰」があった。臨《きた》りつつあるイエスがいた。

内村と出会って四年後、私は戦後文学などの文芸評論、プロテスタントの作家・椎名麟三の文学研究や、バルト神学と出会うことでバルトが指し示した「イエス・キリスト」＝インマヌエル（神われらとともにあり）の原事実を知り、それを生涯証《あかし》した滝沢克己のいのちの神学についての著書『滝沢克己　存在の宇宙』、戦争と記憶の評論集『記憶と文学』『記憶と和解』、埴谷雄高『死霊』論等執筆のあとに、新たに直面した人生の懐疑の森のなかで、その森の広がる奥深くを遠望しつつ、その希望の道標《みちしるべ》として内村の思想的、信仰的評伝『内村鑑三——私は一基督者である』（御茶の水書房、二〇一六年）を出版した。

以後、無教会キリスト教信仰の共同体《エクレシア》『聖書之研究』（一九〇〇—一九三〇年、全三五七号）を通して、三〇年間、旧新約聖書研究を発表しつづけ、講演など聖書講義で語った内村鑑三の厖大な聖書講解を、自由に、風が吹くようにたどろうと、『内村鑑三の聖書講解——神の言《ことば》のコスモスと再臨信仰』（教文館、二〇二〇年）を書いた。

そこには旧約の預言者、ユダヤを生きた無数の人たちが、新約の福音書や数々の書簡のなかの初期キリスト教信仰者が、まただれもが同じであるが、名もない歴史の一粒、大河の一滴《ひとしずく》のような人々がいた。また、天然詩人・内村鑑三の福音的世界を言語に昇華した信仰詩・訳詩・短歌について、『内村鑑三信仰詩・訳詩・短歌等集成』（編・解題・解説）として、明治学院大学キリスト教研究所のオケイジョナル・ペーパーとして発行することができた。これらを通して、私も無教会キリスト者として自覚的に生きることとなった。

本書は、そんな私にとっての最初にして最後のテーマ、希望と福音の核心である、内村鑑三の再臨・再臨信仰を見つめ論じた、私自身にとっては内村鑑三研究の「集大成」となる、編著も入れた四冊目の著書である。また、『内村鑑三』『内村鑑三の聖書講解』と合わせた三部作でもある。

「3・11」の二カ月後、二〇一一年の五月に訪れた福島で、石巻、女川で見た、あの懐疑も希望ものみつくしたような荒れ狂ったあとの街の風景と、石巻の高台からみた、余りにも静かな海のきらめきの風景が忘れられない。一瞬にして、愛する人と別れた二万人もの津波の死者は、二度と会うことができないのだろうか。その人たちにとって、救済はあるのか。それはその十年後、ウクライナで、旧約以来の乳と蜜の流れる約束の地パレスチナ（カナン）での、多くの無辜の子どもたち、受難の市民の死者たちとして、私たちの目の前にある——。

四年余にわたり三〇カ国以上の参戦、二〇〇〇万人の死者、そんな世界を分かつ、内村の再臨信仰への転機となった「世界大戦争」（第一次世界大戦）からはじまった、戦争と革命の二〇世紀が過ぎ、すでに四半世紀近く経つ。その歴史の闇の底には、無数の戦争の死者がいる。グローバル世界は、第二次世界大戦以降、人類・地球の全面的な破壊に通ずる核の脅威を背景に、AI兵器による新たな戦争の世紀を迎え、収まったとはいえパンデミックの危機、気候変動、人が地球の命運を左右する、「人新世《アンソロポセン》」という「人類の責任」の時代を迎えている。

私には、ロシアによるウクライナ侵攻の六カ月後に、ウクライナ東部ハリキウ州イジュームで発見された集団墓地の報道が忘れられない（『朝日新聞』二〇二二年九月二五日）。松林の陰には、粗末な木の十字架に、番号だけが記され名前もない四四〇人もの虐殺された、子どもも含む遺体が埋葬されていたという。

一五世紀初めの中世ヨーロッパ、ある宗教裁判をテーマにしたヨハネス・フォン・テープル作『ボヘミアの農夫――死との対決の書』（石井誠士・池本美和子共訳、人文書院、一九九六年）という散文詩がある。原告は農夫ヨハネス、被告は死、裁判官は神である。農夫は、幼い子を遺してこの世を去った若き妻マルガレータの死を嘆き、残虐な運命をもたらした死を告訴する。――お前は、心の草地から花を、最愛の人を奪い取った、と。死は、いう。私は果てしなく燃える炎に、善より悪の傾向をもつ人類を投げ込んだ、嘆きは捨て置け、と。神は、人は「栄誉」を、死は「勝利」を受け取り、人は肉体を土に、魂を神に返す義務があると判決する。

ウクライナ・イジュームの戦争の死者に、中世ボヘミアの農夫ヨハネスに、さらにすべての人に再臨信仰による救済は届くであろうか。

内村は、「ユダと我等」（『聖書之研究』二〇八号、一九一七年一一月、『内村鑑三全集』第二三巻）のなかで、「我等はすべてカリオテ人ユダである」（三八九頁）とはじまる短文を、こう結んでいる。「ユダ憎むべしである、我も亦憎むべしである、ユダは我等の中の一人なりと云ひて彼を庇《かば》うてはならない（中略）我はユダと同じく罪人の首《かしら》である、而《〔し〕》かも神の恩恵は之をしも救ふて余りあるのである」（同前）。

救済されない人は、一人もいないであろう。

万人救済論と通ずる再臨信仰において、〈再臨のキリスト〉と〈臨《きた》りつつあるイエス〉は、関根清三氏の大著『旧約における超越と象徴』に倣《なら》って、「超越」と「象徴」といえないであろうか。それはまさに、歴史と宇宙を流れる原歴史・原宇宙、キリスト教信仰の純福音・純救済、未来的・現在的終末論ではないだろうか。同時に、万人救済論の原希望ではないか。アウシュヴィッツ、ヒロシマ・ナガサキを経験した果てに、この核とＡＩによる戦争の新世紀のなかにあっても……。私はこれまでの内村鑑三研究をもとに、内村と同様に、パウロの「ロマ書」の「人はいかに救われるのか」を問いつつも、新たな構想とともに本書を書くことで、改めてそのことを実感した。

再臨のキリスト、それはエデンの園の名づけれていない一本の源流のごとくに、臨《きた》りつつあるイエス――生命《いのち》の水の河――として、ここに臨在しているのではないか。黙示録の最後に顕《あら》われた新天新地のように、その都の大通りの中央を流れる河の両岸には生命の樹があり、年に一二種の実を結び、すべての人を医《いや》す葉が茂り、吹く風に揺れるのだ。

それは再臨の風景である。

本書を通して、その希望の風景が垣間見られることを願ってやまない。

この『内村鑑三　再臨の風景』は、関根清三氏の『旧約における超越と象徴』（増補新装版）との「対話」がなければ、おそらく書くことができなかったであろう。関根氏は、「増補版研究ノート　論評と応答――四半世紀の影響作用史を顧みて」の第二章「Ⅶ再び泉氏へ、小林孝吉へ――新約聖書の再臨をめぐって」のなかに、次のように記している。

内村のように、千年王国等、具体的な黙示的宇宙的終末論に限定して直解を避けるのみならず、大胆に再臨信仰の全体を象徴論的に解読していく用意がなくてはならないということであろう。（中略）すなわち、声高に、それが必然であるかの如く預言者のように獅子吼するのでも、微に入り細を穿った描写をもってそれが近いと黙示文学者のように徒に切迫感を煽るのでもなく、小声で打ち萎れつつ、将来の微かな希望として祈念する姿勢において、再臨を象徴論的に肯んじたいとの謂にほかならない。（五四六―五四七頁、傍点引用者、本書四〇頁、参照）

私には、この言葉が余韻のように、インマヌエルのエコーのように響いている。

私は本書を世に送りだすにあたって、再臨信仰では相互に共感するが、贖罪信仰では一時対立した、晩年の内村鑑三と若き俊才の弟子・藤井武との贖罪と愛の福音をめぐる二人の信仰者の姿が浮かんでならない――。その二人に、本書を届けたい。

私は、滝沢克己のインマヌエルの神学から、内村鑑三の再臨信仰をめぐり、ここに再び、インマヌエルへ、滝沢―内村から、内村―滝沢へ、再臨の風景からインマヌエルの風景へと向かいたいと思う。生命の水の河の源へ、臨りつつあるイエスとともに溯《さかのぼ》っていきたい。二人の声が響く……。

「汝の罪ゆるされたり、起《た》ちて歩め」（滝沢克己『哲学と神学との間』（上）、二頁、一九四七年）

「悔改は自分より起らねばならぬ。」（内村鑑三「イエス対ユダ」、『内村鑑三全集』第二八巻、二一〇頁、一九二四年）

生命の水の河は、涸れることなく流れている――。

本書は、二〇二四年度第一六回九州大学出版会・学術図書刊行助成による出版である。今回の刊行にあたっては、鏑木政彦・九州大学教授をはじめ、学術図書の出版が困難ななかで、本書を採択してくださった九州大学出版会の関係者の方々、編集企画を担当してくださった同出版会の奥野有希さん、編集全般を丁寧に進めてくださった永山俊二さんに、心から感謝を申し上げたい。

合わせて、内村鑑三の無教会信仰の「後世への最大遺物」ともいえる希望の水脈を、未来へと伝える今井館教友会の関係者・友人に、また、滝沢克己のインマヌエルの神学・著作についての共同討議、研究記念出版などの活動とともに、研究誌『思想のひろば』を発刊する滝沢克己協会の会員・友人に、さらに、私の長年の文学活動の場である『千年紀文学』の友人たちに、それぞれ深く感謝したい。本書は、そのようななかから、とき至って生まれたのである。

本書を、ウクライナ、パレスチナの無辜の戦争の死者に、苦しむ人たちに、生命《いのち》の水の河の一条《ひとすじ》の希望の水脈として、ここに捧げたい。

二〇二四年一一月　ある秋の日に

小林孝吉

175

〈ヤ行〉
「寡婦の除夜」　150, 155
「夕に我が妻死ねり」　198
『ゆうべの祈り』　265
『ユダ　イエスを裏切った男』　92, 262
『ユダ――烙印された負の符号の心性史』　262
「ユダ対イエス」　113
『ユダとは誰か』　90, 92, 93, 97, 262
『ユダのいる風景』　90, 91, 97, 261, 262
「ユダの裏切り」　92
「ユダの共観表」　93, 96, 97
「ユダの死」　92
「ユダの図像学」　92
「ユダの接吻」　92
『ユダの謎解き』　261
ユダの福音書（ユダ福音書）　v, 91, 93, 102, 103, 106, 262
『揺れ動く〈ヴァシレーション〉』　41, 252, 253, 255
ヨエル書　130, 131, 144
ヨナ書　60
「余の信仰」　184, 226
「余の人生観」　126
『余はいかにしてキリスト信徒となりしか』（How I Became a Christian）　128, 166, 267
ヨハネによる福音書　69, 73, 85, 93, 98
『ヨハネによる福音書講解説教』　106
ヨハネの黙示録（ヨハネ黙示録，黙示録）　ii, 29, 51, 77, 99, 129, 132, 138, 149, 162, 174, 182, 201, 225, 247, 252, 256
ヨブ記　i, 47, 173, 204, 212, 219, 226, 251

〈ラ行〉
「来世獲得の必要」　131, 149, 205, 210
「来世問題」　208, 209
「来臨の書」（BOOK OF COMINGS）　222
「ラザロの復活」　220
「陸中花巻の十二月廿日」　150
「リスボン大震災に寄せる詩（篇）」　121, 159, 263, 264, 267
ルカによる福音書　97, 214
『流竄録』　166, 170
ルツ記　219
「歴史の中枢」　161
レビ記　240
『煉瓦の雨』　268
『羅馬史』　216
『ローマ書講解』　100
ロマ書講義（羅馬書講義，東京講演）　174, 231, 233, 243, 271
「羅馬書大観」　233, 271
『羅馬書の研究』　174, 271
ローマ人への手紙（ロマ書，羅馬書）　iii, 151, 172, 173, 174, 217, 231, 233, 234, 235, 237, 243, 246, 271

〈ワ行〉
「わたしたちは七人」（We are Seven）　268
「私の基督教」　203
『私のドストエフスキー体験』　257
「我等は四人である」　150, 176, 208, 270
「我等は来世に就て若干を示されし乎」　214
「末《をはり》の日を待て」　218

〈ナ行〉
「謎の聖書」　173
『夏目漱石』　258
「何故に大文学は出ざる乎」　170
「二月中旬」　150
『西田幾多郎歌集』　128
『西田哲学の根本問題』　258
「日清戦争の義」　152, 154
「日清戦争の目的如何」　152, 154
『日本人の精神構造』　129, 264
『人間内村鑑三の探究』　271
「ノアの洪水」　219

〈ハ行〉
「背教者としての有島武郎」　59
「パウロの救拯観」　208, 209, 210
「パウロの復活論」　179, 226
パウロの黙示録　260
「場所的論理と宗教的世界観」　127
「場所の自己限定としての意識作用」　127
『白痴』　48, 76, 82
『バルトロマイ福音書』　103, 105
「春の到来」　149
「春は来たりつゝある」　149
『パンセ』　7, 204, 253
「万物の復興」　217
「万民に関はる大なる福音」　117, 245
『光る砂漠』　253
『非戦論』　266
「非戦論の原理」　157
「羊飼いと山羊飼い」(Shepherd and Goatherd)　3
「人の子再び王として来らん」(「王たるキリスト」)　200
「日々の生涯」　248
『ピラト行伝（ニコデモ福音書)』　103, 105
「夫婦論（再び）」　196
「福音と来世」　212
「藤井武抄伝並びに年譜」　272
『藤井武の結婚観』　270
「藤井と私」　196
「復活と謝罪」　214
「復活と其状態」　210, 211
「復活と甦り」　208, 209
『復活と来世』　215
「『復活と来世』緒言」　214
「復活の希望」　204, 207, 208
「復活の状態」　211
「ブラウニング詩集に於ける基督の再来」　38
「ブルベン山麓に」(Under Ben Bulben)　8
『分身』　256
「文明の成行」　268
「「平和」發行之辞」　152
「ベツレヘムの星」　227
『ペテロ行伝』　103, 104
『ペテロ伝』　103
「ペテロとユダ」　262
「僕はなくなる」　6
ホセア書　165, 251
『Botany of the modern study of plants』　273
『ボヘミアの農夫』　297

〈マ行〉
『貧しき人々』　256
「馬太伝に現はれたる基督の再来」　218
マタイによる福音書（馬太伝）　55, 93, 94, 95, 96, 97, 101, 103, 142, 143, 183, 209, 216, 220, 256, 262
マラキ書　256
マルコによる福音書　93, 97
『未成年』　48
『道をひらく』　168
「迷妄の闇から」　63, 258
『燃えあがる緑の木』　iv, 4, 41, 42, 252, 254, 255, 273
「目的の進歩」　163, 166, 169, 172, 173,

「聖書研究者の立場より見たる基督の再来」　142, 158, 161, 179, 181, 196, 215, 216
「聖書全部神言論」　165
「聖書と基督の再臨」　223
「聖書の大意」　222
「聖書の預言的研究」　217
「聖書の読方　来世を背景として読むべし」　214
「政変と草花」　130
『西方の人』(『続西方の人』)　111, 112
「生命と光と愛」(LIFE AND LIGHT AND LOVE)　i, iv
ゼパニヤ書　251
「一九一八年のクリスマス」　133
「先生と私」　236, 240, 241
「先生の涙」　267
「戦争と天然」　157
「戦争廃止論」　156, 157
「戦争の止む時」　158, 212
「戦争廃止に関する聖書の明示」　214, 215, 252
『戦争は女の顔をしていない』　123, 264
創世記　12, 20, 46, 56, 57, 58, 85, 99, 110, 124, 149, 162, 173, 219, 222, 225, 241, 256, 260
「創世記第一章第一節」　225
「創世研究」　57
『楚囚之詩』　151
「誹る者と誉める者」　227
「『其日其時』」　143, 150, 208, 209

〈タ行〉
『大正宗教小説の流行』　268
「代贖を信ずるまで」　239, 240
『代表的日本人』(Representative Men of Japan)　169
『鷹の井戸』　15
『太宰治と「聖書知識」』　202
ダニエル(書)　219, 251
「楽しき生涯」　147, 149
『W. B.イェイツ全詩集』　252, 253
「単純なる福音」　199, 235, 236, 237, 239, 269
「短命」　208
『小さな抵抗』　264
『地下生活者の手記』　iv, 48, 61, 62, 67, 69, 75, 111, 256, 258
「地上再会の希望」　223, 224
『父』　110, 111
「父の想い出から」　196
「父の臨終の記」　260, 268
「千歳川鮭魚減少の原因」　163
『地に物書く人』　185, 268, 269
『懲役人の告発』　87, 257
『地理学考』(『地人論』)　170, 206
『沈黙・イエスの生涯』　262
「妻の柩を送りて詠める」　170
『罪と罰』　iii, iv, 29, 48, 51, 68, 71, 72, 73, 75, 80, 220, 247, 252
『『罪と罰』ノート』　258
「罪の赦し(FORGIVENESS OF SINS)」　87, 246
「罪の赦しと福音」　113
テサロニケ人への第一の手紙(テサロニケ前書)　228
「天地の花なる薔薇」　132, 149
伝道の書　i, 46, 47, 173, 212, 251
『伝道之／の精神』　170, 206
「天然的現象として見たる基督の再来」　143
「天然と神」　265
「天然の呻きと其救ひ」　243
『透谷全集』　266
『ドストエフスキイ』　258, 259
『ドストエフスキー　カラマーゾフの兄弟』　259
『ドストエフスキーと現代』　61, 256, 258
『トーレドート・イェシュ(イエスの系図)』　107

「現状と希望」　228
『幻想詩篇　天使の悪夢九千句』　127
『現代の医療と宗教』　252
「建碑」　150, 178, 210
『興国史談』　206
『行人』　127
『後世への最大遺物』　206, 265, 266
「鉱毒地巡遊記」　172
「孤独」　204, 207, 208
「今年のクリスマス」　209
『羔の婚姻』　196, 197, 198, 247, 257
コリント人への第一の手紙（コリント前書）　iii, 108, 134, 204, 207, 210, 224
コリント人への第二の手紙（コリント後書）　42, 131, 205, 260
コロサイ人への手紙（コロサイ書）　228
「壊るる幕屋，着せらるる家」　199

〈サ行〉

「最後の晩餐」　55, 56, 92, 114, 115
「最後の一言」　175
「災後余感」　3
「再来の意義」　24, 217
『再臨』（沖野岩三郎）　185
「再臨信仰の実験」　223, 224
「再臨と暗黒」　219
「再臨と伝道」　223, 224
「再臨と豊稔」　221
「再臨の高唱」　196
サムエル記（下）　17
『3.11 以後とキリスト教』　262
『虐げられし人々』　256
「屍のある所に鷲集まらん」　226
「死骨の復活」　207, 208
「死後の生命」　226
「詩人カウパーの再臨歌」　221
「時勢の観察」　156, 157
使徒行伝　25, 93, 96, 101, 103, 173, 262
『使徒ユダ・トマスの行伝』　103, 104
『死に至る病』　254
『死の家の記録』　256
「死の慰藉」　210, 211
「死の歓喜」　210
詩篇　i, 9, 14, 17, 18, 19, 21, 25, 26, 28, 32, 58, 173, 223, 251, 253
「謝辞」　208
『宗教座談』　271
『宗教と現世』　117
「十字架の仰瞻」　167
「十字架の道」　55, 113, 114, 115, 190
「十字架を負ふの歓び」　235, 238, 269
「祝すべき哉疾病」　175
『宿命』　268
出エジプト記　15, 16
『種の起源』　163, 216, 272
「主の用也」　208
「修羅の巻」　151
『春城句集』　263
「春色と復活」　205
『純粋神人学序説』　132, 265
『少年――矢沢宰詩集』　253
『小憤慨録』　156
「贖罪と再臨」　27, 38, 39
「贖罪と復活」　210, 211, 237
「初代基督教の要義」　214
「新詠」　149
『神曲』　91, 198
「信仰の三階段」　223
「信仰の三大時機」（THREE GREAT MOMENTS）　161, 168, 223
「信者の復活」　211
『新生』　236
「人生」　147
「人生の憂患　ロマ書研究第一」　236
『新約聖書外典』　103, 104, 105, 260, 262
「新約聖書に於ける来世の観念」　200
『深夜の酒宴』　256, 257
「真理と自由」　45
『「救い主」が殴られるまで』　4, 6, 7, 252, 253

257
『英文雑誌による内村鑑三の思想と信仰』　163
エステル（記）　219
「エスペランザ」　150
エゼキエル書　198, 207, 219
『エホバの顔を避けて』　60
「エマオの出来事　復活の証明」　214
エレミヤ書　219, 253
「遠大の事業」　168
『黄金伝説』　107
『大いなる日に』　43, 252, 254, 255, 273
「桶職」　150

〈カ行〉
『邂逅』　257
「螺旋《ガイヤーズ》」　41
『カインの末裔』　59
雅歌　10, 173, 205, 253
『駆け込み訴え』　109, 110, 111
『神の国』　91
『神の国の証人ブルームハルト父子』　v, 132, 133, 134, 138, 270
「神の国と地上の国」　132, 133, 138, 140
「神の忿怒と贖罪」　236, 238
「神の約束としての基督教」　212
「神は愛なり」　173
「Come then, and, added to Thy many crowns」　271
「身体の救」　217
『カラマーゾフの兄弟』　iv, 5, 48, 72, 78, 80, 81, 82, 83, 85, 120, 145, 256, 259, 260
『カール・バルト　破局のなかの希望』　102
「寒中の木の芽」　147, 149
『カンディード』　v, 116, 118, 121, 122, 125, 159, 263
「希望と聖徳」　226
「希望の生涯」　245
「希望の伴ふ死」　208, 209
『求安録』　168, 169, 170, 206, 232, 269
『旧約聖書　十二小預言書』　130, 253, 265
『旧約聖書と哲学』　37
『旧約聖書の思想』　14, 37
『旧約における超越と象徴』（増補新装版）　iv, 8, 13, 14, 21, 29, 31, 32, 34, 36, 37, 39, 40, 41, 43, 44, 246, 251, 253, 254, 255, 298
『教会教義学』　102
『去思と望憶』　263
『虚無』　49
「基督教とは何ぞや」　211, 237
「キリスト再臨運動」　180
「基督再臨説と基督教」　189, 190, 227
『基督再臨説を排す』　188, 190, 193, 194, 195, 227, 269
「基督再臨の兆し」　229
『基督再臨の希望』　194, 195, 269
「基督再臨の証明者としてのユダヤ人」　219
「キリスト再臨の信仰」（SECOND COMING OF CHRIST）　213
「キリスト再臨の二階梯」　200
「基督再臨の二方向」　182, 228
『基督再臨問題講演集』　158
「基督信者と其希望」　143
『基督信徒の慰』　30, 170, 206, 232, 269
「〔キリスト伝研究（ガリラヤの道）〕」　265
「キリストの足を香油で洗うマグダラのマグダラのマリア」　92
「キリストの再臨は果して実際的問題ならざる乎」　142, 213
「キリストの生涯」　92
「銀貨 30 枚を返すユダ」　92
『草木塔』　127
「組合教会の再臨観」　221
「クリスマス夜話＝私の信仰の先生」　167
「暮れ行く年」（The Closing Year）　164
「稀有の信仰」　226

〈ラ行〉
頼山陽　265
ラザロ　iii, 69, 72, 73, 209, 220, 254
李慶愛　272
リチャードソン教授　167
ルソー（J.J.）　122, 264
ルナン　220
レオナルド・ダ・ヴィンチ　92
レギオン　48
レンブラント　92
ローレン（クロード）　50
ロレンツェッティ（ピエトロ）　92

〈ワ行〉
ワイツゼッケル　220
渡部良三　264
和辻哲郎　15

書名索引

〈ア行〉
「噫内村鑑三先生」　269
「愛吟」　208
「愛女の墓に葬る」　210
「秋酣なり」　149, 162
「秋の夕べ」　150
「〔秋は秋として善し〕」　146
『悪霊』　iv, 48, 49, 50, 52, 53, 54, 74, 78, 80, 82, 256, 257, 259
「アシスとガラテヤ」　50
『あなたはどこにいるのか』　125
「或る夏の消息」　269
『アンドレとパウロの行伝』　103, 105
「イエスキリストの復活」　211
「イエス・キリストのペルソナの統一について」（Über die Einheit der Person Jesu Christi）　139
「イエス対ユダ」　113
『イエス伝研究』　115, 262
『イエスの生涯』　107, 108, 262
「イエスの変貌」　220
『イエスの幼児物語』　103, 105
「イエスを思ふて」　149, 150
「イエスを信じる者の契約」（Covenant of Believers in Jesus）　128, 163
「如何にして救はるゝ乎」　116, 263
「如何にして大文学を得ん乎」　171
「如何にして復活する乎」　212
イザヤ（書）　i, 21, 26, 27, 28, 29, 33, 144, 158, 167, 219, 251, 254
「イスカリオテのユダ」（内村鑑三）　98, 102, 112, 113
『イスカリオテのユダ』（大貫隆・編）　102, 105, 106, 111, 262
『イスカリオテのユダ』（カール・バルト）　100, 261, 262
『異端反駁』　91, 106
「ヴォルテール氏への手紙」　122, 264
『内村鑑三　信仰・生涯・友情』　176, 269
「内村鑑三　戦争論・震災論の現在的射程」　253
『内村鑑三　闘いの軌跡』　271, 273
『内村鑑三伝』　164, 267
『内村鑑三と今井館』　267
『内村鑑三と再臨運動』　183, 187, 268
「内村鑑三と大正期の再臨運動」　181
『内村鑑三日録』　164, 268
『内村鑑三の根本問題』　151
『内村鑑三の世界像』　268
『内村鑑三問答』　272, 273
『美しい女』　257
「海」　150
『永遠なる序章』　iv, 52, 53, 68, 87, 256,

210, 214, 217, 221, 224, 226, 228, 231, 233, 234, 235, 238, 239, 246, 260, 262, 271
パスカル（B.）　7, 204
波多野精一　18
バテシェバ／バテシバ　14, 17, 18, 26, 29, 32
埴谷雄高　256
浜名優美　264
原田長治　188
ハリス（M.C.）　163, 165, 251
バルト（カール）　v, 33, 35, 99, 100, 101, 102, 116, 125, 128, 134, 138, 139, 140, 144, 258, 261, 262, 271
バルナ・ダ・シエナ　92
日高沈聲　188
鰭崎潤　262
フィールド教授　167
フォンヴィージン（N.D.）　67
福島揚　102
福田錠二　208
藤井武　vi, 57, 158, 174, 196, 197, 198, 199, 200, 201, 205, 212, 215, 218, 230, 233, 234, 235, 236, 237, 238, 239, 240, 241, 247, 253, 257, 269, 270
藤井喬子（西永）　196, 197, 198, 199, 201, 247, 257, 270
藤本武平二　273
プーシキン　48
フッサール　127
ブラウニング（ロバート）　147
ブルームハルト父子（ヨハン・クリストフ，クリストフ・ブルームハルト）　116, 132, 133, 134, 135, 136, 137, 138, 140, 144, 149
フロマン（ニコラ）　92
ペテロ　91, 103, 104, 107, 108, 109, 111
ペトラシェフスキー　76
ベル（David C. Bell）　v, 142, 158, 162, 169, 176, 204, 213, 224, 236, 239, 243, 244, 269
帆足理一郎　188, 190
ホセア（預言者）　12
ホルツマン　220
本田哲郎　262

〈マ行〉
前田護郎　174, 251
マッコーレー（クレー）　188, 190
松村みね子　15
丸谷才一　60
三浦みどり　123
ミカ（預言者）　11, 12
三並良　188
美濃部達吉　180
宮部金吾　163, 164, 165
ミルズ（M.E.）　33
ミルトン　257, 258
武者小路実篤　268
村山元子　208
室賀文武　111, 263
モース教授（博士）　216
モーセ　12, 15, 29, 136, 173, 220, 253, 260
モーリヤック　107

〈ヤ行〉
ヤコブ　11, 93, 109
矢沢宰　5, 252, 253
矢内原忠雄　174, 257, 268
山本泰次郎　151, 176, 269
ユダ（イスカリオテ）　v, 45, 49, 51, 55, 56, 86, 87, 90, 91, 92, 93, 94, 95, 96, 97, 98, 99, 100, 101, 102, 103, 104, 105, 106, 107, 108, 109, 110, 111, 112, 113, 114, 115, 116, 246, 261, 262, 263, 271
吉沢慶一　49
吉野作造　180
米川正夫　61, 254, 259, 260
ヨハネス・フォン・テープル　297

堺利彦　157
坂部恵　33
佐藤研　107
佐藤全弘　270
サルヤー（G.D.）　33
山頭火　127
椎名麟三　iv, 35, 52, 54, 68, 87, 88, 90, 256, 257, 260
島崎藤村　266
ジョット　92
ジョンソン（ベン）　208
白石喜之助　188
シーリー（総長）　26, 128, 167, 216, 252
杉浦貞二郎　187, 188, 190
鈴木俊郎　164, 267
鈴木範久　164, 168, 169, 268, 272, 273
鈴木弘　252
スピノザ　225
住友寛一　269
関口安義　271, 273
関根清三　i, 8, 12, 13, 14, 16, 17, 24, 28, 29, 32, 34, 35, 36, 37, 40, 41, 44, 204, 245, 251, 253, 254, 255, 257
関根正雄　16, 33, 47, 130, 174, 204, 251, 253, 258
ゾンターク（ミラ）　181, 182, 183

〈タ行〉

ダイスマン（A.）　263
ダーウィン　163, 216, 225, 267
高橋三郎　174
高橋哲也　262
田川建三　105, 251
滝沢克己　v, 35, 67, 102, 116, 125, 126, 127, 128, 129, 131, 132, 133, 138, 139, 141, 143, 144, 145, 244, 252, 256, 258, 264, 265, 270
竹下節子　262
太宰治　v, 107, 109, 110, 111, 262, 263
田島進　208
田中正造　172
田中良彦　262
田辺保　204, 253
ダビデ　12, 13, 14, 17, 18, 19, 20, 24, 25, 26, 29, 32, 36, 100
田村直臣　187
ダンテ　43, 91, 198, 257
ツェーベ（M.）　33
塚本虎二　115, 174, 251, 262
デューラー（アルブレヒト）　92
徳富蘇峰　170
利倉隆　92
ドストエフスキー　iii, iv, 5, 44, 45, 48, 51, 52, 60, 62, 67, 68, 69, 72, 73, 76, 81, 82, 83, 85, 86, 88, 103, 109, 111, 120, 125, 145, 167, 220, 246, 254, 256, 257, 259, 260, 261
トマス　93, 104, 109
富永徳磨　188, 189, 191, 192, 193, 194, 195, 227, 228, 269
ドラーフェ（E.）　33
トランブル（C.G.）　142, 158, 213, 214, 216
トルストイ　257

〈ナ行〉

中川久定　33
中田重治　158, 181, 187, 215
ナタン（預言者）　14, 17, 18, 19, 29, 32
夏目漱石　125, 127, 129
西川徹郎　127
西田幾多郎　125, 127, 128, 129, 138, 258
新渡戸（太田）稲造　163, 164, 251
ネクラーソフ（ニコライ）　62, 67

〈ハ行〉

ハイデッガー　127
バイロン　266
バウツ（ディーリック）　92
パウロ　34, 42, 100, 101, 108, 114, 116, 131, 172, 173, 174, 179, 204, 205, 208, 209,

今井三郎　188
今岡信一良　190
今高義也　268
植村正久　187
ウェンライト（S.H.）　188
ヴォルテール　v, 118, 120, 121, 122, 124, 130, 133, 159, 263, 264
浮田和民　187
宇佐美六郎　193, 195
内ケ崎作三郎　188, 190
内村かず（横浜）　169, 170
内村しづ（岡田）　170, 208
内村宜之　31, 166, 255
内村美代子　273
内村祐之　208, 247, 248, 268
内村義堅　188
内村ルツ（子）　30, 142, 143, 158, 173, 175, 177, 180, 183, 189, 201, 204, 208, 209, 210, 211, 212, 213, 214, 215, 216, 218, 247, 249, 268, 270
ウリヤ　14, 17, 18, 19, 20, 26, 29, 32
エイレナイオス　91, 106
エゼキエル　12, 207, 219
エバ　iv, 12, 20, 46, 51, 56, 57, 58, 59, 60, 85, 104, 124, 222, 260, 273
海老名弾正　164, 187, 188, 189, 221, 227
エレミヤ（預言者）　10, 11, 12, 166, 204, 207, 219, 247, 260
遠藤周作　v, 107, 108
大内三郎　166
大江健三郎　iv, 4, 6, 41, 42, 43, 252, 253, 254, 261, 273
大貫隆　102, 103, 105, 262
小笠原ゆり子　197
小河陽　103, 104, 262
沖野岩三郎　185, 188

〈カ行〉
カイム　220
カイン　12, 59, 67, 104, 106, 174
カウパー（ウィリアム）／Cowper（William）　221, 271
カウマン（C.E.）　268
賀川豊彦　268
笠原芳光　107
柏木義円　187, 188
勝村弘也　253
加藤一夫　268
加藤常昭　265
亀山郁夫　258, 259, 260, 261
カーリン（I.N.）　166
キェルケゴール　254
北村透谷　151, 152, 266
北村ミナ　151
ギボン　216
木村清松　158, 181, 215
清眞人　259
クラーク（W.S.）　162, 163, 251
倉田百三　268
クラッセン（W.）　261
黒岩周六（涙香）　157
黒川知文　183, 187, 188, 268
黒崎幸吉　174, 196, 269
クロムェル　154
ゲーテ　107, 167
ゲリカ（J.W.）　33
幸徳秋水　157
小崎弘道　187, 269
小舘善四郎　262
後藤光一郎　253
小林正盛　188
コーヘン　127
コリングウッド　18

〈サ行〉
斉藤悦則　263
斎藤信治　254
斎藤宗次郎　209, 248
（斎藤）スエ子　209
ザウグ（E.H.）　190

Memento《メメント》　266
「燃えあがる緑の木」の教会　iv, 4, 7, 42
黙示的（終末論，宇宙論）　34, 40, 90
籾殻　i, ii, iv, 86, 144, 147, 201, 204, 245, 247, 251

〈ヤ行〉
約束の地（カナン）　12, 27, 86, 296
有形的再臨　187, 188, 190, 191, 193, 194, 199, 201
ユダヤ人　9, 27, 91, 105, 113, 119, 120, 157, 174, 183, 233, 243, 268
ユフラテ　12, 260
赦された罪人　28
預言（者）　iv, 9, 10, 11, 12, 14, 17, 18, 28, 32, 34, 37, 40, 60, 108, 130, 143, 150, 158, 166, 184, 204, 207, 222, 243, 247, 260

〈ラ行〉
来世　ii, v, 27, 37, 69, 131, 132, 133, 134, 149, 200, 202, 204, 205, 206, 207, 208, 209, 210, 212, 214, 215, 217
ラオデキヤの教会　229
楽園（喪失，回復）　iv, 9, 12, 20, 21, 25, 30, 41, 44, 46, 50, 51, 56, 57, 58, 59, 60, 61, 62, 67, 71, 75, 80, 85, 86, 87, 88, 97, 99, 116, 118, 124, 144, 145, 146, 149, 162, 174, 177, 179, 206, 211, 222, 243, 246, 256, 257, 260, 265
Rejoice！（喜びを抱け！）　iv, 42
律法主義　17
臨在　24, 25, 140, 217, 218, 246
流竄　128, 149, 166, 167, 170, 230
霊的回心　128, 252
霊的再臨　187, 188, 191, 194, 199

〈ワ行〉
和解　218, 269, 296

人名索引

〈ア行〉
相原一郎介　188
アウグスティヌス　91, 106
赤岩栄　257
赤江達也　172
赤木善光　107
芥川龍之介　v, 111, 112, 125, 263
浅田タケ　162, 164, 165, 166, 169
畔上賢造　174, 194, 195, 269
畔上道雄　271
アダム　iv, 12, 20, 46, 51, 56, 57, 58, 59, 60, 85, 104, 124, 174, 222, 260, 264, 273
アブラハム　iii, 12, 73, 74, 110, 111, 260
アベル　59
荒井献　90, 93, 97, 103, 104, 260, 261, 262
有島武郎　59
アレクシエーヴィチ（スベェトラーナ）　123, 124, 264
アンデレ　109
イェーツ（W.B.）　3, 4, 8, 15, 41, 42
イェンス（ワルター）　107
井桁貞義　258, 259
池本美和子　297
イサク　12, 110, 111
イザヤ（預言者）　12, 158, 247, 260
石井誠士　297
石原綱成　92, 261
石原兵永　163, 174
泉治典　33, 107
井上右近　188
井上良雄　v, 132, 133, 134, 136, 138, 140
井上洋治　107

智慧の樹　12, 46, 56, 57, 99
地上の国　v, 25, 67, 85, 116, 117, 118, 120, 122, 124, 125, 126, 127, 131, 132, 133, 134, 135, 136, 137, 139, 140, 141, 143, 144, 146, 150, 151, 159, 162, 199, 200, 205, 206, 243, 246, 263, 266
超越（者）　13, 14, 16, 17, 18, 20, 21, 23, 24, 25, 29, 37, 39
ティグリス　12, 260
De profundis　58
天然宇宙　9, 41, 146, 159, 162, 173, 201, 205, 221, 237, 243, 244
東京基督教青年会館　158, 181, 188, 215, 216, 223, 225

〈ナ行〉
内的再臨　228, 229
ナチズム　35, 90, 139, 258
日清戦争　116, 149, 151, 152, 153, 154, 155, 156, 157, 206, 266
日露戦争　116, 126, 149, 151, 152, 156, 157, 158, 172, 185, 206, 252, 266
ニヒリストの系譜　iv, 44, 45, 52, 60, 85, 86, 87, 109
日本産魚類目録　164
乳香　227, 253
ノアの洪水　219

〈ハ行〉
バビロン捕囚　12, 21
薬《ハーム》　7, 253
パルーシア（Parousia）　24, 25, 176, 217
パレスチナ戦争　27, 152
汎神論　225
万人救済（論）　iii, iv, vi, 44, 115, 125, 159, 162, 169, 182, 205, 243, 246, 249, 267
パンデミック　27, 205, 297
半成りの業　27, 38, 39, 232, 233, 241
引き渡す/引き渡し（パラドゥーナイ）　49, 94, 100, 101, 261
ピション（ピソン）　12, 260
非戦論（者）　v, 116, 117, 118, 151, 152, 156, 157, 158, 176, 206, 212, 214, 216, 246, 252, 266
ヒロシマ，ナガサキ　35, 36, 86, 122, 298
不可分・不可同・不可逆　125, 132, 133, 134, 141, 144, 158
福音　iii, v, 14, 57, 69, 74, 87, 93, 97, 100, 102, 103, 113, 149, 150, 158, 161, 162, 168, 172, 173, 174, 175, 212, 215, 230, 231, 233, 234, 235, 237, 239, 240, 244, 247, 256
不敬事件　149, 169, 170, 206, 231, 252, 267
二つの「J」（Jesus と Japan）　149, 168, 169, 170, 206, 252
復活　ii, iii, iv, v, 27, 35, 36, 45, 51, 69, 72, 73, 85, 97, 105, 107, 108, 112, 131, 136, 139, 140, 158, 186, 187, 204, 205, 206, 207, 208, 209, 210, 211, 212, 214, 215, 217, 219, 220, 224, 226, 229, 232, 237, 245, 254, 257, 261
プトレマイオス派　106
平和　53, 113, 142, 151, 152, 153, 154, 158, 166, 181, 214, 216, 217, 248, 266
ヘタイレ　エプ　ホ　バライ　263
蛇　20, 46, 51, 57, 58, 67, 75, 99, 104, 243
詩的結晶《ポエトリー》　249
北越学館　169
ほんとうの自由　35, 257

〈マ行〉
三崎町バプチスト教会　188, 219
南王国ユダ　10, 12
未来的終末論　vi, 35, 149, 244
無（das Nichtige）　50, 256
無教会（信仰）　ii, iii, 32, 33, 57, 59, 109, 111, 128, 129, 142, 168, 172, 173, 174, 179, 183, 193, 196, 206, 231, 247, 252, 255, 262, 263, 264, 295, 300
無辜（人，死者）　122, 142, 175, 210, 246, 264, 296, 300

126, 128, 129, 131, 132, 133, 138, 141, 142, 144, 150, 151, 158, 159, 161, 162, 163, 167, 168, 169, 175, 177, 179, 180, 181, 182, 183, 184, 186, 187, 189, 190, 191, 204, 205, 206, 207, 208, 210, 212, 213, 214, 215, 216, 217, 218, 219, 221, 223, 224, 226, 227, 230, 231, 233, 236, 237, 239, 241, 243, 244, 245, 246, 247, 249, 252, 255, 256, 263, 266, 267, 268, 269, 270, 272
再臨待望　179
再臨のキリスト／イエス（キリストの再臨）　ii, iii, v, vi, 14, 24, 25, 37, 43, 103, 117, 125, 133, 135, 138, 139, 141, 142, 143, 144, 149, 151, 162, 177, 179, 182, 183, 186, 187, 191, 192, 202, 203 204, 206, 207, 208, 213, 214, 215, 218, 219, 220, 221, 223, 224, 225, 226, 227, 228, 232, 237, 244
再臨の風景　iii, vi, 44, 249, 298
札幌独立基督教会　188
札幌農学校　ii, v, 128, 162, 163, 166, 167, 223, 230, 251, 268, 273
山上の垂訓　148, 213, 217
3.11（東日本大震災）　27, 35
死者と共に生きよ　43
紙上の教会　172
十戒　13, 15, 16, 17, 19, 24, 27
僕の詩　21, 22, 23, 26, 28, 33
十字架　iii, v, 24, 26, 27, 28, 29, 36, 51, 77, 85, 86, 87, 91, 100, 103, 107, 108, 111, 113, 114, 128, 131, 137, 139, 149, 158, 161, 162, 167, 168, 169, 174, 176, 184, 185, 191, 204, 206, 211, 220, 221, 222, 223, 226, 227, 229, 231, 232, 233, 234, 235, 236, 237, 238, 239, 240, 241, 243, 267, 272
終末（論）　iii, 14, 34, 35, 36, 37, 40, 101, 134, 144, 145, 183, 192, 243, 266
受難（者，死者）　7, 8, 27, 29, 35, 42, 43, 108, 109, 111, 113, 122, 139, 142, 246, 247, 296
象徴　iii, iv, vi, 9, 13, 14, 16, 24, 29, 32, 33, 37, 39, 40
昇天　24, 25, 45, 139, 140, 206, 207, 211, 229, 237
贖罪（信仰）　ii, iii, v, vi, 9, 12, 20, 21, 24, 26, 27, 28, 32, 36, 38, 39, 51, 86, 100, 103, 128, 131, 149, 158, 162, 166, 167, 168, 169, 174, 176, 184, 185, 200, 204, 205, 206, 211, 216, 218, 221, 222, 223, 227, 229, 230, 231, 232, 233, 234, 235, 237, 238, 239, 240, 241, 244, 246, 252, 267, 269, 272
所奪性　253
所与性　253
進化論　163, 181, 182, 216, 225, 267, 273
真空（the vacuum in my soul）　164, 167, 168, 251, 267
信仰の可能性　258
人神思想　74, 78
救い　9, 21, 97, 115, 116, 174, 217
棄てられた／選ばれた使徒　v, 102, 271
凡《すべて》の凡《すべて》（All in All）　225
聖書無謬論（説）　187, 188, 190, 199
晴明教　125, 258
世界大戦争/第一次世界大戦　24, 98, 99, 116, 122, 137, 149, 151, 158, 175, 176, 179, 180, 181, 183, 188, 189, 190, 204, 210, 212, 214, 216, 227, 245, 266
絶対矛盾的自己同一　138, 258
戦争絶対廃止論　116, 151, 245, 246
洗礼　52, 108, 128, 140, 163, 170, 251, 257

〈タ行〉

第一高等中学校　169, 170, 252
代刑代罰　238
代贖（思想）　21, 23, 24, 26, 27, 28, 29, 31, 36, 37, 39, 40, 233, 235, 238, 239, 240, 241
大審問官　61, 83, 84, 120, 260
大日本私学衛生公会堂　188
楕円形　239
堕罪　9, 12, 20, 21, 36, 57, 58, 92, 99, 103, 124, 133, 140, 162, 273

オープン・シークレット　61, 244
恩寵の火　7

〈カ行〉
懐疑　ii, iv, 3, 8, 20, 29, 30, 32, 35, 45, 61, 120, 126, 132, 175, 190, 204, 205, 226, 246, 255, 295, 296
回心（コンヴァージョン）　ii, v, 8, 9, 20, 26, 35, 36, 52, 87, 101, 116, 125, 128, 135, 152, 162, 166, 167, 168, 203, 206, 207, 215, 216, 221, 223, 230, 231, 257, 262, 267
外的再臨　228, 229
カナン（約束の地）　12, 27
神の愛　ii, 13, 14, 26, 31, 145, 173, 233, 234, 235, 239, 244, 272
神の国/王国　v, 25, 67, 85, 86, 95, 116, 117, 118, 121, 122, 131, 132, 133, 134, 135, 136, 137, 139, 141, 142, 143, 144, 145, 146, 150, 162, 183, 192, 206, 224, 226, 263
神の顕現　16, 23
神の問い　246, 273
神の細き静かな声　9
神の忿怒　168, 236, 238, 239
神の呼び声　46, 124, 125, 131
神・人の原関係　126, 141, 258
環境クライシス　12, 86
関西基督再臨研究大会　225
義・聖・贖　184
義戦（論）　151, 153, 154, 155, 156, 157, 206
北王国イスラエル　11, 12
臨りつつあるイエス　ii, iii, iv, 103, 136, 140, 144, 145, 149, 159, 177, 182, 190, 201, 231, 241, 244, 246, 247, 248, 298
希望の（地下）水脈　182, 266, 300
救済（論）　iii, iv, 14, 17, 21, 22, 23, 29, 36, 39, 40, 48, 49, 55, 57, 60, 87, 91, 99, 102, 103, 113, 114, 116, 126, 129, 133, 162, 174, 176, 179, 181, 183, 187, 207, 208, 209, 211, 214, 216, 217, 229, 231, 233, 237, 238, 243, 246, 258
仰瞻　26, 167, 168, 222, 234
教育勅語奉読式　169, 252
虚無　iv, 48, 51, 53, 54, 58, 69, 71, 74, 75, 78, 79, 87, 88, 89, 90, 258
ギリアデ　253
悔い改め（メタノイア）　ii, 18, 20, 23, 28, 92, 101, 106, 107, 114, 115, 116, 144, 174, 209, 231, 232, 240, 260, 261
空の空（Nihil est）　9, 46, 69
苦難の僕　26, 28, 29, 107
グノーシス（主義）　103
ゲツセマネ　7, 91, 95, 140
現在的終末（論）　vi, 14, 182, 218, 244
原事実（Urfaktum）　vi, 35, 61, 125, 136, 138, 244, 258, 295
原爆　27
コスミック・ソロー　59, 60
コーヘレト　46, 47, 251
ゴルゴタの十字架　7, 45, 51, 95, 107, 140, 222

〈サ行〉
最後の小説　252, 254
最後の晩餐　7, 49, 55, 56, 58, 91, 94, 97, 109, 110, 224
最善説　116, 120, 122, 124, 133, 159, 264
再来　v, 24, 138, 139, 140, 142, 191, 192, 193, 207, 208, 216, 217, 218
再臨宇宙　8, 9, 24, 26, 29, 41, 162, 199
再臨運動　v, 24, 38, 137, 142, 158, 179, 180, 181, 182, 183, 184, 185, 186, 187, 188, 189, 190, 205, 207, 210, 214, 215, 216, 217, 219, 220, 224, 227, 228, 230, 231, 239, 241, 257
再臨狂　180, 184, 186, 196, 227, 231
再臨思想　180, 191, 192, 195
再臨神学　99, 100
再臨信仰　ii, iii, v, vi, 9, 24, 26, 27, 29, 31, 32, 35, 36, 37, 39, 40, 43, 86, 99, 103, 116,

索　引
（事項，人名，書名）

・事項は，本書のテーマと関連する主な事項，用語，固有名等を対象とした。
・人名は，聖書の人名は含むが，小説等の登場人物，イエス・キリスト，内村鑑三は省いた。
・書名には，聖書名，著書，論文，詩，講演，著述等の題名を対象とし，『聖書之研究』等掲載誌名，雑誌名は省いた。
・索引は，序詞からエピローグまで，および注，あとがきを対象とした。

事項索引

〈ア行〉
青草　7, 253
悪魔（サタン）　v, 44, 45, 47, 48, 51, 52, 55, 58, 60, 69, 70, 73, 77, 78, 80, 81, 82, 83, 84, 86, 87, 90, 92, 94, 97, 98, 99, 100, 103, 104, 106, 109, 111, 112, 115, 120, 125, 207, 246, 260
足尾銅山鉱毒事件　172, 206, 273
アザゼルの山羊　240, 272
塵《アダーマー》　9, 12, 17, 46, 56, 57, 59, 85, 207
新しい楽園　25, 30, 41, 56, 87, 99
あなたはどこにいるのか（君／おまえは何処にいるのか）　12, 125, 126, 130, 159, 246
アポクリファ　106
アマスト（大学）　ii, v, 26, 128, 162, 166, 167, 168, 206, 223, 231, 237, 267, 272
新たな都　243, 248
在りて在るもの（者）（I am that I am）　67, 225, 256
人新世《アンソロポセン》　12, 297
安中教会　164, 188
イエス・キリストのペルソナの統一　139, 141
イジューム　261, 297
一滴の涙　83, 84, 85
生命／命の樹（木）　iv, 12, 29, 56, 58, 99, 172, 248, 252, 260
生命《いのち》の水の河　iii, iv, vi, 29, 40, 51, 77, 99, 130, 162, 172, 173, 196, 199, 201, 205, 207, 213, 225, 241, 243, 247, 248, 273
今井館（聖書講堂）　131, 205, 211, 214, 248, 260, 266, 267
インマヌエル（Gott mit uns）　v, vi, 9, 29, 35, 45, 58, 116, 125, 126, 128, 130, 131, 132, 133, 134, 137, 138, 139, 141, 143, 144, 244
ウクライナ戦争　27, 152, 264
内村鑑三古稀祝賀感謝の会　248, 260
宇宙の進化／完成　iii, 25, 129, 143, 163, 179, 204, 206, 213, 248, 267
宇宙萬物（万物）人生悉く可なり　29, 135, 144, 146, 149
永遠の現在／今　iv, 24, 85, 135, 139, 141, 149, 237
エクレシア（信仰共同体）　128, 173, 252
エデン（園）　12, 21, 29, 46, 51, 56, 58, 59, 60, 85, 124, 222, 243, 244, 246, 273
エマオ　107, 112
エルウィン　128, 166, 167
エルサレム（入城）　7, 9, 11, 18, 60, 77, 91, 108, 109, 111, 113, 177, 182, 213, 229, 238
黄金時代　iv, 44, 45, 48, 50, 51, 52, 57, 58, 62, 75, 80, 85, 88
オウム真理教　34
大いなる日　43, 45, 103, 138, 143, 144, 201, 207, 237, 247, 273
大阪天満教会　188

〈著者紹介〉

小林孝吉（こばやし　たかよし）

1953年，長野県生まれ。文芸評論家。明治学院大学キリスト教研究所協力研究員。「千年紀文学」編集人。明治学院大学文学部卒業。博士（学術，九州大学）。日本社会文学会，日本キリスト教文学会会員。NPO法人滝沢克己協会理事長，NPO法人今井館教友会監事。

〈著書〉

『椎名麟三論　回心の瞬間』（菁柿堂，1992年），『存在と自由――文学半世紀の経験』（皓星社，1997年），『滝沢克己　存在の宇宙』（創言社，2000年），『記憶と文学――「グラウンド・ゼロ」から未来へ』（御茶の水書房，2003年），『記憶と和解――未来のために』（御茶の水書房，2009年），『島田雅彦――〈恋物語〉の誕生』（勉誠出版，2010年），『銀河の光　修羅の闇――西川徹郎の俳句宇宙』（西屋書店，2010年），『埴谷雄高『死靈』論――夢と虹』（御茶の水書房，2012年），『椎名麟三の文学と希望――キリスト教文学の誕生』（菁柿堂，2014年），『内村鑑三――私は一基督者である』（御茶の水書房，2016年，第3回西川徹郎文學館賞），『原発と原爆の文学――ポスト・フクシマの希望』（菁柿堂，2016年），『内村鑑三の聖書講解――神の言のコスモスと再臨信仰』（教文館，2020年），他。

〈編著〉

滝沢克己著『西田哲学の根本問題』（編・解説，こぶし書房，2004年），『内村鑑三の信仰詩・訳詩・短歌等集成――附，解題，解説，文学観，略年譜』（明治学院大学キリスト教研究所発行，2022年），内村鑑三『後世への最大遺物』（現代語訳・解説，今井館教友会発行，2023年）

内村鑑三　再臨の風景
臨《きた》りつつあるイエスと生命《いのち》の水の河

2025年3月31日　初版発行

著　者　小　林　孝　吉
発行者　清　水　和　裕
発行所　一般財団法人　九州大学出版会
〒819-0385 福岡市西区元岡744
九州大学パブリック4号館302号室
電話　092-836-8256
URL　https://kup.or.jp/
印刷・製本／大同印刷㈱

The Second Coming of Christ in the Faith of Kanzo Uchimura;
Jesus and the River of Life

Printed in Japan　ISBN 978-4-7985-0387-5

社会システム理論からみた学校・家族・教育学
——教育を動態として捉えるために——　／鈴木　篤（九州大学）

韓国教員社会の法社会学
——教員労働組合と専門職教員団体の拮抗と連携——
／鄭　修娟（九州産業大学）

＊詳細については本会 Web サイト（https://kup.or.jp/）をご覧ください。
(執筆者の所属は助成決定時のもの)

第８回　トルコ語と現代ウイグル語の音韻レキシコン
／菅沼健太郎（九州大学）

第９回　コメニウスの旅──〈生ける印刷術〉の四世紀──
／相馬伸一（広島修道大学）

ハインリヒ・シェンカーの音楽思想　／西田紘子（九州大学）
──楽曲分析を超えて──

第10回　香港カトリック教会堂の建設　／福島綾子（九州大学）
──信徒による建設活動の意味──

第11回　土器製作技術からみた稲作受容期の東北アジア
／三阪一徳（九州大学）

賦霊の自然哲学　／福元圭太（九州大学）
──フェヒナー、ヘッケル、ドリーシュ──

第12回　形と形が出合うとき　／辻野裕紀（九州大学）
──現代韓国語の形態音韻論的研究──

野生の文法──ソロー、ミューア、スナイダー──
／高橋　勤（九州大学）

近代日本洋画史再考　／高山百合（九州大学学位論文）
──「官展アカデミズム」の成立と展開──

第13回　「民《たみ》」を重んじた思想家 神田孝平　／南森茂太（長崎大学）
──異色の官僚が構想した、もう一つの明治日本──

中世玄界灘地域の朝鮮通交　／松尾弘毅（九州大学学位論文）

朝鮮前期の国家と仏教──僧尼管理の変遷を中心に──
／押川信久（九州大学学位論文）

第14回　清代北京の首都社会──食糧・火災・治安──
／堀地　明（北九州市立大学）

サービス論争の300年　／高　晨曦（九州産業大学）
──欲求の視点に基づく一般理論の提案──

第15回　採択書目なし

第16回　内村鑑三　再臨の風景
──臨《きた》りつつあるイエスと生命《いのち》の水の河──
／小林孝吉（九州大学学位取得者）

九州大学出版会・学術図書刊行助成

九州大学出版会は、1975年に九州・中国・沖縄の国公私立大学が加盟する共同学術出版会として創立されて以来、大学所属の研究者等の研究成果発表を支援し、優良かつ高度な学術図書等を出版することにより、学術の振興及び文化の発展に寄与すべく、活動を続けて参りました。この間、出版文化を取り巻く内外の環境は大きく様変わりし、インターネットの普及や電子書籍の登場等、新たな出版、研究成果発表のかたちが模索される一方、学術出版に対する公的助成が縮小するなど、専門的な学術図書の出版が困難な状況が生じております。この時節にあたり、本会は、加盟各大学からの拠出金を原資とし、2009年に「九州大学出版会・学術図書刊行助成」制度を創設いたしました。この制度は、加盟各大学における未刊行の研究成果のうち、学術的価値が高く独創的なものに対し、その刊行を助成することにより、研究成果を広く社会に還元し、学術の発展に資することを目的としております。

第1回　道化師ツァラトゥストラの黙示録　／細川亮一（九州大学）

中世盛期西フランスにおける都市と王権　／大宅明美（九州産業大学）

第2回　弥生時代の青銅器生産体制　／田尻義了（九州大学）

沖縄の社会構造と意識――沖縄総合社会調査による分析――　／安藤由美・鈴木規之編著（ともに琉球大学）

第3回　漱石とカントの反転光学――行人・道草・明暗双双――　／望月俊孝（福岡女子大学）

第4回　フィヒテの社会哲学　／清水　満（北九州市立大学学位論文）

第5回　近代文学の橋――風景描写における隠喩的解釈の可能性――　／ダニエル・ストラック（北九州市立大学）

知覚・言語・存在――メルロ＝ポンティ哲学との対話――　／円谷裕二（九州大学）

第6回　デモクラシーという作法――スロヴァキア村落における体制転換後の民族誌――　／神原ゆうこ（北九州市立大学）

第7回　魯迅――野草と雑草――　／秋吉　收（九州大学）